以知为力　识见乃远

李 华 著

三至六世纪
士族个体安顿
与家国想象

中国出版集团 东方出版中心

图书在版编目（CIP）数据

归葬：三至六世纪士族个体安顿与家国想象 / 李华
著 . 一上海：东方出版中心，2023.7（2024.4 重印）
ISBN 978 - 7 - 5473 - 2214 - 7

Ⅰ . ①归… Ⅱ . ①李… Ⅲ . ①知识分子－研究－中国
－六朝时代 Ⅳ . ① D691.71

中国国家版本馆 CIP 数据核字（2023）第 156500 号

本书原由三联书店（香港）有限公司以书名《归葬：三至六世纪士族个体
安顿与家国想象》出版，现经由原出版公司授权东方出版中心在中华人民
共和国境内（不包括香港、澳门特别行政区及台湾省）独家出版、发行。

归葬：三至六世纪士族个体安顿与家国想象

著　　者　李　华
丛书策划　朱宝元
责任编辑　沈旖婷
装帧设计　吉&果

出 版 人　陈义望
出版发行　东方出版中心
地　　址　上海市仙霞路345号
邮政编码　200336
电　　话　021-62417400
印 刷 者　山东韵杰文化科技有限公司

开　　本　890mm×1240mm　1/32
印　　张　8.75
插　　页　2
字　　数　186千字
版　　次　2023年9月第1版
印　　次　2024年4月第2次印刷
定　　价　78.00元

不确定时代的安顿

——与蒲慕州教授一席谈（代序）

这个题目完成快两年，我也博士毕业一年多了，世事变幻，个人处境也不同。历史研究中到底有没有可靠的栖居，来舒缓现实里"个体安顿"的焦虑？老问题重新变成了新问题。

回想博士期间，常向导师蒲慕州教授请益，问答之间天马行空、无所不能至，时而豁然开朗，有如游戏通关，因为尽头是一篇博士论文，似乎少了一点点真实感。现在想，在生命到达终点之前，一切过程何尝不都是游戏通关？人类所经历的困惑、不安、思考，为理想生活所做的准备，早已不知不觉成为活过的最真实印迹。

我问老师，可否再谈一次，以代本书的序言？

老师说：哈哈，有趣。

李华，本书作者，以下简称"李"。

蒲慕州，香港中文大学历史系教授。研究领域包含埃及学、中国古代宗教及社会史、比较古代史。中文著作主要有《追寻一己之福：中国古代的信仰世界》《墓葬与生死：中国古代宗教之省思》《法老的国度》《历史与宗教之间》等；英文著作主要有 *Wine and Wine Offering in the Religion of Ancient Egypt*（Kegan Paul International，1995）、*In Search of Personal Welfare：A View of Ancient Chinese Religion*（State University of New York，1998）、*Enemies of Civilization：Attitudes toward Foreigners in Ancient Mesopotamia，Egypt，and China*（State University of New York，2005）、*Daily Life in Ancient China*（Cambridge，2018）、*Ghosts and Religious Life in Early China*（Cambridge，2022）。以下简称"蒲"。

李：最近关于中国历史，清代是否闭关锁国、专制主义是西方对中国的理论殖民还是不容回避的历史，这些问题，似乎又有不同意见。让人困惑的是，研究者好像只要朝着不同方向走，都能找到不同史实来佐证。这样，历史就变成了不同的叙事。老师如何看待这样的研究取向呢？

蒲：这是历史方法论的主要问题。我在《中国古代的日常生活》［*Daily Life in Ancient China*（Cambridge：Cambridge University Press，2018）］和即将出版的《汉唐的巫蛊与集体心态》（新北：联经出版事业股份有限公司，2023）两书序言中，都试图描述历史研究过程的几个层次：

过去曾经发生过的事，可称为"历史"；发生过的事，有些有留下痕迹，如果有些痕迹可以帮我们了解那曾经发生过的事，可称为"史料"。史料不等于历史，但人们可以借着研读史料来推测某些"历史事实"。

单独的"历史事实"不构成"历史真相"，但是一连串的历史事实有可能构成对历史真相的了解。研究者在各种史料中选择一些材料，来构成对某个历史事件或者时段的描述，一般可以称为"历史写作"。写作的结果，可称为"历史知识"。"历史知识"是史家解释史料或排比个别历史事实而得到的结果。

"历史事实"不等于"历史知识"，"历史知识"是对"历史真相"的描述，它有可能接近一部分的历史真相，但不是无条件等于历史真相。

"历史知识"是被动存在的，读者对历史知识的利用，是主动的。也就是说，"历史写作"的发生作用，是作者和读者共享造成的。

相对于单纯的"历史事实"而言，产生"历史知识"通常有两种方式：第一，根据一种思想途径（人性、政治或经济的必然性或"历史规律"），选择足够的事实来描述一个事件，从而创造出有意义的"历史知识"，其中的事实可以用逻辑的方式来理解；第二，在描述一个事件时尽可能多地包括"事实"，希望我们对事实了解越多，事件的情况就越清晰。这两者并不相互排斥，但对于历史学家是否用明确的解释线来构建事件，可能存在一定的差异。

应该避免的事，是史家宣称自己的作品已经揭露了所谓历史的真相，描述了历史发展的全貌。这不是说，史家不必追求历史的真相，而是要用反省的态度承认，史家所能做到的，只是尽可能以诚实的态度去追求真相，接近真相。这诚实的态度包括承认个人可能有的文化偏见，承认所使用的材料不见得完备，了解不见得合适，并且愿意接受同行的检视。

至于整个研究社群是否会受到政治或社会因素的干涉或者影响，以至于整体社群都处于一种（在另一种立场看来）偏见之中，那是另外一个问题。

李：如何理解尽管一个历史学家完全有可能把每一个事实都写对，但写出的历史却是虚构的？

蒲：不是有人说吗？历史作品中除了人名、地名和时间之外，没有真相，而小说中除了人名、地名和时间之外，就是真相。因为，至少小说作者可以从自己所了解的人性去描述一段故事，也有可能掌握一个时代的历史真相。

在现实中，可能没有绝对的、客观的历史知识，因为所有来自事实和解释的历史知识都是由历史学家创造的，而历史学家必然有某些个人偏见。即使是简单的事件清单，如中国传统史学中的帝王编年史，也是对事实的刻意选择，而且肯定不是所有的事实都为历史学家所知。通常情况下，有意识形态使命的历史学家可能会利用他/她的手艺来操纵事实，创造出符合特定目的的历史记忆。

李：那么，什么样的问题是好问题，什么样的研究值得做，作为读者和作者，如何判断？

蒲：历史研究的目的在于更多地了解人类社会，过去的人做了什么，如何做的，又为什么做，有些什么结果和影响。这些问题的解答，最后都关系到对人性的了解。

人是有记忆的动物，记忆造成人的自我认同，人也靠记忆（加上理性）形成个人价值观，而社会集体记忆则形成文化认同，这使得了解过去发生过的事变得重要。在人与人之间，承认共同的记忆，是形成社群的基本条件。历史写作的功用主要是提供负责任的历史叙事（尽管那不见得等于所谓的历史真相），或者说，提供人类社会一种相对可靠的集体记忆，以供人们在充满无数"事实"的记忆之海中摸索一条可靠的去路，并为社会的存在建构一个可靠的基础。

但人要如何让别人同意他的记忆是正确的，是真正曾经发生过的事？这就牵涉到人类社会的一些现实，也就是记忆权威的建立造成了共同的历史记忆。可想而知，这样的历史记忆，不等于真正发生过的事情。因为这是用一种记忆压过了或者取代了另外一种记忆。历史研究的一个基本作用，就是或者强化某种历史记忆，或者改变某种历史记忆。当然很多时候历史研究也在发掘或者形成新的历史记忆。同时，即使是有相同的记忆，各人对于那记忆到底代表什么意义，如何解读，则是进一步的问题。

因此，什么样的题目值得做，是要看研究者个人的价值取向。没有任何题目是值得或者不值得做的，关键在于研究者所提出他以为值得做的理由，是否具有说服力。值得注意的是，某种说法如果具有说服力，常常不一定完全是说法的内容有理，而是谁在说。新的说法代替了旧的说法，不一定代表新的说法在内容上比旧的说法更有解释力或者合理性。是的，要看是谁在说，是谁在听。

总之，历史研究者如果能够反省自己的工作是在什么样的文化脉络及思想框架中进行的，这脉络和框架有什么特性，也许可以更客观地评量个人的工作成果和思考方式的限制。

李: 我是不是可以这样扼要理解: 固然可以从不同方向去组织历史事实, 形成叙事, 但一个问题好不好, 一个题目值不值得研究, 还要站在文化脉络及思想框架上来考查, 仅仅靠部分事实选择建构起来的"历史", 既不是"历史真相", 也不算公正的"历史知识", 更谈不上历史研究的创新?

我觉得通晓"脉络"是一个很好的考查方法, 因为任何强加的、故意扭曲的历史记忆经不住这样的考查。换句话说, 历史叙事本身也需要"历史感"。有"历史感"的研究, 贯通的历史事实会越来越丰富, 会为人们了解一个时代的选择、人性、文化性打开更多视窗。

蒲: 的确, 决定一个题目值不值得研究, 固然研究者要提出充分的理由 (每一篇博士论文开头不都是这样?), 那理由通常还得通过时代脉络的筛选。每个时代都可能会有某种 (或多种) 思潮流行, 推着人向某些方向思考问题, 个人的选择, 最终可能是自我的认识, 坚持和大脉络的引导, 甚至是催促, 所共同造成的。

李: "脉络", 以及老师经常提到的"比较", 我觉得可以把人从思想迷坑里解救出来。

比如这本书写到最后, 我其实有点郁闷的。一开始只想研究"士"在离乱时代"以何为归", 如何寻找终极安顿之所, 材料看多了, 意识到混乱也带来一个自我觉醒的机会。渡江之后, 可以看到两种选择, 一种继续与政治保持密切关系, 争取立下事功, 提升门户,光宗耀祖；一种远离政治，归隐山林，修佛修道。要么寄托于家族/国，要么寄托于天地自然，感觉中国士人总要把"个体"寄托于一个宏大的东西，把自我消解了，才能得到安顿。想到这里其实有点泄气：这算不算是一种妥协？算不算根植于中国文化的一种疲沓？所以我就写："桃花源叙事说到底，是以外部恶劣的政治环境为背景，主张向内求而自足，六朝名士的'自由'没有开发自我、改变世界的动力，与西方文化提倡的'自由意志'是完全不同的概念。"

老师当时提醒我："这说法很有力，但也可能制造出进一步的问题——即西方的自由意志是否真的完全不同？西方田园诗的传统是否与中国不同？可以是以后讨论的题目。在目前的论述中，若能有一小注稍做发挥，可以更具说服力。我的意思是，我们以为是中国文化特色的东西，是否其他文化中就不存在？不论是或否，不稍做比较，恐怕不易下定论。"

这促使我思考，中国为什么没有发展出西方的"个体自由"？对二者的脉络渊源做了一些了解，这样一来，至少稍稍缓解内在的泄气无力感。

现在我想回过头问，老师您是否认为当代人谈"自由"，更多是一个政治术语？

蒲：我看是的，但当然仍要看具体的脉络如何。

李：您是否想说，我在用一种当代视角来评价古人？

蒲：哈，我其实不确定。"以今论古"不一定不好，谁能真的成为古人？但有点意识，可能总比没有意识要好些。

李：那您对"个体自由"怎么看？

蒲：我还是觉得你说的中西所谓"自由"的差别很有意思。可惜我对自由的概念没有什么专业或深刻的理解，也许应该找个哲学家来问问。

李：说到"比较"意识，最近经常从地理空间的流动/限制去想这件事（这大概是疫情以来很难忽略的）。按照人文主义地理学的说法，某些传统农耕社会水平空间受限，人缺乏流动，对远方没有想象和感知，容易发展出一套"垂直世界观"，类似靠天吃饭，专注于四季节气，往上看是太阳、月亮、祖先，往下看是大地。反之，易于流动、迁徙的时代和人群，可能会有"水平世界观"。我想六朝南渡士族，大概就是拥有水平世界观的人，流动带来了不同视野，所以就不能用传统、垂直世界观里的想法去理解他们的归葬选择。

其实六朝，特别东晋时期，并没有很多归葬北方的例子（史料和墓志中都没有明确找到）。主要原因可能是战乱，回不去，也有可能没有记录下来。但另一个原因是，后人更倾向于把祖宗，尤其父母"迁葬"到自己开枝散叶的地方。写完论文之后，我做了个旅行，去福建连城四堡看雕版印刷的村庄，读了些文献，发现由四堡走出去的商人，有的会在新居住地建宗祠，原因之一就是不想回故乡祭祖。所以听上去是一种寻根行为，实际上可能是新生活的需要。

蒲：同意。有些人被"传统"绑架，但离开家乡后，有了"自由"，就有新的生活。

李：所以历史研究者要理解不同文明或人在流动迁徙中的心态做法，拥有一种"比较"意识，首先可能要能代入这种"水平世界观"。关于这个问题，老师应该有更多话可说。您早年写过一本书，*Enemies of Civilization: Attitudes toward Foreigners in Ancient Mesopotamia，Egypt，and China*（Albany：State University of New York Press，2005），不同文明中的人如何对待"外国人"，这个选题的灵感是否也来自您在异乡的生活经历？

蒲：这灵感如何来的已经不太记得了，但在为论文出版写序的时候的确把这个写进去。我想最初开始写的是文化自觉的问题，埃及的文化自觉与中国的比较。从文化自觉出发，具体落实到对异族的态度，就是后来的研究。

李：感觉您的"比较"也是学术视角上的"流动与迁徙"？不同文明的比较、今人与古人的比较、新旧更替的对比，比如您的书名《旧社会，新信仰》……

蒲：比较本来是一切知识的来源。所有的知识基本上是比较的结果。但要强调比较作为研究角度，是由于学术研究（人文学）的发展走入窄路，题目愈做愈小，缺乏宏观视野。这可以从两方面来看，一是在同一种研究套路（所谓学派）之中做的人多了，如果研究对象的范围不变,那就只好把题目愈做愈小,以免与他人重复。但其实宏观来看,这些研究在方法上已经是重复了。当然,做小题目,可以在细节上成为专家,是目前学术研究重视的条件之一,于是常常就会设法把处理细节等同于创新研究。处理细节是历史研究的基本功夫,不能说不重要。但如果研究者能做的是从处理一堆细节到处理另一堆细节,就很难称为创新。如果能够拓展阅读范围,设法了解其他社会中相似的现象,思考异同的问题,我觉得就有机会产生新的视野。建立比较的视野并不一定要研究者从事两个以上的文化社会的研究,但是如果能具备跨文化的基本思考能力(也就是多阅读,深入阅读,不同文化的历史),这在现在信息发达的时代并不困难,就有机会提高视界。有一个西方做近代世界史的学者说,比较是治疗乡巴佬主义(parochialism)的良药。说得对。

李:说得太好了!这不仅是研究的经验之谈,也是每个人走出狭隘、自我设限生活的途径。也就是说,"比较"不仅仅是学术功夫,普通人也可以在日常阅读思考中有意识地自我训练。

我还有最后一个问题:古代史上令人悲观的时代总是占多数(当然后来也是如此),这些时代,可能有外敌入侵、战乱、内斗、经济下行、政治无力、信念崩溃、道德沦丧等,类似中国六朝。老师您如何看待个体身处一个不确定的时代?

蒲:这问题我其实不能说有什么太多的经验。人对历史的了解深度是否应该与个人的经历成正比?理论上,似乎个人经历愈多,愈能理解历史的曲折与复杂。但如果是这样,岂不是凡经历过一个战乱的世代的人们，都应该对历史有比较深刻的了解，可以成为比较"好"的历史家？而没有经历过战乱的人，就比较"肤浅"？事实上好像又不是这样？我自己很"幸运"的一生没有遇到什么苦难，所以我常常怀疑自己对历史的了解是书本式的，是理论多于实际，想象多于感受。但毕竟我生活的时代，由20世纪中到21世纪初，并不是一个没有苦难的时代，我们不用选择，就已经处身于一个不确定的时代之中。

李： 人在这个不确定时代，要往哪里去？也许可以这样总结：通晓"脉络"可以稍解现实荒谬感，拥有"比较"意识、培养跨文化的基本思考能力可以开拓视界，治愈人对自由、流动的焦虑感；即便个人没有经历苦难，也可以通过阅读历史、研究历史，为个体存在找到某些基础。

蒲： 说得很对，我说个人没有经历苦难，其实可能并不重要。何况，只要留意，我们仍然能够体会人类的苦难，即使是通过二手资料。在这里，我想到一个也许是关键的问题：人类社会能否避免各种苦难，靠的也许不是曾经受过苦难的人们的反省，而是所有尚未遭遇苦难的人们是否能够在阅读历史的过程之中感同身受，从而有所作为，或者有所不为。普通百姓可以为个人安身立命找到意义，但，有权力造成人类苦难的人，能否因阅读历史而消除暴戾之气？ 21世纪的《资治通鉴》应该是什么样的？

李： 是啊，人类到底能从历史中获得什么？历史的真实力量在于"感同身受"，"洞察人性"，但这却需要写作者与读者达成共识。这就是您一开始说的，"历史写作"发生作用，是由作者与读者共同造成的。

　　谢谢老师！

2022年10月

目　录

不确定时代的安顿——与蒲慕州教授一席谈（代序）/ i

第一章　前言 / 1

　　一、个体安顿，穿越古今的难题 / 1

　　二、汉代"归葬"所向：权力、血缘、地缘 / 4

　　三、六朝"归葬"，沿袭不改吗？ / 9

　　四、新文化史路径与史料运用 / 14

第二章　琅邪王氏的归途 / 23

　　一、白石墓的建造及威权性 / 24

　　二、侨置故壤与归正首丘 / 31

　　三、假葬还是永葬？ / 38

　　四、不葬在白石的王氏成员 / 59

　　五、以简为归 / 72

第三章　看得见的归葬 / 77

一、归葬建康 / 77

二、陈郡谢氏：淝水战后至刘宋初年的葬地选择 / 83

三、归葬与兰陵萧氏郡望 / 90

四、新社会，旧葬俗？/ 111

第四章　礼俗之变，权力之"归" / 115

一、死后世界的想象与"丧""祭"诸环节 / 116

二、世家墓葬墓内祭祀空间 / 135

三、丧服制度中的变礼与现实 / 149

四、文献中的"归葬" / 155

五、小结 / 162

第五章　"归"的象征意义 / 167

一、吊唁、诔碑、墓志铭中的士族交游圈 / 168

二、女性之归与夫妇合葬 / 178

三、归的新指向：山水与隐逸 / 180

四、历史层累下的文化之"归" / 193

五、小结 / 198

第六章　结论 / 201

一、"归葬"现实安排与解释权 / 202

二、"归葬"所见世家大族内部的连接与分化 / 205

三、"晋制"再思考 / 210

四、士与"归" / 213

附　录 / 217

附表 1：琅邪王氏部分成员葬地以及卒年 / 217

附表 2：象山王氏墓相关资讯（参考考古报告）/ 219

附表 3：四座代表朝廷礼仪的大墓与仙鹤观 M6 的比较 / 224

附表 4：六朝世家大族鬼故事 / 226

参考文献 / 239

后记 / 257

致谢 / 263

第一章

前　言

一、个体安顿，穿越古今的难题

2017年在美国加州大学伯克利分校访学，周末跟随别人去参观萨克拉门托的华裔小镇乐居（Locke）。19世纪末，大批中国劳工参与修建铁路和堤坝，聚集在萨克拉门托三角洲，1915年向当地白人乔治·洛克（George Locke）租用土地，自建了这个定居点，最繁华时达到五六百人。后来人口外迁，小镇凋零，被美国政府列入国家历史古迹。

小镇入口处最显眼是一间学校，门口立着孔子和孙中山像。只有一间课室，堂上悬挂孙中山遗嘱等，堂下是摆放整齐的课桌椅，喑哑录音机反复吟颂着中国乐曲。去之前没有做过功课，乍临现场还是挺震撼：时光仿佛凝固在一百多年前小镇初建时，空间里刻意浓缩的政治皈依、门口的圣人像，似乎都在诉说移民的乡愁，二者自然交融，无分彼此。

回去看了网页介绍，原来这里1915年初建时就是中国国民党党员和社区的会议厅，1926年在国民党资助下，才成为一所青少年"放学后"学习中文读写的学校，原名国民学校，1952年得到华裔慈善家周崧（Joe Shoong）资助，又以周崧命名（The Joe Shoong School）。20世纪80年代，镇上年轻人越来越少，学校遂关闭。门口孔子和孙中山塑像是中华人民共和国中山人民政府赠送的礼物。

如此看来，是历史的层累叠加形成了今天这个空间的面貌。有趣的是，参观者也并不以为突兀，学校内外刻意展示的符号，被笼统地默认为"中国文化"。这固然有参观者自身的刻板印象，但家国大义融入私人领域，与个人表达互相借用、互为背景，直到近现代，也确是常见的中国式表达。比如19世纪下半叶随淘金潮来到美国加州的珠三角移民，建的关帝庙对联"德泽满天下　忠良为国家"，将想象的家国情怀与异国处境、个人身份认同交织在一起；[1] 又如2019年中华人民共和国70周年国庆，阅兵仪式与主推的电影《我和我的祖国》，赢得无数普通国民热泪。这种自愿将私人命运投射于家国宏大叙事的情怀，除了特定时期政治形塑，在文化上是否也能找到渊源与解释？

如果把目光投向更远的过去，《建康实录》有条记载：公元413年，世家子弟谯纵自立蜀主于成都，兵败逃亡，到祖墓拜别。彼时他的女儿才数岁，劝谯纵说："走如不免死，只取辱耳。一等

---

1 这个故事可参见Robert G. Lee，"Red Turbans in the Trinity Alps：Violence，Popular Religion，and Diasporic Memory in Nineteenth-Century Chinese America," *Journal of Transnational American Studies*，2017，vol.8（1）。

死，死于先人墓可也。"[2]

现代人对这个故事大概不能共鸣，因为"祖坟"的现实地位早已消退，可若说起王羲之闻北方先人墓遭受战乱荼毒，含恨写下的《丧乱帖》，对那种家国之思、离散之痛，立即便能感同身受。许嵩将这个故事连同谯纵失败下场一同写出来，哪怕带上了唐代人的演绎，也足见"死于先人墓"对中古世家子弟的重大意义，其力量不亚于宗教信仰。既然接近于宗教信仰，恐怕就很少人能分辨：江山改了颜色、个人失去身份认同、先墓（故乡）再也回不去了，这三样，哪样最有切肤之痛？

在一些西方学者看来，中国家庭（家族）就是中国中古社会宗教制度。太史文（Teiser，S. F.）将它定义为"一自我维持的世系连续体"，"任何一个对新的社会存在方式的肯定都不会引起对旧存在方式的否定：祖先犹受关照、家庭仍获富足、孝顺的目标仍受维护"。[3]不过，正如应该剖开乐居镇中文学校的表象符号去看它的历史层累，我们也要问，这看似习见的"家庭（家族）至上""祖先崇拜"，在中国历史上是否真的连续不断？自我维持的力量来自哪里？由家族、祖先至上，变为国家至上，家与国熔为一炉，意义上的互相取代，在时间长河里如何达成？《丧乱帖》激发现代人的，到底是人性中共同的痛，还是长期浸淫熟稔的家国主义、宏大叙事？

为了理清这些，或许应该回到王羲之时代，从还原《丧乱帖》

---

2 （唐）许嵩撰，张忱石点校：《建康实录》，北京：中华书局，1986年，第341页。

3 ［美］太史文（Teiser，S. F.）著，侯旭东译：《幽灵的节日：中国中世纪的信仰与生活》，杭州：浙江人民出版社，1999年，第176页。

的背景、丧俗和心态开始。

西晋永嘉之乱后，人口一共经历了四次南迁。南渡人口截至宋世，共约九十万，北方平均凡八人之中，有一人迁徙南土；结果使南朝所辖疆域，北方侨民约占六分之一，中原南渡人口中，尤以冠冕缙绅之流为盛。[4] 王羲之就出自渡江第一世家琅邪王氏。北方流寓士族在新土地上夺取政权、建立新生活，不得不思考和处理与地域、血缘、家国、宗教等的关系，而"祖茔"所在，"归葬"何处，恰好勾连起这些复杂问题，成为窥探六朝士族文化心理、文化演变的视窗。

这就是本书即将展开的故事——离散时代的六朝士族归葬。通过这段看似常见、实则不易接近的历史探求，尝试理解中国人文化逻辑中的个体自由与家国想象。

二、汉代"归葬"所向：权力、血缘、地缘

《汉语大词典》中，"归葬"的定义是"人死后将尸体运回故乡埋葬"。[5] 但最早将归葬纳入礼制的《礼记·檀弓》却不是这样说：

> 大公封于营丘，比及五世，皆反葬于周。君子曰："乐，乐其所自生。礼，不忘其本。"古之人有言曰："狐死正丘首，

4　谭其骧：《晋永嘉丧乱后之民族迁徙》，《长水集》，北京：人民出版社，1987年，第199—223页。

5　《汉语大词典》，上海：汉语大词典出版社，1993年，第6830页。

仁也。"[6]

齐太公封地在营丘（今山东），为表忠于周王室，死后返葬镐京，陪葬文武王墓侧。太公子孙，虽死于齐，因太公葬在周，子孙从父祖，也返葬于周，五世之后，才葬在营丘。《礼记》由汉代人整理而成，因此至少从西汉起，丧葬礼制强调的"归葬"首先是从皇权，其次五服内的子孙需从父祖，最后才回归家乡。三种完全不同的葬地选择被捏合在一起，诠释出同一种礼制意义，即"不忘其本"。汉代遵从这一礼制的典范可参考西汉丞相韦贤父子。韦贤昭帝时徙平陵，死后陪葬平陵，其子韦玄成同样官至丞相，遗愿"归葬父墓"，[7]父子二人的归葬地都不在家乡，而是践行了从君王、从父祖。同时韦氏家族属山东邹城的儒学世家，在邹城自有祖坟，韦贤二儿子韦舜一直留在家乡照看祖坟。韦家父子的葬地选择完美遵守了"三不忘"礼制，把"归葬"话语中的忠君敬祖大义发挥到极致。由此可见，汉代的归葬或归正首丘，已经是一种政治话语。

从文献看，至少在西汉早中期，官员死后归葬故乡并未被特别强调。东汉初年的廉范是京兆杜陵人（今陕西西安），以送父归葬闻名，但祖上廉氏豪族在西汉初年从苦陉迁往杜陵后，世代驻守边郡，死后就地葬在陇西襄武，并不图归葬杜陵。[8]这或许因为

6　（清）阮元校刻：《十三经注疏》，北京：中华书局，1980年，第1281页。

7　（汉）班固撰，颜师古注：《汉书》卷七十三，北京：中华书局，1962年，第3115页。

8　（南朝）范晔撰，李贤等注：《后汉书》卷三十一，北京：中华书局，1965年，第1101页。

西汉早期官员有久任倾向，[9] 如朱浮上疏所述，"吏皆积久，养老于官，至名子孙，因为姓氏"。[10] 这样死于任上，埋在当地，是很自然的事。

西汉末年起，归葬故乡渐渐变得重要，两个原因值得重视：一是官员致仕制度化，二是察举制度以孝行为先。自韦贤首开丞相致仕的先例，相继就有疏广、于定国、薛广德等大臣"乞骸骨归老"。这些朝廷大员致仕时得皇帝厚赐，回乡受到地方官员奉承，地位崇高，光耀乡里。史书记载，薛广德致仕，皇帝赐安车驷马、黄金六十斤，"东归沛，太守迎之界上。沛以为荣，县（悬）其安车传子孙"。[11] 龚胜、龚舍归乡里，"郡二千石长吏初到官皆至其家，如师弟子之礼。……胜居彭城廉里，后世刻石表其里门"。[12] 官员致仕在西汉末年逐渐成为制度，孝平元始元年（公元1年）规定，二千石以上官员，年老致仕后可得三分之一原俸禄以养老。[13] 经济与社会关系，都是致仕官员乐于归乡的原因。这一点在唐代也是如此，祖坟住宅及田产的牵绊决定了退休官员无故不会离弃故乡。[14]

另一方面，察举制度的影响也使东汉时借丧葬显孝立名发展到十分夸张的程度，汉灵帝时数十名洛阳商人争相为汉桓帝的宣

9　周长山：《汉代地方政治史论：对郡县制度若干问题的考察》，北京：中国社会科学出版社，2006年，第96—98页。
10《后汉书》卷三十三，第1142页。
11《汉书》卷七十一，第3048页。
12《汉书》卷七十二，第3084页。
13（宋）徐天麟：《西汉会要》卷四十三，北京：中华书局，1955年，第435页。
14 陈寅恪：《论李栖筠自赵徙卫事》，《金明馆丛稿二编》，北京：生活·读书·新知三联书店，2009年，第1—8页。

陵守陵，号称"宣陵孝子"，汉灵帝就把他们统统封为太子舍人。"举孝廉"、选拔官员的标准不知不觉变成如张衡所言："皆先孝行，行有余力，始学文法。"[15]在这种社会气氛中，归葬故事层出不穷，送归者克服种种困难成为一时美谈。或为掾属报答长吏知遇之恩，如桓典，"国相王吉以罪被诛，故人亲戚莫敢至者。典独弃官收敛归葬，服丧三年，负土成坟，为立祠堂，尽礼而去"。[16]或显义士名节，如申屠蟠，"与济阴王子居同在太学，子居临殁，以身托蟠，蟠乃躬推辇车，送丧归乡里"。[17]或示至孝，如廉范15岁前往蜀郡迎父归葬，途中船触石沉没，他抱持棺柩沉溺水中，差点丧命。这些人为了送归，要么免官去职，要么九死一生。《后汉书》所记廉范显名的三件事都与丧葬有关，分别是送父亲、长吏归葬，收敛以谋逆罪处死的老师薛汉。廉范由是举茂才，位至蜀郡太守。

　　"正首丘文化"是官场文化的衍生。中古社会步入官场的人往往经营"双家制"："少年时多居乡里，壮年游宦至京，致仕后返回乡里，为官者'每四时与乡人父老书相存慰'。"[18]西晋时吴郡人张翰游宦洛阳，看到政治危机，借思乡全身而退。他著《首丘赋》留名，是"正首丘文化"富有影响力的见证。故乡作为仕途的起点、政治避难所与退路，自然也成为游宦士人念念不忘的最后"归所"。汉代官宦士族盛行"归葬"，可参考杨树达《汉代婚丧礼

15（宋）徐天麟：《东汉会要》，北京：中华书局，1955年，第283—284页。

16《后汉书》卷三十七，第1258页。

17《后汉书》卷五十三，第1751页。

18 陈爽：《世家大族与北朝政治》，北京：中国社会科学出版社，1998年，第203页。

俗考》[19] 和杨鸿年《汉魏制度丛考》[20]，从二位先生所举文献可知，古人对"回故乡埋葬"还有一些不同说法，如还葬、反葬、反旧茔、丧归乡里；近年发现的墓志铭如东晋谢鲲墓志，还有"假葬"与"旧墓"之说。[21]

一般认为汉代厚葬成风，但提到归葬，却多关注其"狐死首丘"的文化心理。事实上，若以僭礼和奢侈为厚葬标准，[22] 汉代时的归葬实为厚葬一环。廉范故事里，蜀郡太守张穆先后两次"重资"相送欲助丧归，都被拒绝，固然说明廉范的气侠，但他靠一人一客微薄人力送丧，险遇不测，不能不说与财力匮乏有关。因此以"薄葬"著世的遗嘱往往会提到"勿归乡里""不归本墓"。[23]

《白虎通》关于"归葬"，只讲到君王：

> 王者巡守崩于道，归葬何？夫太子当为丧主，天下皆来奔丧，京师四方之中也。即如是，舜葬苍梧，禹葬会稽何？于时尚质，故死则止葬，不重烦扰也。[24]

---

19 杨树达：《汉代婚丧礼俗考》，上海：上海古籍出版社，2000年，第129—137页。

20 杨鸿年：《汉魏制度丛考》，武汉：武汉大学出版社，1985年，第439—441页。

21 赵超：《汉魏南北朝墓志汇编》，天津：天津古籍出版社，1992年，第18页。

22 蒲慕州：《汉代薄葬论的历史背景及其意义》，《历史与宗教之间》，香港：三联书店（香港）有限公司，2016年，第58页。

23 如东汉崔瑗、曹魏时期郝昭的遗令。《后汉书》卷五十二，第1724页；（晋）陈寿撰，裴松之注：《三国志》卷三，注引《魏略》，北京：中华书局，1959年，第95—96页。

24 （汉）班固撰集，（清）陈立疏证，吴则虞点校：《白虎通疏证》卷六，北京：中华书局，1994年，第296—297页。

可见礼制也讲究王者归葬须合乎时宜，更不要求普通官员与百姓践行。刘向劝谏成帝实施薄葬时说："夫嬴、博去吴千有余里，季子不归葬。孔子往观曰：'延陵季子于礼合矣。'"[25] 说明不顾烦扰、超出负担的归葬，实为僭礼，并不为儒家所提倡。然而东汉时，归葬的现实功利使它早已脱离儒家礼制的思想，服从于厚葬的社会风气。

通过以上所述，我们大概可以对汉代文献中的"归葬"有了一些基本认识，它既是丧葬习俗，也是政治话语，包含几层意思：第一，作为丧礼，可以从君王、从父祖、回故乡，意为"不忘其本"；第二，当故乡在经济上和政治上成为可以回去的庇护所，"死后埋葬在故乡"就成为"归葬"的主要选择；第三，在东汉，归葬是一项能彰显孝行的公共活动；第四，"归葬"的意义共享主要发生在官宦士族间，是官场文化、士族文化的内容；第五，汉代的归葬实为厚葬一环，是在以厚葬为德的社会风尚中发展起来的。

三、六朝"归葬"，沿袭不改吗？

汉代以后，社会政治经济发生了根本变化。丧葬制度是活人社会等级制度和丧葬观念的反映，学界归纳出了"汉制"与"晋制"，二者有非常显著的区别。[26]

25《汉书》卷三十六，第1953页。

26 "汉制"与"晋制"的分别，汉晋之际丧俗转变，参见俞伟超：《汉代诸侯王与列侯墓葬的形制分析：兼论"周制"、"汉制"、"晋制"的三阶段性》，《先秦两汉考古学论集》，北京：文物出版社，1985年，第117—124页；《中国魏晋（转下页）

从考古物质遗存看，"汉制"事死如生，模仿生人居所建造墓室，重厚葬，地上建祠、筑阙、立石柱石兽，地下建砖石多室墓，多装饰壁画、画像石以及珍宝俑人车马等精美随葬品，或殓以玉衣。

"晋制"起于曹魏，影响持续到南朝。较之"汉制"，"晋制"丧葬观念发生改变（即"厚葬无益于死者"），薄葬改革自上而下，由曹操、曹丕、司马懿等几代最高统治者身体力行，在上层社会产生示范推动，也取得制度支持；表现为不封不树，不起陵园，不用玉衣，不以金银铜铁等金属器陪葬，长方形单室墓渐成高等级墓葬的主流，夸耀身份等级的随葬品（如牛车为中心的仪仗俑群出现）替代了对财富的重视，等等。

虽然"汉制"与"晋制"在物质表现上差距甚大，但汉代官员"归葬"之俗，研究者却大多认为在六朝仍沿袭不改。[27]这大概因为"归葬"与否很难从现有的墓葬遗存去证明，文献中"归葬"用语又从未中断，因此讨论"晋制"中的归葬，在缺乏实证辨析的情况下，总是采信文化心理的自然延续；而死后回归故乡或与家人埋在一起，是不分民族地域阶层人都会有的自然选择，既是人

（接上页）墓制并非日本古坟之源》，《古史的考古学探索》，北京：文物出版社，2002年，第359—369页；杨泓：《谈中国汉唐之间丧俗的演变》，《文物》1999年第10期，第60—68页。"晋制"研究，还可参见韩国河：《秦汉魏晋丧葬制度研究》，西安：陕西人民出版社，1999年，第71—82页；吴桂兵：《两晋墓葬文化因素研究》，南京：南京大学出版社，2017年，第247—256页；韩国河、朱津：《三国时期墓葬特征述论》，《中原文物》2010年第6期，第53—61页；齐东方：《中国古代丧葬中的晋制》，《考古学报》2015年第3期，第345—365页。

27 如徐吉军：《中国丧葬史》，南昌：江西高校出版社，1998年，第315页；韩国河：《秦汉魏晋丧葬制度研究》，第78页。

之本性，似乎"归葬"就成为一件无须分辨的事。

　　在六朝归葬"沿袭汉代不改"的认识框架下，近年，一些研究从假葬待北归的思路重新解释了东晋世家大族的墓葬遗存。例如，南京所发现的东晋墓志在形制、文辞、字迹、刻工上都比较简陋，不如西晋和南北朝时期讲究，推测这些墓志只是北方士族用于日后迁葬北方祖茔时辨认棺木的标识；[28]东晋帝陵前无石刻，推测与前期统治者想回北方重新安葬有关。[29]这一思路上走得更远的是德国学者安然（Annette Kieser），她从2001年起有多篇论文讨论北方流寓士族的假葬与归葬问题，[30]核心观点是：南京世家大族家族墓很可能是为了假葬而营建，具体表现为单室墓的简葬，墓室狭小、棺外随葬品粗陋，棺内随葬品却很丰富（主要指象山王丹虎墓），或许因为未来迁葬时棺木不必再打开，棺内随葬品可以跟随墓主回北方；而家族成员埋在一起，也可能考虑到统一迁葬北归的

28 华人德：《论东晋墓志兼及兰亭论辨》，《故宫学术季刊》1995年第13卷第1期，第27—62页。

29 李蔚然：《东晋帝陵有无石刻考》，《东南文化》1987年第3期，第83—86页。

30 ［德］安然（Annette Kieser）：《东晋时期北方移民对南方墓葬影响的重新评估》，巫鸿主编：《汉唐之间文化艺术的互动与交融》，北京：文物出版社，2001年，第231—272页；《魂返故土还是寄托异乡——从墓葬和墓志看东晋的流徙士族》，《东南文化》2002年第9期，第45—49页；"'Laid to rest there among the mountains he loved so well'？ In search of Wang Xizhi's tomb," in *Early Medieval China*，17（2011）：pp. 74－94；"Newinsight on Émigré tombs of the eastern Jin in Jiankang, "in Jana S. Rošker and Nataša Vampelj Suhadolniked., *The Yields of Transition*：*Literature，Art and Philosophy in Early Medieval China*（Newcastle upon Tyne：Cambridge Scholars Publishing，2011），pp. 53－73；中译本：［德］安然（Annette Kieser）著，周胤等译：《魂返故土还是寄托异乡——从墓葬和墓志看东晋的流徙士族》，《从文物考古透视六朝社会》，南京：南京大学出版社，2021年，第1—13页；《建康东晋流徙士族墓葬新解》，同上，第14—35页。

便利。她认为流寓士族的北归心态或许经历了"企望回归、接受现状、在接受现实与寄托希望之间徘徊"三个阶段，即随着与本地人姻亲关系建立，逐渐接受现状，丧葬表现就是墓室从狭小变成宽广、随葬品从简陋逐渐增多。[31]

这一思路也被用来解释墓室建筑装饰的突变，如耿朔看到，350年前后，东晋墓葬中穹隆顶单室墓被券顶单室墓替代，直棂假窗突然消失、墓葬趋简，他认为有可能受了桓温北伐大胜的时局影响，建康出现一股将归葬故园的期待，所以这时期营建的墓葬只是当作灵柩暂时居所，而太和四年（369年）枋头之败和前秦统一北方后大军压境，又使北归热情冷却，墓葬再次被当作地下永久居所来布置，致使375年以后，假窗再度出现在墓壁，砖棺床和祭台更加普遍。[32]

不可否认这些研究充满灵感，关注到墓葬遗存与社会现实之间的动态联系，以归葬为动因寻找解释，尤其总结出疑似假葬的几种物质表现，如墓志简陋、墓室狭小低矮、棺内外随葬品反差、墓室装饰忽然发生变化等，对"晋制"特征的讨论有所补益。然而有一个至关重要的前提尚需追问：北归心态是否能直接转化成现实的假葬安排？在东晋社会转型过程中，假葬与永葬是否可以区分、表现为两种埋葬方式？张学锋就曾指出，墓室大小固然与临

---

31 安然：《魂返故土还是寄托异乡——从墓葬和墓志看东晋的流徙士族》，第45—49页。

32 耿朔：《最后归宿还是暂时居所？——南京地区东晋中期墓葬观察》，《南方文物》2010年第4期，第80—87页；《从双室到单室：魏晋墓葬形制转变过程中的一个关键问题》，王煜主编：《文物、文献与文化：历史考古青年论集（第一辑）》，上海：上海古籍出版社，2017年，第28—43页。

时安葬还是永久安葬有某种关联，更重要却是与安置棺柩的个数有关。[33]

　　其次，在六朝归葬"沿袭汉代不改"的认识框架下，归葬心态也常常被用于推衍、解释一些历史现象。20世纪在南京北部象山、老虎山（此二山晋时相连，属同一区域）发现琅邪王氏、琅邪颜氏家族墓，根据归正首丘的传统，便推论此处就是东晋侨置琅邪临沂县实土化的西界县域。中村圭尔曾说："为何在建康东北郊选择侨置临沂县，与其说是与临沂县人的流寓地有关，莫如说临沂县大族王氏和颜氏的墓地所在是更重要的因素。"[34] 王去非、赵超也认为，既然有王颜二氏的家族墓，临沂西线自然应该到达此处，"大量临沂士族的墓葬，表明他们仍然遵从归葬故土的旧习，江北原籍既不可归，便将侨置临沂认作自己故土"。[35] 据此，侨置临沂西线的问题在20世纪90年代就有定论。但是，此后陆续又出土的南京象山王氏家族墓，多为侨置临沂县实土化后的东晋墓葬，墓志铭均称这块葬地为"丹杨建康之白石"，从未称"临沂之白石"，这又如何解释？"归正首丘"的文化传统对社会现实的影响是否需要重新衡量？如果仍以汉制眼光来看晋制中的"归葬"，势必取消了这一葬俗所蕴含的动态、复杂的时代信息。

33　张学锋：《南京象山东晋王氏家族墓志研究》，牟发松主编：《社会与国家关系视野下的汉唐历史变迁》，上海：华东师范大学出版社，2006年，第334—335页。

34　[日] 中村圭尔著，刘驰译：《关于南朝贵族地缘性的考察：以对侨郡县的探讨为中心》，《南京晓庄学院学报》2005年第4期，第28页。

35　王去非、赵超：《南京出土六朝墓志综考》，《考古》1990年第10期，第947—949页。

　　如前所述，《礼记》所说的"归葬"不只是一个地理概念，而有权力、血缘、地缘三个指向。在汉代，通常祖坟就在故乡，所以归故乡和归祖茔往往不加区分，如韩国河定义"归葬"："即归先人之墓或旧茔，这是家庭墓地兴起后的一种葬俗。"[36] 汉代以故乡、祖茔为归，概因郡望（地缘）还糅合了权力和血缘。然而永嘉南渡，失去了故土，归葬的物质基础没有了，葬俗怎么还能沿袭汉代不改呢？旧有认识框架的疏漏是，对文化心理与现实操作未加区分，将文献中的表述（或观念）与考古的物质遗存直接等同，没有意识到"归葬"的词汇意涵在不同时代发生了转移。换句话说，汉代与六朝，虽都有"归葬"之名，但其实践、内涵、象征意义已经不同，所谓"词与物之间的分裂"，[37] 正是新文化史研究开始的地方。[38]

四、新文化史路径与史料运用

　　把"归葬"当作人的自然本性或中国传统文化习性，不加细究，事实上忽略了中国历史上这一词汇的政治属性和权力属性。因此在进入这项研究之前，要特别强调本书关心的"归葬"

36　韩国河：《秦汉魏晋丧葬制度研究》，第78页。

37　［法］米歇尔·福柯（Michel Foucault）著，莫伟民译：《词与物：人文科学考古学》，上海：上海三联书店，2001年。

38　新文化史相关论述，参考［美］林·亨特（Lynn Hunt）主编，姜进译：《新文化史》，上海：华东师范大学出版社，2011年。

是六朝士族的独特"话语"（discourse）——借用米歇尔·福柯
（Michel Foucault）"话语"（discourse）一词，[39] 乃因它能恰如其分
地揭示"归葬"作为一种论述、语言，其背后的欲望和权力，表
达这一专题研究将关注士族话语建构、控制途径与社会氛围。这
是追随新文化史路径进入六朝士族生活的尝试，既要考证"归葬"
的丧俗实践，也分析士族文化如何共享这一意义符号。

　　士族研究是六朝史的传统题目，相关学术回顾常做常新。[40] 简
言之，日本与北美士族研究的问题意识来自各自语境，以日本贵
族时代与欧洲贵族时代为参照，这是比较带来的优势，更容易从
整体上察觉六朝士族特质。大陆士族研究重考证，数量也最为庞
大，近些年陷入低水平重复的困惑，如论者所述："大陆学界三十
年来积累的大量士族个案研究的成果，虽然使我们弄清楚了大大
小小士族的谱系、仕宦与婚姻状况，但其讨论问题的深度与广度
都没有超越《博陵崔氏》一书的水平。一个可以衡量的重要标准

39　Michel Foucault 关于话语的描述，主要参考 Michel Foucault，*The Archaeology
of Knowledge and the Discourse on Language*，translated from the French by A. M.
Sheridan Smith（New York：Pantheon Books，1972），pp. 21 – 78，"Appendix：The
Discourse on Language"，pp. 215 – 238。中译本：王德威译：《导读》，《知识的考
掘》，台北：麦田出版有限公司，1993年，第29—35、93—174页。

40　如［日］中村圭尔：《六朝贵族制论》，刘俊文主编：《日本学者研究中国史论著选
译》第2卷，北京：中华书局，1992年，第359—391页；陈爽：《近20年中国大
陆地区六朝士族研究概观》，《中国史学》2001年第11期，第15—26页；仇鹿鸣：
《士族研究中的问题与主义：以〈早期中华帝国的贵族家庭：博陵崔氏个案研究〉
为中心》，《中华文史论丛》2013年第4期，第287—317页；林晓光：《比较视域
下的回顾与批判：日本六朝贵族制研究平议》，《文史哲》2017年第5期，第20—
42页；范兆飞：《北美士族研究的学术史：以姜士彬和伊沛霞的研究为线索》，范
兆飞编译：《西方学者中国中古贵族制论集》，北京：生活·读书·新知三联书店，
2018年，第304—348页；等等。

是，大多数的个案研究只停留在对某个士族个体兴衰加以描述的层面，并不能为整体性地理解中古社会的特质提供多少新的知识与见解。"[41] 不过也正是有了大大小小、相当数量的细节考证，我们才有机会以当代为坐标，反观六朝，提出切身相关的问题。

这里所感兴趣的"文化"问题，与传统士族文化研究有所不同，传统研究多集中在文学、文献或墓葬材料所建构的文化现象，对文化的历史驱动力较少审视，本书企图着力于士族的"习俗、价值观和生活方式"，[42] 关心的"文化"更倾向于"文化解释"，即格尔茨（Geertz）说的意义与"深描"，把"归葬"当作一出社会剧、一个文化符号，[43] 了解流寓士族在"归"的选择上有过怎样的纠结、对抗、妥协和创造，以及促使他们做出选择的驱动力。从整体而言，将"归葬"视为中国文化的"个案"，借助六朝动荡背景，[44] 去理解中国人在追寻终极安顿途中的文化再造；一项习以为常的"传统"在历史中如何被遗忘、被更改、被选择性保存？旧观念旧习俗对新社会的权力秩序、个人身份建构会产生哪些影响？

41　仇鹿鸣：《士族研究中的问题与主义：以〈早期中华帝国的贵族家庭：博陵崔氏个案研究〉为中心》，第308—309页。

42　文化这个词原来指上层文化，但新文化史家将日常文化也包含在内，包括习俗、价值观与生活方式。这越来越接近人类学家对文化的看法。Peter Burke, *What is Cultural History?*（Cambridge：Polity Press Ltd.，2014），p. 33.

43　Peter Burke, *What is Cultural History?*, p. 36.

44　这里所说的"六朝"主要指建都于南京的六个政权——孙吴、东晋、宋、齐、梁、陈。但文化却不能以朝代、地域为界，因此讨论会扩大到"晋制"所涵盖的朝代，即三国、西晋、东晋和南朝。六朝实际控制的区域大致北到秦岭淮河、西达青藏高原边缘，东临大海，南至北部湾。

为了回答以上问题，一切相关史料都值得关注，其中墓葬材料与文学材料是重要依据，需要加以特别说明。

（一）墓葬材料

墓葬材料是了解六朝丧葬习俗、葬地选择最直接证据。已发掘的六朝高等级家族墓遍及渡江著姓，包括琅邪王氏、陈郡谢氏、琅邪颜氏、太原温氏、兰陵萧氏、广陵高氏，以及东晋南朝帝陵等。围绕这些出土材料的研究已有很多，近年出版如罗宗真《六朝考古》（1994），李蔚然《南京六朝墓葬的发现与研究》（1998），邹厚本主编《江苏考古五十年》（2000），李梅田《魏晋北朝墓葬的考古学研究》（2009），韦正《六朝墓葬的考古学研究》（2011）、《魏晋南北朝考古》（2013）；吴桂兵《两晋墓葬文化因素研究》（2017）等，所讨论的大都是考古学文化，重点在于器物、墓葬的分类分期。利用出土墓志研究士族，是近年学术热点，而运用非文字的考古遗存探究中古社会文化的论著却不多，蒲慕州《墓葬与生死：中国古代宗教之省思》（1993）、丁爱博（Albert E. Dien）《六朝文明》（Six Dynasties Civilization，2007）、巫鸿《黄泉下的美术：宏观中国古代墓葬》（2010）、李梅田《葬之以礼：魏晋南北朝丧葬礼俗与文化变迁》（2021），还有上文提及的安然、耿朔的研究，均属此类。本书对墓葬材料的运用与后者相类，希望通过墓葬形制、物质遗存触及当时社会的文化观念与行为。

利用考古遗存重建历史过程，是近年西方过程主义考古学与后过程主义考古学不断探讨的。研究者首先要警惕的是，所有丧葬考古获得的材料都是生者根据自己意图"重新定义"死者身份，并使之凝结在理想终制里。决定丧葬活动的不是孤立原因，而是一系列社会活动的结果。[45] 影响墓葬遗存的因素变化多端，丧葬再现的社会生活可能只是理想的而非真实日常，陪葬品可能并不与死者身份等级相匹配，有时候赗赠的陪葬只代表追悼者的身份以及与死者的关系，有时候能代表社会地位的是生活方式而非财富多寡，等等，因此根据墓葬遗存去重建历史过程，须将材料放在当时人的信仰、社会实践、政治情境中，放弃寻找普适性的时代框架，转向关注生者对死者的利用。[46]

其次，研究者要处理物质遗存与文献的不同脉络，这是两套系统的产物，不能简单对应。但是，研究时将史籍文学中的表述与物质遗存做对比，产生的差异、断裂，也是了解那个时代的有效途径。

此外，对考古材料进行"文化解释"，适当的比较可以带来新的理解。例如对"祖先崇拜"的解释。阿瑟·萨克斯（Arthur Saxe，1970）在分析丧葬活动的社会因素时，指出成为祖先的合法继承者就可以埋在特定墓地，是占有有限土地资源的一种手段。林恩·戈尔茨坦（Lynne Goldstein，1976，1981）把"资源竞争—埋葬—继承"三者连在一起，伊恩·莫里斯（Ian Morris，1991）发现，死去的祖先往往被利用于解决权力与财产冲突。麦卡纳尼（McAnany，1995）与玛丽·赫尔姆斯（Mary Helms，1998）认为，在前工业社会，"祖先"是社会、经济、意识形态

---

45 Mike Parker Pearson, *The Archaeology of Death and Burial* (College Station: Texas A&M University Press, 2000), pp. 3 – 5.

46 Mike Parker Pearson, *The Archaeology of Death and Burial*, p. 94.

的有力掌控者，可以合法地规范等级、分配资源给"子孙"。[47]但六朝流寓士族家族墓营建显示，"祖先"跟随子孙迁移也很常见，"归葬"虽可视为"祖先崇拜"的一环，不少祖先却是由子孙赋权的。

（二）文学材料

后人对六朝归葬"沿袭汉制不改"的印象，其实来自各种文字记载。诗词歌赋、志怪故事、遗嘱、清谈、墓志散见的"归葬"，有时表现为一种富有权力象征的政治话语，有时又变成一种浓烈的文化情怀，但它们很可能只是对旧生活的集体记忆，"之所以有那么多人谈论记忆，因为记忆已经不存在了"。[48]失去故乡与往日世界，重复"归葬"的实践与话语变得非常重要，重建家族墓地、用铭文标志籍贯宗族，加强（或贬低）归葬（或不归葬）者的声望，在公共生活中回忆、讲述故事、咀嚼相关话题，"没有这些就无法建立跨代际、跨时代的记忆"，[49]也才能建立流寓者的身份认同。"归"的文化心理反而因为旧世界的失去而更加强化，后人对六朝归葬的看法，很大程度来自这些话语的影响而非归葬的真正完成。

47　Erica Hill and Jon B. Hageman，"The Archaeology of Ancestors"，in Erica Hall，and Jon B. Hageman ed.，*The Archaeology of Ancestors：Death，Memory，and Veneration*（Gainesville：University Press of Florida，2009），pp. 42 – 49.

48　［德］阿莱达·阿斯曼（Aleida Assmann）著，潘璐译：《回忆空间：文化记忆的形式和变迁》，北京：北京大学出版社，2016年，第1页。

49　［德］阿莱达·阿斯曼（Aleida Assmann）著，潘璐译：《回忆空间：文化记忆的形式和变迁》，第12页。

重建时代氛围，笔者也依赖来自一手的文学材料。六朝最独特的文学材料是志怪小说，例如，有两则故事都描述当时人在迁坟归葬时，因为找不到旧墓，请巫来"识鬼"。[50] 虽然旨在志怪，却取材于日常，由此想见战乱造成很多人尸骨无存，民间的巫就发展出识鬼的业务，以帮助归葬的丧家。

几乎当时最重要的流寓大族与江左高门都有志怪故事传世（附表4），其中一部分也被《晋书》《建康实录》等史书采纳，在中古史家那里，一个人物或家族的完整史传离不开志怪传说，志人与志怪在当时人看来，没有不可逾越的鸿沟。"讲鬼故事"也是六朝士人交往很重要的活动，因此世族志怪与其他闾里巷议得来的志怪故事不同，话题来自士人阶层的选择，反映高门士族、术士、中下层文士之间的交流，与正史关心权力升降的叙述，不仅细节上大相径庭，意义框架也不同。

具体而言，本书主要内容安排如下：

第二章是围绕三至六世纪琅邪王氏南渡成员葬地选择的个案研究。以南京象山王彬家族墓的考古发现为基准，先讨论家族墓的建立、发展、权力象征，以及墓葬材料所反映出来的归葬观念与安排，再考察那些不葬在象山的王氏成员，如何选择葬地，这些选择反映了什么样的权力处境和文化心态？本章也试图回应学界关于北归心态表现为假葬的论述，检讨现有墓葬遗存可否视为假葬准备，同时重新评估归正首丘文化对社会现实的影响。

50（晋）干宝、（宋）陶潜编撰，李剑国辑校：《新辑搜神记·新辑搜神后记》，北京：中华书局，2007年，《石子冈》，第387页；《范启母墓》，第485页。

第三章分析经过人为诠释与设计，在当时具有相当大影响的归葬，包括卫玠、温峤、高崧、陈郡谢氏、兰陵萧氏，关注流寓士族在新社会如何主动利用归葬旧俗，来应对新的政治与社会秩序，提升家族地位。

第四章探讨"丧、葬、祭"某些环节的礼俗变革，主要关心礼俗变化背后的移民心态。同时梳理文献中有关六朝"归葬"的记载，讨论用词背景、意涵比之汉代的异同。本章从丧葬心态与实用性出发，对世族墓葬遗存提出一些新的猜想与解读，目的不在于做出新的断言，而希望通过"漂泊""安顿"之际的观察拓展思路，丰富对六朝社会的理解。

第五章讨论的"归"已经不是单纯葬地，而演变成为权力归属、身份认同、文化归属。六朝士族在迁徙、建立新社会、安排终制过程中，如何重新诠释、定义"归"？如何共享"归"的象征意义？本章从吊唁、诔碑、墓志铭的表述观察士族圈层如何保持其文化归属，阐述归隐的叙事与生活方式经由流寓之途而正式登上士族文化舞台，以艺术与宗教为后盾，提供了逃离家国宏大叙事的出口，催生了新的艺术形式。本章也着力表现那些捕风捉影的传说、无从考证的遗迹、伪造的归葬地、别有私心的方志族谱，如何构成真实的历史与民族文化。

第六章从四个方面总结全文：第一，使"归葬"仪式化的历史语境：谁在诠释它，谁的声音被听到，背后这套象征意义如何被创建出来？第二，"归葬"所见世家大族内部的连接与分化；第三，从"归"的角度再思考"晋制"；第四，六朝士族对中国文化"归"的贡献。

通过以上介绍，相信读者已经有所准备，本书关于"归葬"的叙述不会一马平川，一帆风顺。由于古代史史料的匮乏零碎，来自不同脉络、不同性质史料的多元复杂，作者做不成一个真相在握的导游，而只能是读者的旅伴，一起穿行于各种史料的羊肠小道，通过提问、思考、比较、讨论，甚至想象，努力寻找一条出路。

我们还要时时警醒，无论研究者还是读者，都长期生活在商品文化熏陶之下，受以政治制度、生产关系为根源，精神与生活方式为次等衍生物的主流史观影响，六朝士族文化的精神属性与对时代的驱动，我们已全然陌生、不相信，而"由具有这种世界理解模式的人来推动的历史，与今天的差异应是一目了然"。[51] 这一点，日本学者讨论过的贵族自律性，内藤湖南的"文化史观"、家永三郎对贵族文化特权性（非民众性）、消费性（非生产性）和自给自足（非商品性）等特征的描述，仍值得重视。[52] 虽然"归葬"的政治属性不言而喻，权力也是新文化史着力的地方，但能否理解六朝士族看待世界的方式，却是研究的难点。当然，从历史中发现陌生，理解异己，突破自身局限，也正是读史的乐趣与意义所在。

动荡年代，生命如此短暂，如陆机所赋，哪怕高门贵胄，死亡一来，也要"顾万物而遗恨，收百虑而长逝"，终于"扃幽户以大毕，诉玄阙而长辞"。一千多年后的我们，终于有机会重启了那扇"幽户"，面对灰烬式的遗存，还能不能读出曾经有温度的生命历程，来不及完成的人生遗恨？

---

51 林晓光：《比较视域下的回顾与批判：日本六朝贵族制研究平议》，第41页。
52 林晓光：《比较视域下的回顾与批判：日本六朝贵族制研究平议》，第20—42页。

第二章

琅邪王氏的归途

永嘉元年（307年），以王敦、王导为首的琅邪王氏辅佐琅邪王司马睿渡江，随后在南方建立政权，史称东晋。琅邪王氏由此跃升江左第一世家，家族势力在南方延绵长达三个世纪——三至六世纪的历史文献，从未中断过王氏子弟的身影。然而文献很少记载其墓地所在。20世纪下半叶起，考古在南京城北象山陆续发现了11座琅邪王氏成员墓，[1] 证实此处是王彬一支三代人的埋葬地。这批墓室非常狭小，陪葬品简陋，看似与高门身份不相符。这些年不断有研究者从材料里寻找出世家大族族葬

---

[1] 发掘报告参见南京市文物保管委员会：《南京人台山东晋兴之夫妇墓发掘报告》，《文物》1965年第6期，第26—33页；南京文物保管委员会：《南京象山东晋王丹虎墓和二、四号墓发掘简报》，《文物》1965年第10期，第29—45页；袁俊乡：《南京象山5号、6号、7号墓清理简报》，《文物》1972年第11期，第23—41页；姜林海、张九文：《南京象山8号、9号、10号墓发掘简报》，《文物》2000年第7期，第4—20页；姜林海、张九文：《南京象山11号墓清理简报》，《文物》2002年第7期，第34—40页。

的排葬规律、风水习惯、墓葬规模、陪葬方式，[2] 但也有学者猜想，会不会有一种可能，这里只是王氏成员假葬之地，他们怀着有朝一日归葬北方祖茔的期盼暂居于此，而那一天始终没有到来？[3]

简葬到底是权宜之计还是一种独特的时代文化？让我们先回到那个动荡时代，从王氏家族三百年发展脉络，爬梳出"以何为归"的精神轨迹和葬地选择来。

一、白石墓的建造及威权性

位于南京城北象山（又称人台山）的11座琅邪王氏成员墓葬，占地5万平方米。距离较近的考古发现还有老虎山颜氏家族墓、郭家山温氏家族墓。罗宗真根据郭家山前后出土的两块东吴地券——一称"莫府山后"，一称"莫府山前"——推测，郭家山才是六朝时的幕府山，东吴五凤前已得其名。[4] 六朝时这些山很可能连成一片（图1），属于同一区域。这一区域就是史书里的建康城北古白

2　如李蔚然：《南京六朝墓葬的发现与研究》，成都：四川大学出版社，1998年；罗宗真：《六朝考古》，南京：南京大学出版社，1994年两书都以象山王氏墓为重要材料。

3　Annette Kieser, "Northern Influence in Tombs in Southern China after 317CE？— A Reevaluation"，《东晋时期北方移民对南方墓葬影响的重新评估》；"New insight on Émigré tombs of the eastern Jin in Jiankang"；安然：《魂返故土还是寄托异乡——从墓葬和墓志看东晋的流徙士族》；张学锋：《南京象山东晋王氏家族墓志研究》。

4　罗宗真：《六朝考古》，第177页。

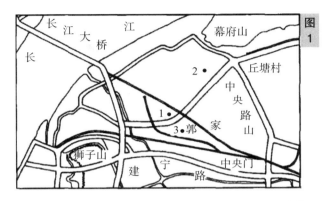

1. 象山王彬家族墓；2. 老虎山颜氏家族墓；3. 郭家山温氏家族墓
（参照考古报告：岳涌、张九文，第3页）

石（白下）。[5]《元和郡县图志》《六朝事迹编类》《景定建康志》等文献记载王导葬在幕府山西，所以王导墓也应位于象山王彬家族墓附近。

第一代渡江开创琅邪王氏江东基业的，是王览孙子一辈，包括王敦、王导、王廙、王舒、王彬等（图2）。王览是以孝道显名的西晋太保王祥的亲弟弟。渡江之初王导等人的居住地在"乌衣巷"，离朱雀桥不远。[6]《梁书》还提到"王导赐田"，南朝时因房支

5　白石与王、颜、温三氏家族墓的关系，结合墓志与文献的考证，可参见［日］中村圭尔著，刘驰译：《关于南朝贵族地缘性的考察：以对侨郡县的探讨为中心》；王去非、赵超：《南京出土六朝墓志综考》。学界多同意王、颜、温三氏家族墓所在"白石"乃是地名。

6　（宋）马光祖修，（宋）周应合纂：《景定建康志（二）》卷十六，南京：南京出版社，2017年，第15页。渡江之初王、颜两家居住地，可参见［日］中村圭尔著，刘驰译：《关于南朝贵族地缘性的考察：以对侨郡县的探讨为中心》，第25—26页。

衰弱，被皇家侵占："时高祖于钟山造大爱敬寺，夺旧墅在寺侧，有良田八十余顷，即晋丞相王导赐田也。"[7] 赐田位置可推测在象山以东、紫金山以西的中间地带。[8] 这说明琅邪王氏渡江初期，居住地与墓地颇有距离，核心人物居住在建康城内，却在宫城北占有大量土地，并将墓地营建于离入江口不远的白石。

白石王氏墓在何时兴建，何时建成？这个问题虽无明确答案，却可以结合文献和考古材料，大致推算东晋初年王氏核心人物的埋葬情况。

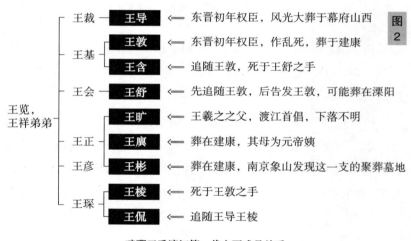

琅邪王氏渡江第一代主要成员关系

7　（唐）姚思廉：《梁书》卷七，北京：中华书局，1973年，第159页。

8　王去非、赵超：《南京出土六朝墓志综考》，第945页。

（一）太兴二年（319年），王廙之母夏侯氏卒。

永昌元年（322年）冬，王廙卒，丧还京都。

王廙、王旷、王彬为同父三兄弟，父亲王正，乃王览第四子。王廙初为濮阳太守，元帝镇江左，他弃官携母渡江。其母夏侯氏是晋元帝姨母。据中丞熊远为元帝姨广昌乡君丧殡而取消冬至小会的上表，可知夏侯氏当卒于319年冬至前，停丧建康。[9]

夏侯氏是否归葬北方，史书无载，但以王廙渡江时"弃官远迹，扶持老母，携将细弱"的决心、[10]渡江后"为母立屋过制，（元帝）流涕止之"[11]的交情与权势，加上当时北方战局，在建康就地风光大葬，可能性更大。三年后，王廙受命说服作乱的王敦，反为王敦所用，任荆州刺史，322年冬十月在荆州任上病卒，终年47岁。王廙死时，正值王敦第一次作乱获得成功，出于惧怕和安抚，元帝不仅准他"丧还都"，从江陵归葬建康，[12]而且让皇太子司马绍参加葬礼，以亲友之礼埋葬。[13]

象山王氏墓M7，形制与随葬品等级都很高，发掘者根据器物断代为东晋早期，疑为王廙墓。[14]近年又有学者提出不同看法，认为墓中一件鞍马俑马镫造型，以及舶来品金刚石戒指、玻璃杯等

---

9 （唐）房玄龄等：《晋书》卷二十，北京：中华书局，1974年，第630页。

10 《晋书》卷七十六，第2003页。

11 《晋书》卷六，第157页。

12 （梁）沈约：《宋书》卷三十七《州郡志·荆州》，北京：中华书局，1974年，第1117页："荆州刺史……王廙治江陵。"

13 《晋书》卷七十六，第2004—2005页。

14 袁俊乡：《南京象山5号、6号、7号墓清理简报》，第23—41页。

都要晚至刘宋，推测M7墓主是宋文帝驸马爷王藻。[15] 不论是王廙还是王藻，都没有直接证据，但墓主是琅邪王氏成员，当无疑义。

（二）太宁二年（324年），王敦第二次举兵作乱，攻打京师途中病卒，终年五十九。

王敦是琅邪王氏在江东营建根基的军事核心，两次举兵反叛，死时，正在第二次举兵作战中。其嗣子王应"秘不发丧，裹尸以席，蜡涂其外，埋于厅事中"。王师胜后，将王敦"发瘗出尸，焚其衣冠，跽而刑之"。王敦首级挂在建康台城南朱雀桥上示众，后来得郗鉴谏言，明帝诏许家人收葬。[16] 故王敦也葬在建康。史书载桓温曾行经王敦墓，望之曰"可人！可人！"，泄露了惺惺相惜的野心，[17] 说明王敦墓晋时并非寂寂无名，应有清晰标识。

（三）咸康二年（336年），王彬卒于官，终年五十九。

王彬是王导和王敦的堂弟，王廙亲弟，随王廙一同渡江。建康宫城在苏峻之乱中被焚毁，王彬曾为将作大匠，改筑新宫。《晋书》本传载：

> 以营创勋劳，赐爵关内侯，迁尚书右仆射。卒官，年

---

15 林梅村：《南京象山7号墓出土西方舶来品考：兼论公元5世纪中国与东罗马帝国之间的丝绸之路》，刘进宝主编：《丝路文明（第二辑）》，上海：上海古籍出版社，2017年，第75—89页。

16 《晋书》卷九十八，第2565—2566页。

17 《晋书》卷九十八，第2576页。

五十九。赠特进、卫将军，加散骑常侍，谥曰肃。[18]

史书没有记载王彬丧礼与葬地，但因王彬之丧，成帝几乎不敢行嫁娶之礼，[19] 可知丧礼之哀荣。

今天象山发现的，主要是王彬一支墓地。其子王兴之墓志载"葬于丹杨建康之白石，于先考散骑常侍尚书左仆射特进卫将军都亭肃侯墓之左"，女儿王丹虎墓志载"葬于白石，在彬之墓右"，因此王彬墓应位于一子（M1）一女（M3）的中间（图5），但经多次勘探，这两墓之间和王闽之墓（M5）前的土方已经取尽，深度达到王兴之夫妇墓和王丹虎墓以下，仍未发现任何有墓迹象。考古人员推测，1949年前M1至M5前面的土方曾遭挖掘，有可能王彬墓早期已经被破坏了。[20]

（四）咸康五年（339年），王导薨，终年六十四。

帝举哀于朝堂三日，遣大鸿胪持节监护丧事，赠襚之礼，一依汉博陆侯及安平献王故事。及葬，给九游辒辌车、黄屋左纛、前后羽葆鼓吹、武贲班剑百人，中兴名臣莫与为比。[21]

王导葬地在幕府山，文献记载如下：

18《晋书》卷七十六，第2006页。
19《晋书》卷七十八，第2058页。
20 袁俊乡：《南京象山5号、6号、7号墓清理简报》，第32页。
21《晋书》卷六十五，第1753页。

29

- 《元和郡县图志》卷二十五《江南道一·上元县》："晋王导墓，在县西北十四里幕府山西。"[22]
- 《六朝事迹编类》卷六《山岗门·幕府山》："王导、温峤亦葬山西。"又卷十三《坟陵门·宋明帝陵》："《建康实录》：宋明帝泰豫元年（472年）葬高宁陵，隶临沂县幕府山，西与王导坟相近。"[23]
- 《景定建康志》卷四十三："宋明帝陵在幕府山西，与王导墓坟相近。"[24]
- 《舆地纪胜》卷十七："王导墓在上元县北十四里幕府山。"[25]

据考，王导墓与王彬家族墓相邻近，在北至长江、南至北固山、象山一线，东至今天幕府山的范围内。[26]

以上所述，白石墓地是南渡后第一个象征王氏威权的聚葬点，很可能在322年之前开始营建，最晚在336年王彬去世时已经确定为这一支的聚葬地；339年，王导送葬队伍以"九游辒辌车、黄屋左纛、前后羽葆鼓吹、武贲班剑百人"浩浩荡荡来到白石时，墓地的瞩目性和政治意义都达到了巅峰。不过王彬一支葬地与王导一支仍是分支聚葬，二者位置接近，或者因为白石本是北来高官显贵的葬地，或者因为王家渡江之初在此占有土地。

22（唐）李吉甫撰，贺次君点校：《元和郡县图志》卷二十五，北京：中华书局，1983年，第598页。
23（宋）张敦颐编：《六朝事迹编类》，上海：商务印书馆，1936年，第144、237页。
24《景定建康志（四）》卷四十三，第206页。
25（宋）王象之：《舆地纪胜》卷十七，北京：中华书局，1992年，第780页。
26 王去非、赵超：《南京出土六朝墓志综考》，第945页。

就在尘土飞扬的路边，低矮民房与货车往来之地，金燕南路公交站背后小树林里，立着全国文保碑"象山王氏家族墓地"，真正的墓只在此山中，没有标识，一般游客到不了。附近居民十之八九没有注意到这块碑，更别提什么琅邪王氏。我从南京城中秦淮河边来到这里，骑车大约一个小时。笔者摄于2018年6月。

二、侨置故壤与归正首丘

以"归正首丘"之名可以在朝堂上为族姓争取实土，《南齐书》有条记载：

> 永明七年，光禄大夫吕安国启称："北兖州民戴尚伯六十人诉'旧壤幽隔，飘寓失所，今虽创置淮阴，而阳平一郡，州无实土，寄山阳境内。窃见司、徐、青三州，悉皆新立，并有实郡。东平既是望邦，衣冠所系。希于山阳、盱眙二界间，割小户置此郡，始招集荒落。使本壤族姓，有所归依'。臣寻东

平郡既是此州本领，臣贱族桑梓，愿立此邦。"见许。[27]

光禄大夫吕安国在旧淮阴地域请立有实土的东平郡，理由是"使本壤族姓，有所归依"。但如果认为琅邪王氏也需要这样堂皇的理由推动临沂县实土化，那就大大低估了东晋初年王氏权势的强盛。

白石墓地建造时间早于琅邪临沂县的侨置与实土化。20世纪八九十年代，学者们推断琅邪王氏家族墓或许是侨置临沂县实土化的动因，为了成全琅邪王氏归正首丘的传统，西界应很快到达白石一带。当时王兴之墓志已被发现，王兴之葬于咸康七年（341年）七月，同年四月东晋朝廷刚刚颁布土断与侨置临沂的命令，而墓志仍称"葬于丹杨建康之白石"而非"临沂之白石"，中村圭尔的解释是，此时侨置临沂县还没有划定明确边界，包含在临沂县境内的白石也还属建康县管辖，"可是不久，侨置临沂县作为特例进行了划界工作，大概白石最早被划入其县境内，并成为其中心地区"。[28] 王去非、赵超也认为这是"侨置郡县辖区由借土转向实际占有，以及颁布土断诏令等政治原因造成的结果"，他们还列举文献与石刻材料中"幕府山"时称"建康之幕府山"时又称"临沂之幕府山"为类比。[29]

然而随后，1998年象山王氏家族墓M8、M9又出土四块墓志，

27（梁）萧子显：《南齐书》卷十四，北京：中华书局，1974年，第257页。

28［日］中村圭尔著，刘驰译：《关于南朝贵族地缘性的考察：以对侨郡县的探讨为中心》，第27—28页。

29 王去非、赵超：《南京出土六朝墓志综考》，第950页。

入葬时间分别是太和三年（368年）、太和六年（371年）和咸安二年（372年），仍然称"丹杨建康之白石"，如果白石作为特权特例，很早就划归临沂县实土，那么这四块墓志又如何解释？当然，据《南齐书》卷十四"南琅邪郡"："本治金城，永明徙治白下。"[30]确证临沂县域曾向西移动，囊括了白石（白下）这块区域，但这次迁移发生于南朝齐永明（483至493年）年间。对比M8、M9墓志，有理由怀疑，这种西扩在侨置临沂县（341年）之后至少31年，都没有发生过，要说它在南朝之前完成，也似乎没有实据。这样看来，为了迁就琅邪王氏家族墓地所在和观念上归葬北方故土而实土化临沂，这个说法虽然合乎情理，却未必符合当时社会现实。

六朝时幕府山与象山、老虎山同属白石地域，情况相类，为了便于讨论，下面将王去非、赵超二位学者所举、文献与石刻材料中幕府山时归建康时归临沂的几条史料再检视一次：

> 《宋书·明帝纪》载："太宗明皇帝，五月戊寅，葬临沂莫府山之宁陵。"而同书《文帝沈婕妤传》却云："元嘉三十年卒，时四十，葬建康之莫府山。"《古刻丛钞》所收《宋故散骑常侍护军将军临澧侯刘使君（袭）墓志》云："曾祖宋孝皇帝。祖讳道邻、字道邻，侍中太傅长沙景王，妃高平平阳檀氏字宪子，谥曰景定妃。合葬琅邪临沂幕府山。"[31]

---

30 《南齐书》卷十四，第247页。
31 王去非、赵超：《南京出土六朝墓志综考》，第950页。引文有误，《宋书·明帝纪》（第169页）原文为："五月戊寅，葬临沂县莫府山高宁陵。"

宋明帝崩于泰豫元年（472年），其生母沈婕妤卒年是元嘉三十年（453年），《古刻丛钞》所录刘袭墓志共有两段，引文这段主要谈刘袭家族谱系，另一段是刘袭生平，可知刘袭"泰始六年（470年）三月十日薨于位"。从这三条记载看，幕府山的归属并不是没有先后次序：沈婕妤去世的453年，白石或仍属建康，故称"葬建康之莫府山"；453至470年间，临沂县域可能发生过一次西扩，囊括了白石，这是470年的石刻与472年文献记录都称"临沂莫府山"的原因，而这个时间离南朝齐永明年"徙治白下"已经不远了。

王氏墓志最晚到372年仍称"建康之白石"，《宋书》记载453年的幕府山也属于建康，那么372至453年之间，白石一直都隶属建康吗？《宋书》卷三十五"南徐州"：

> 《永初郡国》有阳都、费、即丘三县，并割临沂及建康为土。费县治宫城之北。元嘉八年，省即丘并阳都。十五年，省费并建康、临沂。孝武大明五年，省阳都并临沂。[32]

这里说，南朝宋永初（420至422年）琅邪郡有阳都、费、即丘三县，元嘉十五年（438年），费县才省并给建康与临沂。费县治宫城之北，或囊括白石和部分王家庄田。《太平广记》有一条《发妖》故事："晋安帝义熙年（405至418年），琅邪费县王家恒

32《宋书》卷三十五《州郡志》，第1039页。

失物，谓是人偷。"[33] 或许可以这样猜想，东晋末年、刘宋初年，白石（白下）曾经隶属于侨置的琅邪费县。

关于侨置琅邪费县，文献还有更早的记载。《建康实录》卷五载太兴三年秋七月，立怀德县，其下有一段许嵩自注：

> 中宗初，瑯玡国人置怀德县，在宫城南七里，今建初寺前路东，后移于宫城西北三里耆园寺西。帝又创己北为瑯玡郡，而怀德属之，后改名费县。……案，《南徐州记》：费县西北八里有迎担湖。昔中宗南迁，衣冠席卷过江，客主相迎，负担于此湖侧，至今名迎担湖，世亦呼为迎担洲，在县城西石城后五里余。[34]

许嵩认为费县是怀德县改名而来，但胡阿祥指出，《宋书》卷二十八《符瑞志》载："晋元帝太兴三年四月，甘露降琅邪费。"这个"琅邪费"应指侨置费县，时间早于许嵩所说的怀德县成立时间。[35] 笔者也疑许嵩有误，至少侨置琅邪郡应在太兴三年（320年）之前，元帝即位时王廙上疏的《中兴赋》有"时琅邪郡又献甘露，陛下命臣尝之"之语，所诉祥瑞之兆发生在王廙渡江后、元帝即位前，琅邪郡自然也是侨置。由此可见，侨置琅邪郡费县早于侨置怀德县，很可能是怀德县北移后并入费县，唐代人许嵩误以为费县乃怀德改名而来。侨置费县所辖或许还牵连衣冠过江

---

33 （宋）李昉等编：《太平广记》卷四百七十三，北京：中华书局，1961年，第3899页。
34 《建康实录》卷五，第134页。
35 胡阿祥：《东晋南朝侨州郡县与侨流人口研究》，第65页，注1。

的深刻记忆，迎担湖之名就来自过江时主客相迎的历史画面，依江傍山的白石离它不远，也可能因此划入费县辖境。

推论至此，却不能忽略另一条材料：郭家山温峤家族墓区域出土温峤次子温式之墓志，称太和六年（371年）"葬琅耶郡华县白石岗"。[36]

这固然能佐证371年白石还没有进入临沂实土化县域，但与刘媚子同年葬的温式之墓志也没有把白石称为建康。《晋书·地理志》载北方原琅邪建制中确有"华县"。这不得不令人思量，埋入地下的墓志，到底是如实反映当时地名，还是仅仅书写理想中的归葬地以慰亡灵？或许，这无法若合符节的证据，恰恰显示出复杂人心和多元现实，提醒研究者常怀谦卑：历史真相往往是逻辑推理难以企及的。

表1　史料及碑刻所见白石归属

入葬时间	归属	来源
341年7月	丹阳建康	王兴之墓志
368年	丹阳建康	王仚之墓志
371年	丹阳建康	刘媚子墓志
371年	琅耶华县	温式之墓志
372年	丹阳建康	王建之墓志

36　岳涌、张九文：《南京市郭家山东晋温氏家族墓》，《考古》2008年第6期，第3—25页。繁体版猜测墓志中的"华"或为"费"之误，后承蒙许志强先生转来岳涌先生惠赐的温式之墓志高清版，能清晰看出确为"华县白石岗"。特此更正并致谢二位先生。

入　葬　时　间	归　　属	来　　源
453年	建康	《宋书·文帝沈婕妤传》
470年	临沂	《古刻丛钞·刘袭墓志》
472年	临沂	《宋书·明帝纪》
齐永明（483—493）年间	临沂	《南齐书》卷十四

笔者以为，虽然南渡士族诸氏郡望所系的郡县，大都有相应的侨郡侨县设置，临沂更有改侨为实的事实，但不能简单推定动因在于白石的王氏墓地和庄田；侨置临沂并实土化始于东晋咸康初年，一开始并没有包括白石，临沂县域西扩到白石，实际上是一百多年后南朝宋中晚期才完成的事，到那时，已不是渡江初期心怀北方故壤、归正首丘的故事了。

其次，东晋初年侨置临沂并实土化，目的为了安置随元帝渡江的琅邪国人，其中当然也包括王导群宗并县人，[37]但琅邪王氏核心人物的居住地和埋葬地，却与此无关，这也为他们日后逐渐脱离侨州郡县、乡党宗族、失去地缘性埋下伏笔。[38]宫城北白石地区有可能一度归于侨置的琅邪费县所辖，但这片土地划归"建康之白石"还是"琅邪之白石"，都与琅邪王氏拥有的庄

---

37 （宋）乐史撰，王文楚等点校：《太平寰宇记》卷九十《江南东道二》，北京：中华书局，2007年，第1788页："临沂县城……晋太保王导群宗并其县人。"

38 秦冬梅：《论东晋北方士族与南方社会的融合》，《北京师范大学学报（社会科学版）》2003年第5期，第139页。作者认为："与侨州郡县的脱离从某种意义上是与乡族集团的脱离。"

田、营建的家族墓地没有太大关系，因为高门王氏并不需要以归依故壤、归正首丘的名义去获得土地。王温墓志所见，371年前后，白石或属琅邪，或属建康，这种矛盾固然是侨置土断持续省并、改属、调整郡县所致，是不是也说明，此时王彬子孙已接受建康为旧墓所在？后世以为家族墓地建在有实土的侨置县而获得归葬的意义，对北望中原的士族很重要，这种想象也许过于一厢情愿。

三、假葬还是永葬？

东晋初年流寓士族北归之思转化为现实中的假葬，最有力证据是1964年南京中华门外戚家山（六朝的石子罡）出土的谢鲲墓志："假葬建康县石子罡……旧墓在荥阳。"[39]

然而，第一代渡江士族盼北归虽是人之常情，谢鲲与王导、王彬们的处境却大有不同。陈郡谢氏崛起是东晋中晚期的事，谢鲲渡江后，先任王敦帐下长史，王敦不用其言，才避为豫章太守，主要以名士风度博得美名，并无实际政绩和左右时局的能力。[40]他死在王敦之前数月，终年四十三，死时东晋时局未定，儿子谢尚才十几岁，谢家还未壮大，只能将他埋在当时建康的乱葬岗。说谢鲲含恨而终也不为过，所以"假葬"二字形容当时谢家心情，可谓非常恰

---

39 赵超：《汉魏南北朝墓志汇编》，第18页。
40《晋书》卷四十九，第1377—1379页。

当。而琅邪王氏不同。在永嘉乱局中保全门户、发展家族基业是酝酿很久的一盘棋，前有西晋末年权臣王衍联合东海王司马越的谋篇布局，后有王敦、王导对司马睿的扶持，[41]王廙渡江时"弃官远迹，扶持老母，携将细弱"，也是王家各房支的渡江写照。

东晋初年虽然战乱频仍，但在王导去世前，琅邪王氏始终是掌舵者之一，家族成员位列显要者众多。江东草创，王导最需要也最擅长"安顿人心"。无论是喝止北士的"新亭对泣"，还是寻求与江东世家陆玩联姻，都显示了王氏引领士族开发江东基业的决心。葬礼是一项公开的政治大典：王廙葬礼皇太子亲临，持家人礼；王彬丧，成帝差点推迟娶后大典；王导葬礼"依汉博陆侯及安平献王故事"。想象一下这项活动在白石墓地举行，就知道一切不可能太过草率，假葬的从权做法不能匹配王家扎根江东的政治主张与死后哀荣。

图 4

谢鲲墓志。
笔者摄于南京六朝博物馆。

41　田余庆：《释"王与马，共天下"》，《东晋门阀政治》，北京：北京大学出版社，2012年，第1—36页。

当然，流寓心态和永居心情，其间差别和转折非常微妙，文献都未能恰如其分地表达，更何况考古的物质遗存。今人所掌握的，只是象山王氏墓的一些物质现象，下面就检视这些表象，结合假葬的猜想，再判断这片墓地性质（墓葬信息见附表2）。

象山发掘的11座王氏墓，其中5座保存完好，发现9块墓志，一共10位墓主身份得到确认，其中3座为夫妻合葬墓。10位身份明确的墓主中，最早入葬时间是341年。

如前所述，336年王彬和339年王导的葬礼使位于白石的王氏墓获得了极为荣耀的政治意义，就算第一代渡江者有归葬北方故土的念头，此后二三代王彬子孙，却不断地归葬白石。

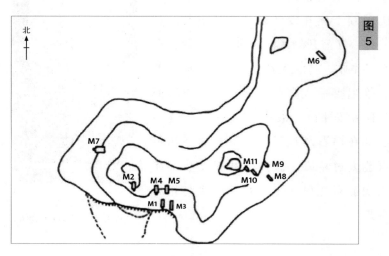

南京象山琅邪王氏家族墓
（参照考古报告：姜林海、张九文，2002年，第34页）

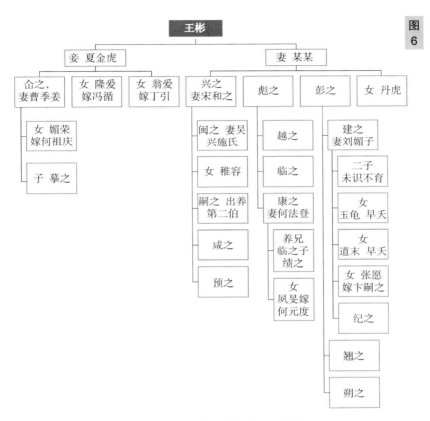

象山王氏墓出土墓志所见王彬一支谱系

（一）王兴之与宋和之的归葬

341年建成的M1是王兴之与宋和之夫妻合葬墓。

王兴之，王彬之子，王彭之、王彪之之弟，卒于咸康六年
（340年）十月十八，葬于翌年七月二十六。安然认为墓室狭小简

陋，陪葬品过少，说明是临时埋葬，寄望北归。[42] 但是，M1墓室总长5.33米、宽2.33米、高2.20米，相比入葬时以单人葬为计划的其他王氏墓——王丹虎墓（M3）长4.25米、宽1.15米、高1.34米，夏金虎墓（M6）长5.18米、宽1.25米、高1.88米，王闽之墓（M5）长4.49米、宽1.06米、高1.31米，显然王兴之墓是以合葬墓为规格建造的，宋和之七年后才去世，说明对王兴之的安葬未必只是权宜之计。

其次，王兴之去世后，停葬时间将近九个月。王氏墓其他成员从死亡到下葬，除了同样归葬建康白石的王建之夫妇，一般都不超过两个月，宋和之死后仅仅19天就埋葬了。这大概是王兴之正值壮年（31岁），忽然卒于赣令任上，赣县在晋属江州南康郡，"去京都水三千八十"，[43] 运回建康需要时间，营建墓地也需要时间。七年后妻子宋和之过世，就不必这么麻烦，只需重新打开墓室依俗合葬。

王兴之墓志道："……葬于丹杨建康之白石，于先考散骑常侍尚书左仆射特进卫将军都亭肃侯墓之左……"很显然，当时营葬意图是回到王彬墓旁。长子王闽之才10岁，以墓志只称名不称姓、"先考"等用词习惯，有学者认为墓志由兄弟书写。[44] 司马睿镇江左是307年，王彬随兄长王廙南渡，所以王兴之应该是渡江后所生，他哥哥彭之和彪之、姐姐丹虎，渡江时也不过数岁，到兴之

---

42 安然：《魂返故土还是寄托异乡——从墓葬和墓志看东晋的流徙士族》，第46—47页。

43 《宋书》卷三十六，第1090页。

44 郭沫若：《由王谢墓志的出土论到兰亭序的真伪》，《文物》1965年第6期，第2页。

去世时王氏江东基业已立，父亲也风光大葬于象山墓地，他们人到中年，试问，此时江东如果不是家，哪里还是？除了依父亲王彬而葬，还有更好的归葬之选吗？

（二）王建之与刘媚子的归葬

另一例从外地归葬白石墓的是王建之与刘媚子夫妇（M9）。M9一共发现三块墓志，一砖二石，二方石墓志分别出在墓室死者头部，一方砖志出在墓坑填土中，为刘媚子墓志。

刘媚子石墓志云：

> 晋振威将军、鄱阳太守、都亭侯琅耶临沂县都乡南仁里王建之、字荣妣，故夫人南阳涅阳刘氏，字媚子，春秋五十三，泰和六年六月戊戌朔十四日辛亥薨于郡官舍。……其年十月丙申朔三日戊戌丧还都，十一月乙未朔八日壬寅，倍葬于旧墓，在丹杨建康之白石。故刻石为识。[45]

王建之晚半年卒，合葬时间是咸安二年（372年）四月，石墓志云：

> 晋故振威将军、鄱阳太守、都亭侯琅耶临沂县都乡南仁里王建之，字荣妣。故散骑常侍、特进、卫将军、尚书左仆射、都亭肃侯彬之孙，故给事黄门侍郎、都亭侯彭之之长子，本州

---

45 张学锋：《南京象山东晋王氏家族墓志研究》，第326—328页。

□西曹，不行。袭封都亭侯。州檄主簿、建威参军、太学博士、州别驾，不行。长山令、廷尉、监尚书右丞、车骑长史、尚书左丞、中书侍郎、振威将军、鄱阳太守。春秋五十五，泰和六年闰月丙寅朔十二日丁丑薨于郡官舍。夫人南阳涅阳刘氏，先建之半年薨。咸安二年三月甲午朔十四日丁未迁神。其年四月癸亥朔廿六日戊子合葬<u>旧墓，在丹杨建康之白石</u>，丹杨令君墓之东。故刻石为识。[46]

王建之是王彬长孙，王彭之长子，袭父祖的都亭侯。王建之夫妻都卒于鄱阳郡官舍，"去京都水一千八百四十，陆二千六十"。[47]刘媚子太和六年（371年）六年十四日卒，同年十月三日启程还都，十一月八日葬入王彬家族墓。王建之墓志中"迁神"解释不一，刘媚子墓坑填土中的砖志作用也有不同认识，张学锋认为，王建之卒于太和六年（371年）闰十月十二日，故刘媚子下葬时讣闻尚未到达建康，"迁神"指的是王建之棺柩于次年三月十四日启程还都，四月廿六日与刘媚子合葬，合葬时重刻两方石志，出于同一人之手，而先前的砖志就被废弃在墓坑填土中。[48]此说甚是，从之。

（三）"旧墓"的含义

王建之刘媚子墓志都把白石墓地称为"旧墓"，是夫妇俩死后

46 张学锋：《南京象山东晋王氏家族墓志研究》，第326—328页。
47 《宋书》卷三十六《州郡志》，第1088页。
48 张学锋：《南京象山东晋王氏家族墓志研究》，第329页。

费尽周折也要归葬的地方。这是371年至372年发生的事。其实"旧墓"之说早就出现在升平二年（358年）去世的王闽之（M5）墓志上。

王闽之墓志云：

> 晋故男子琅耶临沂都乡南仁里王闽之，字冶民，故尚书左仆射特进卫将军彬之孙，赣令兴之之元子，年廿八，升平二年三月九日卒，<u>葬于旧墓</u>，在赣令墓之后，故刻砖于墓为识。妻吴兴施氏，字女式。弟嗣之、咸之、预之。[49]

如何理解"旧墓"的意思呢？

除了上述谢鲲墓志，北京西郊出土的西晋王浚妻华芳墓志，也刻有"先公旧墓在洛北邙。……今岁荒民饥，未得南还，辄权假葬于燕国蓟城西廿里""假瘗燕都"等语，[50] 两处"旧墓"都指"祖茔"，"假葬等待归葬"的意思确认无疑。王闽之墓志和王建之、刘媚子墓志把建于流寓地建康的白石墓地也称为"旧墓"，这就表示，此时的王彬子孙，已将白石墓奉为归葬之所、新的祖茔。"旧墓"指向旧郡望还是流寓地，是第一代流寓士族与第二代、第三代的区别。葬地所归跟随时局变化更改，后代会根据现实需要重新解释"归葬"，这也可从北朝墓志里得到佐证。如裴良墓志记载裴良夫妻的合葬：

49　赵超：《汉魏南北朝墓志汇编》，第17页。
50　赵超：《汉魏南北朝墓志汇编》，第15页。

> （裴良）以天平年薨于邺城，属世路艰危，权殡绛邑，以大齐武平二年岁次辛卯二月六日，改葬临汾城东北五里汾絙堆之阳。夫人赵氏，年七十九，以天保七年四月薨于邺城，今以武平二年二月六日祔合宪公之墓。

裴良是河东闻喜人，卒于东魏天平二年（535年），初葬的绛邑在闻喜县境内，归于裴氏家族墓其父裴保欢墓右，但夫人赵氏死于北齐天保七年（556年），此时河东地区已经被北周占领，北周与北齐对峙中，赵氏恐无法归葬。又过了15年，即武平二年（571年），裴良诸子才成功将父亲棺柩从河东境内迁至山西临汾城附近，实现父母合葬。[51] 上引这段裴良墓志为二次葬补刻，引人注意的是，后辈将他初葬在裴氏家族墓称为"权殡"，后来裴良之子裴子通、裴子休随父母葬，裴子通墓志就称临汾的墓为"旧茔"，归葬处就是"汾絙旧茔"。

（四）棺木内外陪葬反差是否假葬的有意安排？

现在来看总是被解释为假葬墓的王丹虎墓（M3）。

王丹虎下葬时间是359年，墓未遭盗扰，棺内有几百颗丹药和金银及罕见品饰件，棺外仅有一只青瓷盘口壶，两只放在壁龛中的瓷灯碗用于入葬时照明，墓室狭小，高度仅1.34米，棺柩送入墓室后一个成年人不可能再有直立活动空间。棺木内外随葬品的

---

51 罗新、叶炜：《新出魏晋南北朝墓志疏证》，北京：中华书局，2016年，第190—197，381—383页。

悬殊、墓室的简陋，令安然与耿朔都同意此墓只是暂托灵柩的临时居所。安然认为，棺木内随葬品丰富，是因为迁葬时不必再打开棺木，可以连人带棺运回北方。[52] 而耿朔结合350年之后北伐节节胜利的时局，也同意墓葬布局可能受到北归信心高涨的影响。[53] 但考古学者一般认为，以江南气候地理，迁葬时棺木不可能完好、直接起棺，除非迁葬日期在不远的计划中。当然，当代考古经验不能替代古人想法，最重要还是当时人的认知。

可兹对比的是早王丹虎一年去世的王闽之墓（M5），同样未遭盗扰（图7、图8），除了棺内陪葬品不同，墓室形制、棺外陪葬都惊人相似：都是长方形券顶单室砖墓，大小与结构几乎完全一样，都无甬道、有壁龛，高度不超过1.35米。王闽之棺木外也是两只瓷灯碗放在壁龛，供入葬时照明，一只青瓷盘口壶与王丹虎墓器形一致，唯多了一只鸡首壶。连墓志都一样用特制的、粗绳纹青灰砖，砖面磨平后以细线分格，再写字刻字，字体同样为隶书。一说两块墓志出自同一人刻写。[54]

如果说棺木内外陪葬品悬殊是为统一迁葬做准备，那几乎同时下葬的王闽之棺内外却没有这样悬殊，棺内陪葬没有过度奢华（图8）。王闽之棺木内陪葬品明显看到一个组合，即弩机、铜镜、陶砚自上而下叠放，砚台前侧是刀，西侧是黑墨。棺木内另一侧，放着铜镡斗、瓷唾壶。

---

52 安然：《魂返故土还是寄托异乡——从墓葬和墓志看东晋的流徙士族》，第46—47页。
53 耿朔：《最后归宿还是暂时居所？——南京地区东晋中期墓葬观察》，第84页。
54 张学锋：《南京象山东晋王氏家族墓志研究》，第324—325页。

王丹虎棺木内的物品（图7），可归结为四类：第一类是王氏墓常见的弩机、镜、刀、石黛板；第二类围绕圆形漆盒，或为漆盒装饰，如铜泡、若干件银质饰件，银扣、银链、银泡等，或为装

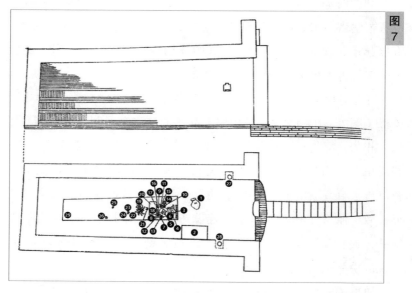

象山3号王丹虎墓平、剖面图
（参照考古报告：南京文物保管委员会，第30页）

备注：
棺外：1. 青瓷盘口壶，2. 志砖，27、28. 青瓷小碗
棺内（死者面朝墓室，从右向左）：
第一组：3. 铜刀，4. 铜弩机，6. 铁镜
第二组（漆盒周围，漆盒已不可起）：5、7、10. 银柿蒂形饰，14. 丹药，15. 珍珠、绿松石和铜银泡，
11. 银链，13. 琥珀、绿松石珠，8. 铁刀（Ⅰ、Ⅱ式），12. 银柿蒂形饰件（压铁刀下），16. 银扣，17. 铁
剪与小刀，18. 金钗（一根），9. 铜耳杯
第三组：20. 镶铜边石板，21. 铜饰件
第四组（头部）：19. 金钗（12根）、金簪（4根）；（衣饰）22、24、25、26. 金环，23. 琉璃珠
第五组：29. 石灰范围

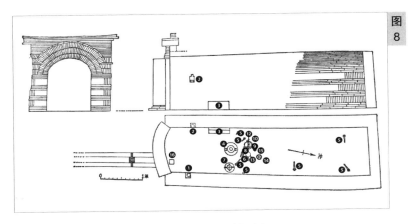

象山5号王闽之墓平剖面图
（参照考古报告：袁俊乡，第24页）

备注：
棺外：1、2.青瓷碗，3.砖墓志，4.瓷盘口壶，5、6.铜棺钉，7.鸡首壶，16.阴井
棺内（死者面朝墓室）：
第一组（左侧）：8.铜弩机，9.铜镜，10.陶砚，11.铜刀，12.墨（弩机、铜镜、
陶砚自上而下叠放，砚台前侧是刀，西侧是黑墨）
第二组：15.人头骨残片
第三组（右侧）：13.铜鐎斗，14.瓷唾壶

在漆盒内的陪葬，如丹药；第三类是穿在身上的衣服与饰品，包括
金钗、金簪，都出在头部，金环八只出在棺内头侧、中部左右侧，
考古报告疑为衣服或佩带的装饰，还有几千颗贝状壳，密布于死
者膝盖以上七十余厘米范围内，考古报告怀疑这是一件史书记载
的"珠襦"，还有琥珀珠、绿松石珠、琉璃珠、珍珠等饰物，很可
能是佩戴的首饰；第四类是日用器，仅一只耳杯。

　　王闽之与王丹虎棺木内陪葬品看似有差异，实则这种差异是
性别差异，或许也有年龄差异、个人爱好的差异。王闽之死时才
28岁，没有官职，随身带着当时男子常用的文具陶砚和墨、小刀，

而王丹虎作为未出嫁、58岁的老姑娘，盛装"出行"，随身携带化妆工具，也不为过。相似情况也可见于西汉长沙马王堆一号汉墓与三号汉墓，两墓年代相距可能仅数年，随葬漆器形制、花纹、铭文，丝织品图案，简牍文字书体风格等，都很接近，但两墓陪葬品的性别差异与年龄差异很明显，三号墓为三十多岁男性，一号墓为五十岁左右女性，考古报告认为是母子关系，三号墓陪葬出现一号墓没有的兵器、兵器架、帛书、军事地图、博具，漆奁中盛放一只纱帽，而一号墓漆奁盒中放着假发。[55]

　　王闽之与王丹虎墓的陪葬做法没有脱离家族安葬习惯与薄葬的时代背景。综合比较象山王氏墓陪葬保存完好的六位墓主（王兴之、宋和之、王闽之、王丹虎、刘媚子、王建之），可发现王氏墓随葬的一些基本规律：棺外青瓷器的祭祀组合都很简单，有器形一致的青瓷盘口壶，棺内无非一身服饰，配以弩机、镜，往往有石黛板（上面有使用痕迹），东晋中晚期起入殓时手上握有滑石猪。男性葬以铜镜、女性葬以铁镜，镜子套有镜囊。有时带一只漆盒。入殓时看上去就是死者盛装或常服躺在棺木内，随身一个妆盒，里面放一些修颜工具，男性或是文具。考古报告提到的那些罕见物，如王兴之棺内的镶铜蚌饰、王建之的玉带钩、王丹虎的罕见品饰物、"珠襦"等，都属于衣饰穿戴，有些隆重，有些简朴，但

---

55 陈直：《长沙马王堆一号汉墓的若干问题考述》，《文物》1972年第9期，第30—35
　　页；湖南省博物院、中国科学院考古研究所：《长沙马王堆二、三号墓发掘简报》，
　　《文物》1974年第7期，第39—48、63页；中国科学院考古研究所、湖南省博物
　　馆：《马王堆二、三号汉墓发掘的主要收获》，《考古》1975年第1期，第47—57、
　　61页。

相信与个人生前用度身份一致，并没有多余的陪葬品。曹魏、西晋几代帝王以遗令形式强调薄葬，使薄葬成为法令、礼仪，对社会丧葬风气，尤其上层贵族有重要影响。王祥临终遗言着"故衣，随时所服"，象征身份的"山玄玉佩、卫氏玉玦、绶等皆勿以敛"，"勿作前堂、布几筵、置书箱镜奁之具，棺前但可施床榻而已"，[56]这些很多也传袭于象山墓中。墓室狭小、简葬也符合考古学所归纳的"晋制"特征，即地面建筑减省，地下空间不再模仿生时居所，身份很高的人采用单室墓，祭祀空间缩减，模型明器消失，墓室只余藏尸功能；等等。[57]

然则如何看待王丹虎、王闽之墓室比其他象山王氏墓更加狭小？是北归信心推动下的假葬吗？王康之葬于356年，王仚之葬于367年，都在耿朔说的北归情绪高涨之时，墓室却没有这般狭小。笔者猜想这与临时居所无关，或与他们的家庭结构有关。象山王氏墓中，只有王丹虎、夏金虎、王闽之的墓室规格是以单人葬为标准，其余在营建时都留出合葬空间。王丹虎葬于父亲身边，可能终身未嫁，夏金虎作为继室，未与王彬合葬，这两例都可理解。唯王闽之，据墓志，死时无子女，或许正是这个原因，妻子可改嫁。相比更年轻就去世的王康之，死前育有一女，何法登墓志又说"养兄临之息绩之"，所以王康之墓室建造时预留了合葬空间，哪怕何法登三十多年后才与他合葬。

不可否认，东晋流寓士族中始终存在一股北归思潮，中期桓温

---

56 《晋书》卷三十三，第989页。

57 薄葬的考古表现，参见李梅田：《曹魏薄葬考》，《中原文物》2010年第4期，第17—20页；齐东方：《中国古代丧葬中的晋制》。

崛起犹借助北伐，但寻找安顿之途是琅邪王氏的主流取向，尤其王允之过世后，王家因循型人物占据多数。[58] 王羲之作《丧乱帖》，对北方先墓遭荼毒痛心疾首，但这不等于他有归葬先墓的计划。从王羲之致殷浩、谢安、朝廷等信牒可知，他曾力阻北伐，认为当务之急是经营江东基业，充实都邑，给百姓休养生息。[59] 王羲之晚从姐王丹虎二年去世，他的态度部分反映了王丹虎、王闽之营葬时期王家对时事的审度与取舍。

除了以上解释，将主要陪葬放在棺内的做法，是否还可考虑道教丧葬仪式的可能？墓葬遗存与道教丧仪之间的联系很难辨认，因为道教丧仪用到的随葬品，往往也是普通墓葬会用到的，有时行术者只是口诵默念咒语，完全不留下宗教文字。这也涉及怎么解读埋在墓中的物品，是墓主在世生活方式的复制，还是家族丧葬活动的特别定制？如果是丧仪遗存，这个仪式属于道教还是民间习俗？这些问题需要专题研究，这里不敢轻易断言，只是鉴于琅邪王氏世奉天师道的背景，罗列相关观察，提出猜想，求教于方家。

1. 如果比较吴晋南方地区出土木方（衣物疏）的道教信众墓，会发现道教丧仪也特别重视棺内随身物品，衣物疏多出自棺内，[60] 相当于道教丧仪中的"移文"，只记棺内陪葬器物、不记棺外陪葬

---

58 毛汉光：《中古大士族之个案研究：琅邪王氏》，《中国中古社会史论》，上海：上海书店出版社，2002年，第391页。

59《晋书》卷八十，第2094—2098页。

60 衣物疏，汉墓也屡有发现，汉武帝以后就多出于棺内，只记棺内陪葬器物。有学者认为是由于葬俗变化，合葬使棺外椁内的随葬不属于同一人，所以有必要只记棺内陪葬，但吴晋时期有移文性质的衣物疏，对棺内随身物的记载和重视，却有宗教上的原因。洪石：《东周至晋代墓所出物疏简牍及其相关问题研究》，《考古》2001年第9期，第65页。

品。[61]据唐代朱法满《要修科仪戒律钞》"道士移文"，移文写作顺序是，先记随身衣物，然后道：

> 维某年太岁甲子某月朔某日，天老移告：……今有三洞弟子，某州郡县乡里男生某甲，年如，于今月某日某时，生期报尽，奄然舍化，魂升天府，形入地居，今当还某乡某里山，造立砖冢。某生时，离俗从师，请道出世，寻学受佩上清三洞大经符图诰传，并抱还太阴。及寒夏衣裳、饰身服用，凡若干种，杉棺殡殓，埋定送终之。具符到明，即安隐形骸，肃卫经宝，料领冠带，约敕所部，扶迎将送，不得留滞，令无挂碍，迳至藏所……[62]

可见棺中随身衣物，是陪伴死者进入死后世界、需要记录的重要内容。《要修科仪戒律钞》成书于唐代，所辑道典很多是隋唐以前，与吴晋出土衣物疏材料相合度很高。[63]与王丹虎墓（359年）下葬时间相距不远的雷陔夫妇墓（352年），出土木方（衣物疏）、名刺，属道教信众墓，棺外就仅有一件青瓷香熏，其余49件均出自棺内。[64]王丹虎墓虽未发现移文性质的文物，但纸张普及后，移

---

61 白彬：《南方地区吴晋墓葬出土木方研究》，《华夏考古》2010年第2期，第72—81页。
62 （明）张宇初、邵以正、张国祥编纂：《正统道藏》第11册，台北：新文丰出版公司，1985年，第934—932页。
63 白彬：《南方地区吴晋墓葬出土木方研究》，第80页。
64 白彬：《江西南昌东晋永和八年雷陔墓道教因素试析》，《南方文物》2007年第1期，第78—83页。

文也可以纸书写成, 许多未发现移文却有道教性质文物的墓葬, 也可能是移文无法保存下来。

2. 王丹虎墓随葬二百多颗丹药, 放在一只圆形漆盒中, 一般认为是世家大族追求养生、炼丹服药的证据。但道教解注术也有使用神药镇墓,[65] 如果丹药也是道教丧仪的一部分, 它的功能就不只是对在世生活方式的简单复制。也就是说, 重点不在于王丹虎是不是道教信众, 而在于王氏营葬有没有采用道教仪式的习惯。

3. 王兴之棺内发现铅人一件, 扁平, 头作椭圆形, 面部用刀刻出五官、发髻, 扛肩, 四肢挺直, 与东汉墓薄片型铅人很相似,[66] 张勋燎推断后者是中原早期天师道解注术。铅人用途是假人代形, 在禳解仪式中用假人替代生人或亡灵受过, 使亡者不成注鬼, 生人不受侵扰。解除术是东汉盛行的民间丧葬活动, 但道教在发展中也常常吸纳民间观念、巫术, 张勋燎研究比对考古出土的大量东汉解注器 (包括陶瓶、药物、铅人等), 认为属于一种有经典理论、神系、法术仪式的高级宗教活动, 不是简单零碎的民间巫术, 背后应有一个宗教组织来推进。[67] 永嘉之乱后代表这套宗教活动的遗存减少了, 在江南只零星出土, 很可能是战乱与迁徙打断原有的组织服务, 只有个别道士随移民潮南下。但斗瓶镇墓的习俗却一直在河西走廊保存下来。与王兴之墓葬同一时期的河西墓葬, 发现很多件陶瓶朱书, 常见这样文字格式:"某年某月某

---

65 张勋燎:《东汉墓葬出土解注器和天师道的起源》, 载张勋燎、白彬:《中国道教考古》, 北京: 线装书局, 2006年, 第36—38、244—245页。

66 张勋燎:《东汉墓葬出土解注器和天师道的起源》, 第38—42、231—237页。

67 张勋燎:《东汉墓葬出土解注器和天师道的起源》, 第281页。

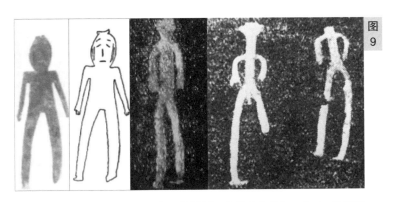

左一、左二为王兴之墓铅人实物及线描图，参考考古报告。左三：陕西长安县（今西安市长安区）三里村建和元年（147年）墓出土的铅人；右：河南灵宝张湾东汉晚期杨震家族墓出土的铅人。此二图参考张勋燎：《东汉墓葬出土解注器和天师道的起源》。

某身死，今下斗瓶、五谷、铅人，用当重复地上生人，青乌子北辰诏令，死者自受其殃"等，[68] 斗瓶、五谷和铅人是当时镇墓解除术中用到的。江南墓葬虽不见文字材料，王兴之墓有铅人，王丹虎棺内前部左侧发现了已残碎的稻壳，都可考虑与镇墓仪式有关。除了王兴之墓，其他棺墓没有发现铅人，这或许与王兴之才31岁就卒于赣令任上有关，属于非正常死亡，才需要特别法术解注。

4. 琅邪王氏世奉天师道，王羲之父子奉道行迹不赘多举，值得关注是从道士那里获得临终关怀的宗教体验。王献之病终前，"家人为上章，道家法应首过，问其有何得失。对曰：'不觉余事，惟忆与郗家离婚。'献之前妻，郗昙女也"。[69] 王导父子也有相似经

───────

68　黄景春：《早期买地券、镇墓文整理与研究》，华东师范大学博士论文，2004年，第192—218页。

69　《晋书》卷八十，第2106页。

验，有两条志怪故事这样记载：

> 王丞相茂弘梦人欲以百万钱买大儿长豫，丞相甚恶之。<u>潜为祈祷者备材作屋</u>，得一窖钱，料之，百万亿，大惧，一皆藏闭；俄而长豫亡。

> 中书郎王长豫有美名，父丞相导，至所珍爱。遇疾转笃，导忧念特至；正在北床上坐，不食已积日。忽见一人，形状甚壮，着铠持刀，王问："君是何人？"答曰："仆是蒋侯也。公儿不佳，欲为请命，故来耳。勿复忧。"王欣喜动容，即求食，食至数升，内外咸未达所以。食毕，忽复惨然，谓王曰："中书命尽，非司救者。"言终不见也。[70]

第一则"潜为祈祷者备材作屋"就是早期天师道治病仪式，由一个专司请祷的祭酒，辟静室，思过上章。[71]第二则故事说蒋侯主动现身求食，显然是请祷者招来的。东晋初年道士不忌讳俗祷、各自为术，陶弘景在《真诰》中责备与王羲之交好的道士许迈"属事帛家之道，血食生民"，这篇故事就是此类日常宗教活动的志怪化写照。南渡后，琅邪王氏周围从不缺过从甚密的道士，[72]死亡与

70（南朝宋）刘义庆原著，鲁迅辑：《古小说钩沉·幽明录》，载《鲁迅全集（第八卷）》，北京：人民文学出版社，1973年，第374页。

71 吕鹏志：《唐前道教仪式史纲（一）》，《宗教学研究》2007年第2期，第3—13页。

72 东晋世家大族供养佛道人士的例子很多，如修道隐士郭文举在洛阳陷落后南逃，王导慕名接到家中供养了7年，见《晋书》卷九十四，第2440—2441页；谢家沙门竺云遂病卒，传闻被青溪中姑看中，见李剑国辑校：《新辑搜神记　新辑搜神后记》，第503页。另参考附表4。

丧葬作为宗教服务题中应有之义，同样不可能缺席，而依赖道家
法术是王氏家族文化。

不过，早期道教丧仪虽有共通之处，却尚未制度化，[73] 像琅邪
王氏这样的奉道世家，更可能得到道士私人服务，从而呈现与其
他世家完全不同的葬俗。象山王氏合葬墓男女棺木位置都是女左
男右（从墓室向外看），与南京发现的其他世家合葬墓刚好相反，
这一点始终难以解释。如果与雷陔夫妇墓对比，男女墓主的位置
倒是一模一样，这是一种巧合还是道士介入丧仪的结果？

以上所述，王丹虎墓表现出来的丧俗，从薄葬的时代背景、家
族文化、道教丧葬仪式、性别差异等方面，都能找到一些解释，
这些因素可以并存，丧葬本来就是多种力量交织作用的复杂结果，
只诉诸假葬等待北归最不合情理，因为几乎同时下葬的王闽之墓
已认定白石是"旧墓"所在了。

图
10

象山王氏墓出土的玉带钩。笔者摄于南京六朝博物馆。

---

73 研究者认为，早期天师道视死亡为污秽，不提供相应的丧葬处理仪式，道教介入
  民众丧葬度亡，要迟至东晋末年南朝之时。参见吕鹏志：《唐前道教仪式史纲》，
  北京：中华书局，2008年，第172—181页；张超然：《早期道教丧葬仪式的形成》，
  《辅仁宗教研究》2010年第20期，第27—66页。

图
11

象山王氏墓M7出土的玻璃杯。笔者摄于南京六朝博物馆。

图
12

象山王氏墓常见的青瓷盘口壶。笔者摄于南京六朝博物馆。

四、不葬在白石的王氏成员

白石墓地是渡江后琅邪王氏显赫的象征，王彬儿子乃至孙子，相继归葬此地，王导葬在附近。现在要问的是，那些不葬在白石的王氏成员，以何处为死后归所？没有考古发掘，无法确认准确葬地，但仍可通过墓志、史书记载、地方志、家谱等材料，勾勒出几种不同的葬地选择。

（一）王氏墓不断向白石以东扩展

2013年南京燕子矶新城下庙社区上坊庄发现一座南朝齐墓葬，根据墓志判断墓主为王珪之，南朝齐长水校尉，下葬时间为南朝齐永明六年（488年），其祖父王临之是王彪之第二子。[74] 墓志云：

> 齐故长水校尉、南徐州琅耶郡临沂县都乡南仁里王珪之，字仲璋，晋故东阳太守临之孙，宋故娄令瑾之第二子，永明六年七月五日薨，其年十一月三日葬琅耶郡临沂县堕堁山简公隧外。长子颢、次子颙。王珪之埏前外一丈，刻石为志。

"简"即王彪之（305—377）死后谥号，"隧"即墓道，王珪之葬

---

74 骆鹏：《南京出土南齐王珪之墓志考释》，《东南文化》2015年第3期，第77—80页。

于"简公隧外"，说明是在王彪之墓附近。王彪之没有和弟弟王兴之一样归葬王彬身边，而在离象山数里的燕子矶另择墓地，后代祔葬到他周围。不过，王彪之儿子王康之却是葬在祖父身边。究其原因，应是王康之早逝，下葬于356年，当时这一支可陪祔的死后权力中心仍是王彬。后来王彪之政治地位不断上升，不仅参预废立，更在桓温去世后与谢安共掌朝政。太元二年（377年），临终"疾笃，帝遣黄门侍郎问所苦，赐钱三十万以营医药"。[75] 王彪之临终前的政治地位超过父亲王彬，死后自然有条件另立墓地。他熟悉朝仪和江左旧事，开创了礼仪上的"王氏青箱学"，子孙承其学，一直到王珪之，仍然以撰写《齐职仪》留名，因此归葬王彪之为核心的祖墓，对于南朝王彪之子孙来说，不仅是权威的依附，更是文化的归依。

王珪之墓仍保留象山王氏墓葬的许多相同做法，如墓室狭小（内长4.10米，内宽1.12米，高1.50米），墓志刻写简陋、特定砖志形态相似，盘口壶陪葬，等等，这些也进一步证实上面讨论的，墓室狭小与墓志简陋，并不一定出于假葬目的。

史书还记载建康城北江乘有王氏墓。《南史》载：

> （大明五年，461年）三月甲戌，（孝武帝）行幸江乘，遣祭故太保王弘、光禄大夫王昙首墓。[76]

---

75 《晋书》卷七十六，第2010页。
76 （唐）李延寿：《南史》卷二，北京：中华书局，1975年，第63页。

王弘、王昙首是王导曾孙，王弘卒于432年，王昙首卒于430年，二人有功于宋，死后风光大葬。对南朝齐有佐命之功的王俭死在建康官舍（489年），齐武帝萧赜"诏卫军文武及台所兵仗可悉停待葬"，又"追赠太尉，侍中、中书监、公如故。给节，加羽葆鼓吹，增班剑为六十人。葬礼依故太宰文简公褚渊故事。冢墓材官营办。谥文宪公"。明代嘉靖（1522—1566）年间修订的《琅邪王氏宗谱》[77] 载王俭葬在丹阳，很可能也在江乘一带。

南朝宋时期江乘王氏墓在哪里？

《宋书·州郡志》："江乘令，汉旧县，本属丹阳，吴省为典农都尉。晋武帝太康元年复立。"又："成帝咸康元年，桓温领郡，镇江乘之蒲洲金城上，求割丹阳之江乘县境立郡，又分江乘地立临沂县。"[78] 据王去非、赵超所考：东晋时江乘在建康北部，沿江东西延伸很长；琅邪郡临沂县割江乘而拥有实土，临沂县域北临大江，南线在今富贵山、鸡鸣寺一带，东线到达今栖霞山西侧，大约是甘家巷附近。[79] 那么临沂实土化后江乘县境应在甘家巷以东区域。甘家巷以北出土的明昙憘墓志称葬地为临沂县式壁山，[80] 同一区域的南京炼油厂发现一块唐代墓志，墓主姓侯，字罗娘，其夫王导之后，墓志称侯氏归葬夫家族墓，"迁窆于临沂山南原、先舅姑之茔右"。[81] 可见今甘家巷北聚葬过王导房支后代，一直到唐代

77（明）王轼修订：《琅邪王氏宗谱》，藏于北京国家图书馆。

78《宋书》卷三十五，第1039—1040页。

79 王去非、赵超：《南京出土六朝墓志综考》，第947—949页。

80 李蔚然：《南京太平门外刘宋明昙憘墓》，《考古》1976年第1期，第49—52页。

81 王志高：《江苏南京市出土的唐代琅邪王氏家族墓志》，《考古》2002年第5期，第94—95页。

还在使用。既然刘宋时甘家巷一带属于临沂县，那么江乘家族墓就可能在甘家巷以东区域，是否与唐代临沂山的王氏家族墓相连，还有待更多的考古发现。

除了白石家族墓，南朝时江乘家族墓也是家族声望的标志，虽然没有准确定位，但无疑在建康城东北沿江一线。象山、燕子矶、南京炼油厂附近都有王氏成员聚葬，由此猜想，归葬建康、又没有葬入白石墓地的王氏后代，或许沿着城北江边一线，以各房支有权力者为核心聚葬。（图13）

图13

象山王氏家族墓、燕子矶王彪之家族墓、南京炼油厂王氏墓的距离

（二）归葬会稽

根据历史文献、地方志与族谱等材料，王羲之（303—361）很可能葬在浙江。《晋书·王羲之传》载：

羲之雅好服食养性，不乐在京师，初渡浙江，便有终焉

之志。会稽有佳山水，名士多居之，谢安未仕时亦居焉。孙
绰、李充、许询、支遁等皆以文义冠世，并筑室东土，与羲之
同好。[82]

王羲之以吴中为终制所归，逐步买地选址一事，可见诸书信："坟
墓在临川，行欲改就吴中，终是所归。中军往以还田一顷乌
泽，田二顷吴兴。想弟可还以与吾，故示。……"[83]又《与谢万
书》："比当与安石东游山海，并行田视地利，颐养闲暇。"[84]

　　王羲之趁任职会稽之便，求田问舍，或与父兄早逝有关。王
羲之父亲王旷，是王廙与王彬的同父兄弟。《晋书》载："旷，淮
南太守。元帝之过江也，旷首创其议。"[85]永嘉三年（309年），东
海王司马越派王旷率兵参加上党战役，失败后下落不明，史书无
载。[86]这时王羲之才6岁。王羲之兄长籍之曾任安成太守，因王敦
之乱受到弹劾，不久也去世了。[87]这样一来，为父母兄长找到一处
归所，成为王羲之的责任，这是他与其他可以食父荫、袭父爵的
王氏子弟不同之处。

　　渡江后的琅邪王氏子弟，一方面要为了家族利益进取入仕，另
一方面又渴望在乱世独善其身、淡薄宦情、保全房支，王舒与王

82《晋书》卷八十，第2098—2099页。
83（清）严可均校辑：《全上古三代秦汉三国六朝文·全晋文》卷二十四，"王羲
　之·杂帖"，北京：中华书局，1958年，第1594—1592页。
84《晋书》卷八十，第2102页。
85《晋书》卷八十，第2093页。
86《晋书》卷五，第119页。
87《晋书》卷七十六，第2006页；《关于王籍之》，刘茂辰、刘洪、刘杏编撰：《王羲
　之王献之全集笺证》，济南：山东文艺出版社，1999年，第287—288页。

允之这对父子也是一例。王舒是王敦、王导的堂兄弟，也是渡江第一代：

> 舒少为从兄敦所知，以天下多故，不营当时名，恒处私门，潜心学植。年四十余，州礼命，太傅辟，皆不就。[88]

王舒追随王敦，王敦叛乱时又毅然与之切割；王敦败后，王导安排王舒为外援，任会稽内史，王舒推拒不过，不得已赴任，但他一再拒绝王导对其子王允之的出仕安排。允之原为王敦赏识，发现王敦叛谋，密告父亲王舒。王舒去世后，允之以丁忧为名再次拒绝义兴太守一职，使得王导写信苦劝："吾群从死亡略尽，子弟零落，遇汝如亲，如其不尔，吾复何言！"[89] 王导死后，允之成为"以军事实力维持王氏家族利益的最后一人"，与庾氏争夺江州的控制权，最后死在任上。[90]

王舒父子虽然一再推拒官职，想"恒处私门，潜心学植"，奈何形势比人强，不得不为家族利益卷入军事政争。但从王舒的居所与葬地选择，可以观察到渡江之初就有远离建康权力中心，另辟生存空间的筹谋。据《晋书·王舒传》与明《琅邪王氏宗谱》，临近建康的溧阳可能是王舒渡江后选中的落脚点，他先为溧阳令，后来也死葬溧阳。王舒在平苏峻之乱中立功封为彭泽侯，长子晏死于苏峻之乱，次子昆、孙子陋之先后袭爵为彭泽侯，居住并死

---

88 《晋书》卷七十六，第1999页。
89 《晋书》卷七十六，第2002页。
90 田余庆：《庾氏之兴与庾王江州之争》，《东晋门阀政治》，第112—123页。

葬彭泽。这说明了家族内部房支的独立性：并不是琅邪王氏成员都想居住并归葬建康，只有与皇权最亲近的王导、王彬、王廙等才有此条件和需要，其他分支的生存机会与发展还得各自寻找。

王羲之也曾为家族利益娶郗鉴女，任江州刺史、会稽内史，355年誓墓去官隐居，用决绝的办法，与王舒父子终身都摆脱不了的王氏子弟宿命做了个切割，目的仍是保全自己这一支。此时琅邪王氏对外失去左右朝局能力，对内也没有王敦反时"（王）导率群从昆弟子侄二十余人诣台待罪"[91]的家族凝聚力，殷浩败死令他认识到，在建康朝局中已经不可能有作为，而此时会稽交游圈已经形成。谢安、孙绰、李充、许询等人与他一样，都是第二代北方流寓士族，既有共同背景和保家避乱的需求，又有文化宗教上的共鸣，很自然就延续家族渊源缔结新的地域联盟。[92] 琅邪王氏担任过会稽内史一职的人包括王舒、王允之、王恬、王羲之、王彪之、王凝之，非琅邪王氏的会稽内史还有何充（充女何法登为王彪之媳）、郗愔（王羲之妻弟），另有剡县令周翼（郗鉴外甥）、李充（王羲之好友）等，他们都可能给王羲之在会稽和剡县的定居、圈地、营葬提供便利。誓墓去官之时，王羲之已完成父母兄长在会稽的安葬。

王羲之的葬地至少有三种说法：[93] 一是诸暨县（今诸暨市）苎

---

91 《晋书》卷六十五，第1749页。

92 王志邦：《东晋朝流寓会稽的北方士人研究》，谷川道雄编：《日中国际共同研究：地域社会在六朝政治文化上所起的作用》，柏崎：玄文社，1989年，第279—292页。

93 （清）李享特修，平恕纂：《绍兴府志》卷七十四，《中国方志丛书·华中地方（第二二一号）》，1792年；重刊，台北：成文出版社，1966年，第1821页。

罗山，一是会稽云门山，一是嵊县（今嵊州市）金庭。现在多取嵊县金庭，主要证据是《金庭王氏宗谱》收录隋大业七年（611年）永欣寺沙门尚杲写的《瀑布山展墓记》，[94] 描述他实地访王羲之墓、立石作亭、重加修缮的过程。这条材料是孤证，且距王羲之去世已经250年，真实性很可疑。[95]

不过不论生前书信还是死后传闻都显示，王羲之并不想归葬建康，他辞官后远离建康权力中心，在会稽重建了家园，一家人在会稽度过人生最重要、最安宁的时光。王徽之雪夜访戴逵就发生在山阴，他和王献之临终病笃时，也选择"弃官东归"，[96] 自然是为了归葬会稽。[97] 王凝之为会稽内史时，死于孙恩之乱，王操之在金庭族谱里为二世祖，这二人葬地也可能在会稽。

另一支葬在会稽的支流是王廙孙子王随之及后代。王随之任上虞令，儿子王镇之担任过剡令、上虞令和山阴令，有良吏名声，"母忧去职，在官清洁，妻子无以自给，乃弃家致丧还上虞旧墓"。[98] 王随之葬在上虞，上虞就成为旧墓所在。王镇之弟王弘之后来也"拂衣躬耕"于上虞，在始宁筑室，得谢灵运与颜延之盛

---

94 金庭王氏族谱重新编纂于1698年，据称最初版本可追溯到宋朝。《瀑布山展墓记》全文可参见梁少膺：《关于南朝沈约〈金庭馆碑〉与唐裴通〈金庭观晋右军书楼墨池〉两种资料的论考、检讨》，《书法赏评》2009年第5期，第67页。这本族谱2007年在嵊州重新出版，仅印刷100套。

95 《瀑布山展墓记》是孤证，安然也对它的真实性提出怀疑。Annette Kieser, "'Laid to rest there among the mountains he loved so well?' In search of Wang Xizhi's tomb", pp. 75–79。

96 《晋书》卷八十，第2104页。

97 王氏族谱把他们的葬地或记为会稽云门山，或会稽白云山，或会稽金庭，都离不开会稽。

98 《宋书》卷九十二，第2263页。

赞，是南朝宋著名隐士。[99]

以会稽为归的王氏子孙，从东晋到南朝，是王氏房支中祖荫较弱的，他们政治上升空间有限，会稽佳山水孕育出来的隐逸文化，又提供了"不如归去"的方便选择。

虽然今天具体葬地已不可考，但《异苑》一则"王骋之葬妻"仍留下了线索：

> 琅琊王骋之妻陈郡谢氏，生一男，小字奴子。经年后，王以妇婢招利为妾。谢元嘉八年病终，王之墓在会稽，假瘗建康东冈；既窆反虞，舆灵入屋，凭几忽于空中掷地，便有嗔声，曰："何不作挽歌？令我寂寂上道耶？"骋之云："非为永葬，故不具仪耳。"[100]

这说明，南朝时琅邪王氏有房支已经将会稽视为归葬地，对他们来说，建康只是假葬之所了。

（三）南朝宋齐之际无锡葬地

《太平寰宇记》记载了南朝王华、王僧达、王琨的墓葬：

> 琅邪王子陵墓，在县西北二十五里……
>
> 王琨墓。《齐书》云："琨自吏部郎为广州刺史，年八十三

---

99 《宋书》卷九十三，第2281—2283页。

100 （南朝宋）刘敬叔撰，范宁校点：《异苑》，北京：中华书局，1996年，第58页。

卒。"墓在县东北二十五里。

胶山，以县东北四十里，出薯药。

<u>王僧达墓</u>。宋中书令，在胶山南岭下。[101]

辑录的今本《舆地志》载王僧达墓："胶山，在无锡县北四十里，有王僧达墓，在南岭下。"[102]

王华、王琨与王僧达皆出王导一支，关系如下：

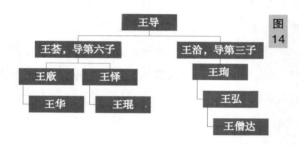

图14

无锡葬地传闻中王氏成员关系图

王华与王琨同一祖父，王僧达比他们晚一辈，是王导五世孙。没有考古证据和更多同时代记载，《舆地志》《太平寰宇记》的说法无法进一步证实，只能视为成书时代无锡有过这样传闻。既然地方志出现三例琅邪王氏成员墓葬，至少说明，他们与此地有很深渊源。

检视史书，王导一支出任地方官最频繁的职位是吴郡太守（吴

---

101 《太平寰宇记》卷九十二《江南东道四》，第1845页。

102 （南朝陈）顾野王著，顾恒一、顾德明、顾久雄辑注：《舆地志辑注》，上海：上海古籍出版社，2011年，第260页。

国内史），[103] 或者说，渡江琅邪王氏第二、三代，出任这一职务，多为王导一支。王导有六子，除了王悦与王协，其余四子王恬、王洽、王劭、王荟，全都任过此职，孙辈洽子王珉、王珣，劭子王默、王谧、荟子王廞，也先后任职吴郡。《晋书·王允之传》载：

> 时王恬服阕，除豫章郡。允之闻之惊愕，以为恬丞相
> 子，应被优遇，不可出为远郡，乃求自解州，欲与庾冰言
> 之。冰闻甚愧，即以恬为吴郡，而以允之为卫将军、会稽
> 内史。[104]

王恬是王氏少有的武事人才，王允之想以王恬换自己镇江州，是王庾两家争夺江州控制权的策略，[105] 但庾冰就势把王恬派往了吴郡，这也说明吴郡是优差，近建康，富庶安逸，可以冠冕堂皇派给丞相之子。

先看王僧达（423—458）曾祖父王洽这支。王洽—王珣—王弘—王僧达，四代人都任过吴国内史。王洽（323—358）升平二年（358年）卒于官，曾经为吴郡凶荒写《临吴郡上表》。王珣好聚财，在吴郡颇有旧业。据明代《琅邪王氏宗谱》，王珣与其弟元珪在虎丘东南山麓有别墅，后舍宅为云峰寺，碑记尚存。《晋书》

---

103 《晋书》卷二十四《职官》，第746页："诸王国以内史掌太守之任"；第111—112页："按：晋制，以郡为国，内史治民事，若郡太守。国除为郡，复称太守。然二名往往混淆，史家亦互称之。"故吴郡太守与吴国内史是同一职位。

104 《晋书》卷七十六，第2002页。

105 田余庆：《东晋门阀政治》，第120页。

也记载戴逵曾在苏州虎丘山王珣别馆盘桓多日。[106] 王珣死后，王弘将父亲遗留下的房产都分给了弟弟们，[107] 其弟王昙首在宋初感受到政治危机，便要求回到吴郡，以避锋芒。[108]

王弘在京邑守丧，可见王珣葬在建康一带。[109] 王弘对宋代晋有佐命之功，薨亡（432年）时"即赠太保、中书监，给节，加羽葆、鼓吹，增班剑为六十人，侍中、录尚书、刺史如故。谥曰文昭公。配食高祖庙廷"，葬于江乘家族墓。

王弘生前不营财利，死后家无余财，次子王僧达因家贫出任吴郡太守，在郡加意搜刮，"立宅于吴，多役功力，坐免官"。[110] 他自负高门华胄，屡屡犯上、违法，大明二年（458年）宋孝武帝刘骏找借口将他下狱处死，终年才36岁，儿子也受牵连离开京邑。被处死的王僧达不能归葬有政治意义的家族墓，故归葬祖孙几代人深耕过的吴郡最为合适。

再看王导第六子王荟这支。王荟—王廞—王华，王荟两次担任吴国内史，早就在吴定居，孙子王华（385—427）虽然没有任职吴郡经历，却是在吴郡长大的：

> 居在吴，晋隆安初，王恭起兵讨王国宝，时廞丁母忧在家，恭檄令起兵，廞即聚众应之……廞败走，不知所在。长子泰为恭

---

106 《晋书》卷九十四《戴逵传》，第2458页。

107 《宋书》卷四十二《王弘传》，第1312页。

108 《宋书》卷六十三《王昙首传》，第1680页。

109 《宋书》卷四十二《王弘传》，第1312页："桓玄克京邑，收道子付廷尉……弘时尚在丧，独于道侧拜，攀车涕泣，论者称焉。"

110 《南史》卷二十一《王僧达传》，第573页。

所杀。华时年十三，在军中，与廞相失，随沙门释昙永逃窜……
遇赦还吴。少有志行，以父存亡不测，布衣蔬食不交游，如此
十余年，为时人所称美。高祖欲收其才用，乃发廞丧问，使华
制服。[111]

王廞在吴守母丧，以琅邪王氏夫妇多合葬的传统，王荟必也葬在
吴。王华13岁之前生活在吴，王廞败走后王华遇赦还吴，又生活
了十几年，其间为父制服，王廞的衣冠墓应也在吴。王华卒于元
嘉四年（427年），终年43岁，"追赠散骑常侍、卫将军。九年，
上思诔羡之之功，追封新建县侯，食邑千户，谥曰宣侯。世祖即
位，配飨太祖庙庭"。[112]细数他人生大部分时间，都在吴郡度过。

王琨（399—482）为侍婢所生，父亲王怿较为无能，幸得从
兄王华提携。王琨一生谨言慎行，为官清廉，生活节俭，历东晋、
宋、齐三朝，84岁终。王琨也担任过吴郡太守。传闻王华与王
琨葬在无锡，很可能与祖父在吴的经营有关，吴郡是他二人祖坟
所在。

严格来说，吴郡太守管辖范围不包含无锡。据《无锡志》，晋
太康二年（281年），分吴郡置毗陵郡，因东海王越世子名毗，永
嘉五年（311年），怀帝改为晋陵。[113]东晋北方士族南渡，发现晋

---

111 《宋书》卷六十三《王华传》，第1675—1676页。
112 《宋书》卷六十三《王华传》，第1678页。
113 （元）佚名纂修：《无锡志》，《宋元方志丛刊》，北京：中华书局，1990年，第
　　2182—2185页。

陵一带有大量闲置土地等待开发。[114] 吴郡土著势力强盛，王导子孙既在吴居住，在吴郡毗邻的晋陵郡无锡置田产，也是比较方便的选择。

无锡有琅邪王氏墓葬的传闻虽然未经考古证实，但传闻里的王华、王琨、王僧达均出自王导一支（而非别支），这与史书记载渡江后王导子孙频频以吴郡为据点，求田问舍，作为周旋建康政治中心的后盾，非常吻合。作为北来士族，大面积占有土地的便利只能发生在地广人稀的晋陵，无锡墓葬传闻就是这项活动留下的吉光片羽。他们中功成位显者，可以葬入建康家族墓；身败名裂的失败者，也可以回归乡间祖业。做官、定居、葬在吴郡的，更建立了新的地缘归属，后代子孙就能归葬父祖之茔。

五、以简为归

以南京象山王彬家族墓为起点，考察东晋南朝琅邪王氏成员的归葬变迁（附表1），得到以下几点观察：

1. 对东晋南朝有政治影响的王氏成员大都归葬建康城北，以房支为中心聚葬。第一代渡江成员，除了王旷下落不明、王舒葬在溧阳，王廙（322年卒）、王敦（324年卒）、王彬（336年卒）、王导（339年薨）都葬在建康，北郊的古白石（白下）一带是王氏渡江后较早的聚葬墓地，王彬、王导入葬后，其子孙也分别归

114　胡阿祥：《东晋南朝侨州郡县与侨流人口研究》，第323—324页。

葬父祖墓旁。从东晋到南朝，各房支墓地不断在城北沿江一线由西向东扩张。象山以东的燕子矶、甘家巷北，都有王氏房支聚葬的考古证据。史书记载的江乘王氏家族墓，宋武帝曾亲往拜祭王弘（432年薨）与王昙首（430年卒）。对南朝齐有佐命之功的王俭（489年薨）可能也葬在附近。东晋南朝一百多年间琅邪王氏人丁繁衍、仕宦相继，促成各房支不断选址、形成新的权力祔葬，建康城北的王氏墓就是王氏家族爵位蝉联的见证。

2. 渡江后，琅邪王氏"以何为归"发生了变化。以往学界推测侨置临沂县实土化后，因为象山王氏家族墓在白石，所以白石应该很快作为特例划入临沂县域，使一等士族琅邪王氏能名副其实实现归葬。然而临沂县域实土范围西扩到白石，其实是南朝才发生的事，没有任何证据显示东晋早中期已经发生。侨置郡县拥有实土，固然与该县士族势力有关，但琅邪王氏或是例外，家族墓葬与核心人物的居住地并不需要借助临沂实土化政策与归正首丘的虚名。以渡江后琅邪王氏的权势，王彬、王导们墓地重树的郡望意义与旧郡望已然不同，第一代渡江者或仍以北方祖茔为归，但王闽之墓志显示，最多只需要22年，三代人入葬，新的祖茔又确立了。东晋南朝王氏子孙归葬建康，归依的是各自父祖、江左琅邪王氏。

3. 从更宽泛的地理范围理解王氏南渡后的"族葬"。明代《琅邪王氏宗谱》记载王导子孙，有些葬在幕府山，有些葬在丹阳，有些葬在钟山，都在王导附近，就像王彪之与王彬虽然相隔数里，观念上仍属"归葬父茔"。葬在建康之外的王氏成员距离或许更远。王羲之将父母兄长归葬吴中，没有任何记载显示他与父母兄长葬在一起，也没有任何记载显示他的儿子们与他埋在一起。地方志记载王华与王琨葬地为无锡，推测与王荟定居吴、王荟夫妇葬在吴有关系，但王华与王琨就算葬在无锡，也不在同一墓地。因此，似乎应结合江南地理条件和埋葬习惯理解王氏南渡后"归葬父茔"的做法。这一点南宋江南族葬也是如此。郑嘉励发现徐谓礼等墓常常提到"祔葬祖茔""葬祖陇之侧"，其实附近并没有同时期墓，祖茔相隔很远，这是由于南方卑湿的地形地貌，加上本土风水观念，各墓常追求独立的地理单元，墓志说法只代表族葬观念，并非真实的地理距离。祔葬也不超过三代，很难形成中原地区那般世代延续、昭穆启穴的家族墓地。[115]

4.象山墓的简陋未必是假葬，讨论王氏墓简葬性质更应结合移民文化、时局变幻和家族故事脉络。除了M7，至今发现的象山王氏墓都是单室券顶墓，墓室规格依照合葬或单人葬的需要建造，棺木前的祭祀组合减至最简，有些只有一只盘口壶。这种简陋形制一直到南朝燕子矶的王珪之墓仍然没有改变，而考古发现的棺内丰俭陪葬很大程度取决于死者的装扮（或性别），并无多余物品，道教丧仪或是影响因素之一。丧葬是各种力量作用的结果，流寓士族间的确存在假葬待北归的思潮，但不宜将它变成一种普世框架，用于解释具体个案。盼北归心情是否能转变为现实的假葬安排，受很多因素影响，比如在需要安定南渡士族人心之时，有皇室参与的丧礼就不大可能有假葬迹象；在江东基业已稳、王导

---

115 郑嘉励：《从南宋徐谓礼墓到吕祖谦家族墓地：读徐谓礼墓札记》，《东方博物》2013年第1期，第30—33页。

和王彬风光大葬后，他们的后代还准备归葬北方，似乎没有道理。

　　总之，造成薄葬的因素非常复杂，笔者只是试图指出，在王氏个案中，假葬是不符合家族利益、后代情感、墓葬遗存的解释。这并不是说，北归或假葬的社会风气对王氏丧葬活动没有影响。大动荡时代，活人都不知明天在哪里，是否能想清楚死者的未来在哪里呢？这时候假葬还是永葬，恐怕许多人心里也不十分确定，这种不确定直接影响生死观与丧葬活动，造成了"晋制"比之"汉制"的根本转变，即"墓"与"家"都不安全了，墓室不必再模仿生人居所，需要新的文化符号来承载"归"的意义。认为简葬不符合琅邪王氏江东第一高门身份，这样的看法忽略了王氏并非新出门户，不必通过物质厚葬彰显地位；以简为归，恰恰是一个文化世家对时代文化追求的呼应，也是身份的象征。

第三章

看得见的归葬

　　死后埋在故乡、与家人葬在一起，或因为移民，在新居住地生根长眠，都是归葬的常规做法，俗称"人之常情"，而那些并非自然发生的归葬，它们经由人为诠释与设计，在当时具有颇大影响，才值得我们特别关注。常规归葬只是血缘纽带使然，而这些大张旗鼓的归葬，则受时势、社会、等级、文化的推动。

一、归葬建康

　　室山留美子梳理北朝墓志中汉族官员的葬地与居住地时发现，每逢迁都和政权分裂，选择在首都附近埋葬的士族就会有所增加，说明当时存在着一群由于在首都居住而使自己的官僚色彩更加浓厚的汉族官僚，即门阀士族开始向官僚士族转移。[1] 这个研究思路显然与毛汉光利用唐代墓志提出"中古士族走向中央化"相类。[2] 东晋南朝的墓志材料太少，难以展开这样的统计，归葬建康似乎是流寓士族的首选，但实际情况要复杂得多。从卫玠、温峤、高悝的丧葬材料看来，归葬建康与墓主遗愿、生前居住地不一定有关，主要还是生人安排，时势使然。

卫玠出身河东卫氏，太保卫瓘之孙，曾任太子洗马。永嘉四年（310年），携母南渡，永嘉六年（312年）卒，年二十七，咸和（326—334）中改葬江宁。《世说新语·伤逝》注引《玠别传》：

> 玠咸和中改迁于江宁。丞相王公教曰："洗马明当改葬。此君风流名士，海内民望，可修三牲之祭，以敦旧好。"[3]

按《建康实录》中许嵩自注，王导时任扬州刺史。咸和年间应忙于平息苏峻之乱、重筑都城新宫，为什么要公祭死去十几二十年的卫玠呢？

河东卫氏在西晋的门户地位犹在琅邪王氏之上，太保卫瓘被贾南风与楚王玮合谋杀害后，河东卫氏仍以家学渊源为士族圈推

1　室山留美子：《北朝时期汉族官僚在首都居住的情况：以东魏北齐官僚葬地选择为线索》，井上彻、杨振红编：《中日学者论中国古代城市社会》，西安：三秦出版社，2007年，第117—147页。

2　毛汉光：《从士族籍贯迁移看唐代士族之中央化》，《中国中古社会史论》，第234—333页。

3　（南朝宋）刘义庆撰，（南朝梁）刘孝标注，余嘉锡笺疏：《世说新语笺疏》，北京：中华书局，1983年，第639页。

崇。卫玠年少有名，西晋清谈翘楚，琅邪王澄就曾为他绝倒。按《永嘉流人名》："玠以永嘉六年五月六日至豫章，其年六月二十日卒。"[4] 在江左一共只盘桓四十五日，却在名士圈留下了深刻记忆。《世说新语》留存数条，就是这项集体记忆的见证。《世说新语·言语》：

> 卫洗马初欲渡江，形神惨悴，语左右云："见此芒芒，不觉百端交集。苟未免有情，亦复谁能遣此。"

此情此景余嘉锡的评论极为精当："当将欲渡江之时，以北人初履南土，家国之忧，身世之感，千头万绪，纷至沓来，故曰不觉百端交集，非复寻常逝水之叹而已。"[5]

渡江后卫玠到豫章拜访王敦，王敦惊叹为"正始之音"；[6] 见谢鲲，"达旦微言"，敦"永夕不得豫"；[7] 又传说到建康，姿容倾倒京师人士，"观者如堵墙"。[8] 他风姿高雅，出身高门，身负中原正朔文化密码，言谈举止无不唤起一代流寓士族家国身世之感，谢尚与刘惔多年后品评中朝人士，卫玠仍是中兴名士第一。卫玠死讯传来，谢鲲"发哀于武昌，感恸不自胜。人问：'子何恤而致哀如是？'答曰：'栋梁折矣，何得不哀？'"[9] 北归是这代人的遗恨，11 年

4　余嘉锡笺疏：《世说新语笺疏·容止》，第 614 页，注引。

5　余嘉锡笺疏：《世说新语笺疏》，第 94—95 页。

6　余嘉锡笺疏：《世说新语笺疏·赏誉》，第 450 页。

7　余嘉锡笺疏：《世说新语笺疏·文学》，第 210 页。

8　余嘉锡笺疏：《世说新语笺疏·容止》，第 614 页。

9　余嘉锡笺疏：《世说新语笺疏·伤逝》，第 639 页，注引《永嘉流人名》。

后谢鲲卒,墓志上刻写荥阳"旧墓",与对卫玠之死的哀恸,是同一心情同一感慨。这班随晋元帝、王导南渡的士族们并没有安享太平,先有王敦之乱,接着苏峻之乱,《资治通鉴》记载,咸和初年,苏峻叛军攻入台城,"驱役百官,光禄勋王彬等皆被捶挞,令负担登蒋山。裸剥士女,皆以坏席苫草自障,无草者坐地以土自覆;哀号之声,震动内外"。[10] 峻乱平定后,震怖人心急需安抚,卫玠归葬极可能发生在这一时期。

卫玠兄长先他而逝,史籍未载是否有子息,改葬很可能在朝廷主持下进行。王导毕生功业在于统一南人北人势力,安抚人心,延续中原文化,[11] 卫玠归葬建康也可归入此等筹划。因此,这是一次安抚团结南渡士人的文化迁葬。《建康实录》指卫玠改葬地点在"新亭东,今在县南十里"。[12] 这个地点真是意味深长,令人联想到著名的新亭对泣。江宁东吴起就是贵族墓葬区,近年发现的南京上坊东吴大墓、[13] 南朝建安敏侯萧正立神道石刻,差不多都是这个区域。

太原温氏家族墓位于南京下关区郭家山,迄今发现四座,M9出土温峤墓志,[14] 证实了温峤最终归葬建康。太原温氏原只是二流

---

10 (宋)司马光编著,(元)胡三省音注:《资治通鉴》卷九十四,北京:中华书局,1956年,第2951页。

11 陈寅恪:《述东晋王导之功业》,《金明馆丛稿初编》,北京:生活·读书·新知三联书店,2001年,第55—77页。

12 《建康实录》卷五,第125页。

13 王志高等:《南京江宁上坊孙吴墓发掘简报》,《文物》2008年第12期,第4—34页。

14 虽然随后温氏家族墓发掘,M9是否属于温峤曾有过争议,笔者还是愿从韦正意见,判为温峤。参见华国荣、张九文:《南京北郊东晋温峤墓》,《文物》2002年第7期,第19—33页;岳涌、张九文:《南京市郭家山东晋温氏家族墓》;韦正:《南京东晋温峤家族墓地的墓主问题》,《考古》2010年第9期,第87—96页。

士族，温峤只身南下，带着刘琨领衔的劝进表，很快得到东晋高层信任，成为太子司马绍布衣之交，在平定王敦之乱和苏峻之乱中又屡立战功，先后拜平南将军、江州刺史，骠骑将军，封始安郡公。咸和四年（329年），温峤因拔牙引发中风，死在武昌，初葬在豫章。"朝廷追峤勋德，将为造大墓于元明二帝陵之北"，陶侃上表，以国家艰难，遂停移葬。一直到峤后妻何氏死，在其子温放之请求下，才"载丧还都，诏葬建平陵北，并赠峤前妻王氏及何氏始安夫人印绶"。[15]

温放之坚持温峤归葬建康，自然是为门户着想。《晋书·温放之传》：

> 放之嗣爵，少历清官，累至给事黄门侍郎。以贫，求为交州，朝廷许之。王述与会稽王笺曰："放之温峤之子，宜见优异，而投之岭外，窃用愕然。愿远存周礼，近参人情，则望实惟允。"时竟不纳。放之既至南海，甚有威惠。将征林邑，交阯太守杜宝、别驾阮朗并不从，放之以其沮众，诛之，勒兵而进，遂破林邑而还。卒于官。[16]

可见温峤过世后，子孙仕途并不顺利，温放之需要借父归葬之名营建家族墓，唤起朝野关注有功重臣的家族地位。温放之卒于交州刺史任上，卒年大约在兴宁（363—365）年间。[17] 他既费尽周

---

15 《晋书》卷六十七，第1795—1796页。
16 《晋书》卷六十七，第1796页。
17 温放之卒年考证，见岳涌、张九文：《南京市郭家山东晋温氏家族墓》，第23页。

折将父亲归葬建康，自己死后归葬家族墓也是情理之中。郭家山M10是温氏家族墓群中规模最大的，韦正认为当属温放之墓。[18] 郭家山M12是温峤次子温式之夫妇墓，墓志显示入葬时间为371年。

广陵高氏家族墓的营建，也是以高崧为父归葬作起点。南京东郊仙鹤观发现3座广陵高氏家族墓，均为夫妇合葬，其中M2出土高崧及夫人砖志，发掘者推测相邻M6墓主为高崧之父高悝及夫人。

高崧家族既是南人也是侨民，西晋后期高悝寓居江州，随着江淮动乱加剧，广陵集中了一批北方流民成为侨居地，高悝无故乡可回，随仕途辗转于任所及建康，也成为侨民之一，故高氏家族墓里有许多侨民元素，包括墓的构造、采用墓志等。[19] 广陵高氏算不上广陵高门，高悝以孝悌获乡议好评入仕，仕途顶点是丹杨尹、光禄大夫，并封建昌伯，晚年因故罢黜，爵位亦被褫夺，家道中落。高崧先得何充赏识，充殁后投靠简文帝阵营共同对抗桓温，在这一过程中，广陵高氏逐渐成长，跻身高门士族。高崧重振广陵高氏家族，除了依附中央政权、与会稽谢氏通婚，争取高悝葬有所归也是很重要的手段。《晋书·高崧》：

> 初，悝以纳妾致讼被黜，及终，崧乃自系廷尉讼冤，遂停丧五年不葬，表疏数十上。帝哀之，乃下诏曰："悝备位大臣，违宪被黜，事已久判。其子崧求直无已，今特听传侯爵。"由

---

18 韦正：《南京东晋温峤家族墓地的墓主问题》，第87—96页。
19 ［日］小尾孝夫撰，杨洪俊译，陆帅校：《广陵高崧及周边：六朝南人的一个侧面》，《南京晓庄学院学报》2015年第1期，第16—41页。

是见称。[20]

据考，高悝卒年可能在344至346年间，埋葬在350年左右。[21]如是，高悝被黜死亡与何充卒年（346年）时间上很接近，高崧面临严峻的前途危机，既失去爵位传袭，又失去何充庇护，家族地位岌岌可危。他一方面调整了依附对象，另一方面停丧不葬，坚持要为父亲讼冤。等待5年，才迎来皇帝诏令，重袭父爵（高崧墓志上的身份为建昌伯），高崧没有选择归葬广陵，也说明高氏家族已经转变为中央官僚。

以上可见，让死者"有所归"是中国传统社会很重要的伦理话语和政治工具，家族墓的营建与子孙地位处境有非常微妙的联系。然而也并非进入中枢的世家大族都埋在建康，陈郡谢氏的葬地选择就提供了不一样的方向。

二、陈郡谢氏：淝水战后至刘宋初年的葬地选择

迄今为止通过考古明确认定的陈郡谢氏葬地有三处：[22]

20《晋书》卷七十一，第1895页。

21 邹忆军：《高崧父子生平考：兼谈南方士族墓葬的特殊性问题》，《东南文化》2000年第7期，第52—55页。

22 浙江临安市牛上头也发现谢氏家族墓地，共清理墓葬15座，东晋墓9座，南朝墓4座，隋墓2座，考古报告推测与谢衰一支有关，但墓葬材料无法证明这一点。这组家族墓地埋葬时间与姓氏刻在纪年砖上，没有标注郡望，这是江南本土葬俗，而从江苏溧阳果园的谢琰墓可知，即便葬在建康之外，北来的陈郡谢氏成员仍然习惯标注郡望"陈郡阳夏"。因此，此处讨论陈郡谢氏的归葬选择，（转下页）

1. 南京中华门外戚家山（古属石子罡）谢鲲墓，有石墓志一方，卒年为323年。[23]

2. 江苏溧阳市西北果园发现谢琰夫妇合葬墓，砖志一方，首葬时间是374年。[24]

3. 南京南郊司家山发现7座墓葬，为谢攸一支葬地。其中M1石志志文风化泐失，M4为谢攸之子谢球与王德光夫妇合葬墓，有砖志两件，首葬时间是407年；[25] M5为谢攸之孙谢温墓，砖志一方，葬于406年；[26] M6为谢攸长子谢琕墓，发现砖志6块，葬于421年。[27]谢鲲死前在豫章内史任上，却葬在建康，墓志称："假葬建康县石子罡，在阳大家墓东北（四）丈……旧墓在荥阳。"反映了第一代渡江士族盼北归的心情。谢琰史书无载，妻子是王蒙女，死前任溧阳令，并葬在溧阳。他的人生轨迹与许多南渡高门子弟相类，以任职为契机，在地方上深耕经营，最后也永归于此。

南京司家山埋葬的谢攸这支，与家族关系如下：

（接上页）便排除这一材料。杭州市文物考古所、临安市文物馆：《临安市牛上头谢氏家族墓地发掘报告》，浙江省文物考古研究所编著：《浙江汉六朝墓报告集》，北京：科学出版社，2012年，第421—453页。

23 南京市文物保管委员会：《南京戚家山东晋谢鲲墓简报》，《文物》1965年第6期，第34—36页。

24 南京博物院：《江苏溧阳果园东晋墓》，《考古》1973年第4期，第227—231页。

25 阮国林、李毅：《南京司家山东晋、南朝谢氏家族墓》，《文物》2000年第7期，第36—49页。

26 华国荣、张九文：《南京南郊六朝谢温墓》，《文物》1998年第5期，第15—18页。

27 华国荣：《南京南郊六朝谢琕墓》，《文物》1998年第5期，第4—14页。

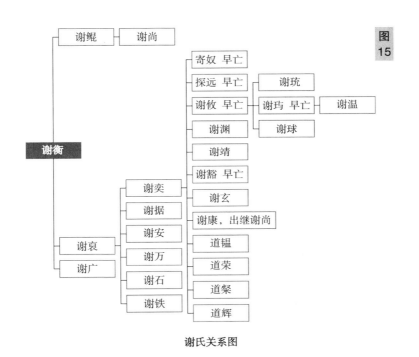

图
15

谢氏关系图

谢家兄弟多早亡，谢玄上疏有"臣同生七人，凋落相继，惟臣
一己，孑然独存"之语。[28] 谢攸就是谢玄早逝的兄长，这支人
丁不旺，儿子们官职也不高，在谢氏家族里寂寂无闻，无所作
为，几乎被史书遗漏。谢玄淝水战后论功，被封康乐公。《晋书》
载："玄请以先封东兴侯赐兄子玩，诏听之，更封玩豫宁伯。"[29] 谢
温、谢球、谢珫墓志发现后，我们才知道史书中的"谢玩"实为
"谢珫"。谢玄请封谢珫，便是看顾亡兄子嗣、扶助家族弱支的意

---

28 《晋书》卷七十九，第2085页。

29 《晋书》卷七十九，第2083页。

图。谢琰墓志一共6块，是迄今发现六朝砖志中文字最多的，详细记载家族姻亲关系，并提到刘宋代晋后诸国削除的变动，[30] 显然因谢玄而得的豫宁伯，是这一支最值得记录的荣耀。

司家山谢氏墓只是陈郡谢氏不为人知的一支，不足以成为家族政治声望的象征。罗宗真曾指出陈郡谢氏与王、颜等世家大族不同，没有形成一单独的家族墓区，[31] 其实据上一章分析，象山王氏家族墓也只是王彬一支葬地，与司家山谢氏墓无本质上差别，都是房支聚葬。罗文发表于1997年，是从假葬待北归的角度推测谢氏葬俗，但后出的考古报告明确显示谢球、谢琰墓志都有"安厝"二字，即永葬的意思。这说明，东晋末年，谢攸这支已将建康当作永葬之所，而淝水战后，陈郡谢氏关键人物谢安与谢玄，对外释放的信号却是，"东山之志始末不渝"。

《晋书·谢安传》：

> 时会稽王道子专权，而奸谄颇相扇构，安出镇广陵之步丘，筑垒曰新城以避之。帝出祖于西池，献觞赋诗焉。安虽受朝寄，然东山之志始末不渝，每形于言色。及镇新城，尽室而行，造泛海之装，欲须经略粗定，自江道还东。[32]

---

30 墓志解读有不同意见，可参考张学锋：《南京司家山出土谢氏墓志研究：东晋流寓政府的挽歌》，《汉唐考古与历史研究》，北京：生活·读书·新知三联书店，2013年；王素：《南朝宋谢琰墓志再研究》，《故宫学刊》2016年第2期，第8—20页。

31 罗宗真：《从考古资料看六朝谢氏家族的兴衰》，《东南文化》1997年第4期，第12—17页。

32《晋书》卷七十九，第2076页。

谢安真的想东归吗？从隐士或田舍公的角度理解谢安志向或许过于狭隘。淝水战后，谢安主要谋划是北伐，也认为机会已经到来。此时谢氏手握北府兵，但皇帝猜忌与司马道子、王国宝之流构陷，足以形成羁绊，为免内耗，谢安主动出镇广陵，离开建康中枢，散布东山之志，以保证北伐顺利进行。然而"雅志未就，遂遇疾笃。上疏请量宜旋旆，并召子征虏将军琰解甲息徒，命龙骧将军朱序进据洛阳，前锋都督玄抗威彭沛，委以董督。若二贼假延，来年水生，东西齐举。诏遣侍中慰劳，遂还都。闻当舆入西州门，自以本志不遂，深自慨失"。[33] 这病重之际种种安排，可见谢安最后遗憾不在于人事倾轧，而是"雅志未就"。

一旦病重，心中的归葬地仍是建康。《资治通鉴》卷一百六：

> （太元十年，385 年）太保安有疾求还，诏许之；八月，安至建康。[34]

《晋书·谢安传》：

> 乃上疏逊位，诏遣侍中、尚书喻旨。……寻薨，时年六十六。帝三日临于朝堂，赐东园秘器、朝服一具、衣一袭、钱百万、布千匹、蜡五百斤，赠太傅，谥曰文靖。以无下舍，诏府中备凶仪。及葬，加殊礼，依大司马桓温故事。又以平符

33《晋书》卷七十九，第 2076 页。
34《资治通鉴》卷一百六，第 3347 页。

坚勋,更封庐陵郡公。[35]

太元十年,谢安病薨于建康,诏令丧礼在建康官府举行。此前举家迁广陵,在建康"无下舍",可见根本不在乎一地一舍的得失。谢安葬在建康石子罡(梅岭),《元和郡县志》《景定建康志》都有记载。《世说新语·任诞》载,谢尚往谢衮墓还,衮服来不及脱便被邀去饮宴,宴席设在建康城内朱雀桁南。一般认为谢衮葬地亦在石子罡。[36] 以谢安的声望功勋没有另立家族墓地,而是从父葬,在六朝世家大族中比较少有。他北伐未成的遗憾令人联想起念念不忘旧墓的叔父谢鲲,或许归葬梅岭心意在此。沈约谓谢安墓"时无丽藻,迄乃有碑无文",[37] 田余庆认为概因"谢安生前处境困难,其事难以用言词表述"。[38]

石子罡在孙吴时是乱葬岗,"冢墓相亚,不可识别",[39] 谢鲲假葬于此,是等待北归的权宜之计。但到谢安去世时,石子罡已成为王公贵族葬地,与孙吴时不同。《陈书·始兴王叔陵》:

> 晋世王公贵人,多葬梅岭,及彭卒,叔陵启求于梅岭葬之,乃发故太傅谢安旧墓,弃去安柩,以葬其母。[40]

35《晋书》卷七十九,第2076页。

36 罗宗真:《从考古资料看六朝谢氏家族的兴衰》,第14页。

37《南齐书》卷二十二,第419页。

38 田余庆:《陈郡谢氏与淝水之战》,第215页。

39 李剑国辑校:《新辑搜神记 新辑搜神后记》卷二十三《石子罡》,第387页。《搜神记》这则故事说孙休之妃朱主初葬石子罡,后来改葬时,因乱葬不可识别,请巫来辨鬼灵。

40(唐)姚思廉:《陈书》卷三十六,北京:中华书局,1972年,第494—495页。

可见当时石子罡的谢安墓相当醒目，位置风水也是上上选，这才会在南朝陈时被始兴王看中。当时似乎不存在独立的谢氏家族墓区。从期待北归的假葬到安土异乡、坟柏成行，是不知不觉形成的埋葬现实，范宁对孝武帝的土断建言道："昔中原丧乱，流寓江左，庶有旋反之期，故许其挟注本郡。自尔渐久，人安其业，丘垄坟柏，皆已成行，虽无本邦之名，而有安土之实。"[41] 石子罡的谢氏墓葬大概也是这样形成。

谢安死后两个月，淝水之功才得封赏，谢安被追封为庐陵郡公，封谢石为南康公，谢玄为康乐公，谢琰为望蔡公，[42] 一门四公，是谢氏鼎盛时期，也是保存家族地位的微妙时刻。谢安制定的远离建康中枢、以退为进的策略被继续执行。

谢玄是北府兵军权的掌握者，卒于388年，晚谢安3年，后世关于他的葬地传说很多，都没有得到证实。但谢氏家族传递给朝廷和士族圈"以何为归"的叙述，却是相当明晰。谢安死后，谢玄交出北府兵权，给朝廷上书言志："然后从亡叔臣安退身东山，以道养寿。"谢玄最终退回会稽内史一职。《宋书》：

> 灵运父祖并葬始宁县，并有故宅及墅，遂移籍会稽，修营别业，傍山带江，尽幽居之美。[43]

谢灵运《山居赋》自注云：

41《晋书》卷七十五，第1986页。
42《晋书》卷九，第235页。
43《宋书》卷六十七，第1754页。

> 余祖车骑建大功淮、肥，江左得免横流之祸。后及太傅既薨，远图已辍，于是便求解驾东归，以避君侧之乱。废兴隐显，当是贤达之心，故选神丽之所，以申高栖之意。经始山川，实基于此。[44]

永嘉之乱，谢衡带领谢氏子孙南渡，在始宁落脚，这是谢氏族谱的描述。[45] 谢安出仕前也寓居会稽，高卧东山、累辟不就使他在士族圈赢得高名。谢安之子谢琰最后以会稽内史一职镇压孙恩之乱，隆安四年（400年）遇害身亡。

会稽既是谢氏南渡后植田兴利的经济所在，也是官场退路、政治斗争中自保的叙事策略。对于普通中央官僚士族而言，在建康营建家族墓可能是树立家族声望的路径，而陈郡谢氏正好相反，淝水战后的政治局面，促使谢氏成员越是如日中天，越要离开建康，反而是默默无闻的谢攸一支，可以葬在建康。谢珫墓志描述重点在于家族姻亲关系，说明不管葬在建康内外，这个世家大族关系网才是墓主及后代真正在意的归葬之所。

三、归葬与兰陵萧氏郡望

兰陵萧氏是南朝新出门户，入唐后人才辈出，唐朝柳芳论过江

---

44 《宋书》卷六十七，第1756页。

45 任崇岳、赫德川：《两晋时期的陈郡阳夏谢氏家族》，《中原文化研究》2014年第5期，第98页。

士族，侨姓以"王、谢、袁、萧"为大，但据唐长孺考证，"侨姓中萧氏始起，实因刘宋外戚，后来又是两朝皇室，才得与王、谢、袁并列……齐梁两朝皇室当然也出于寒微。……柳芳……恐怕实以梁陈以后萧氏的地位为断"。[46] 家族地位提升，除了政治地位、联姻、文化，神圣祖坟影响力也不可小觑。齐梁两代帝王归葬武进陵，便是范例。

萧齐统治一共仅持续22年，其间同族倾轧的权力斗争从未间断，此时上位者更乐于宣传权力的"天命"所归。萧齐代刘宋之时，谶纬大行，《南齐书·高帝纪》云"上姓名骨体及期运历数，并远应图谶数十百条，历代所未有，臣下撰录"，[47] 这其中也包括对武进彭山祖坟与故居的神化：

升明二年十一月，甘露降南东海武进彭山，太守谢朏以闻。（《宋书·祥瑞志》）[48]

帝旧茔在武进彭山，冈阜相属，数百里不绝，其上常有五色云，又有龙出焉。上时已贵矣，宋明帝甚恶之，遣善占墓者高灵文往墓所占相。灵文先给事太祖，还，诡答曰："不过出方伯耳。"密白太祖曰："贵不可言。"明帝意犹不已，遣人践藉，以左道厌之。上后于所树华表柱忽龙鸣，震响山谷。（《南

46 唐长孺：《士族的形成与升降》，《魏晋南北朝史论拾遗》，北京：中华书局，1983年，第61—62页。
47 《南齐书》卷二，第39页。
48 《宋书》卷二十八，第823页。

史·齐本纪》）[49]

时讹言东城天子出。……术数者推之，上旧居武进东城村，"东城"之言，其在此也。（《南史·齐本纪》）[50]

萧道成建元元年（479年）夏四月即位，第一件事就是在武进建皇陵，崇扬光大"南兰陵"郡望与故乡"武进"。《南史·齐本纪》：

追尊皇考曰宣皇帝，皇妣曰孝皇后，陵曰永安。妃曰昭皇后，陵曰泰安。

（秋七月）丁巳，诏南兰陵桑梓本乡，长蠲租布；武进王业所基，给复十年。[51]

武进彭山的萧氏旧茔是否就是后来的帝陵？根据现存陵前石刻、文献记载与实地勘探，齐梁帝陵的位置大致有共识，即齐帝陵围绕经山周围，梁帝陵区在三城巷一带。当代学者似乎都将武进彭山等同于经山，认为永安陵与泰安陵就是在原有彭山旧茔上崇其体制。[52] 但据清代《丹阳县志》："经山在县东北三十五里，昔有异僧讲经于此，故名。上有金牛洞，一名金牛山，一名金

49《南史》卷四，第113页。
50《南史》卷四，第114页。
51《南史》卷四，第110—111页。
52 朱希祖：《六朝陵墓调查报告》，上海：上海书店出版社，1992年，第23—25页。

山……彭山在县东三十五里，下有龙池甚灵应，山趾有显济庙。"[53]
彭山与经山并不是同一座山。《南史·齐本纪》介绍萧道成的来历
与早年生活：

> 齐太祖高皇帝讳道成，字绍伯，小字斗将，姓萧氏。其先
> 本居东海兰陵县中都乡中都里，晋元康元年，惠帝分东海郡为
> 兰陵，故复为兰陵郡人。中朝丧乱，皇高祖淮阴令整，字公
> 齐，过江居晋陵武进县之东城里，寓居江左者，皆侨置本土，
> 加以"南"名，更为南兰陵人也。
>
> ……旧宅在武进县，宅南有一桑树，擢本三丈，横生四
> 枝，状似华盖。帝年数岁，好戏其下，从兄敬宗曰："此树为
> 汝生也。"[54]

萧氏原籍东海兰陵县，渡江后侨居于晋陵武进县东城里，虽然侨
籍属南兰陵，但在南朝梁以前，并无实土。淮阴令萧整是渡江第
一代，发展到萧道成，已经是渡江第五代。萧道成在武进县长大，
与土著无异，自然有深厚的地缘关系。彭山离萧氏一族的居住地
东城里更近，县志记载"有龙池甚灵应"，也与史书所记的传说相
合。彭山旧茔，应是萧整南渡后萧氏一族的族葬地，萧道成得大
位后，在经山周围建永安陵与泰安陵，也符合六朝族葬习惯，类
似琅邪王氏，各房支得势者多在附近另营墓地。

---

53 《（光绪）丹阳县志》，《中国地方志集成·江苏府县志辑（31）》，南京：江苏古籍
　　出版社，1991年，第32—34页。
54 《南史》卷四，第97页。

萧道成父亲萧承之殂于宋元嘉二十四年（447年），何时归葬永安陵史书无载，但泰安陵的葬礼却有记载。萧道成崩于建元四年（482年）三月，灵柩由水路回到武进，葬泰安陵："梓宫于东府前渚升龙舟。四月丙午，葬于武进泰安陵，于龙舟卒哭，内外反吉。"[55] 昭皇后殂于宋泰豫元年（472年），《南齐书》只记她"归葬宣帝墓侧，今泰安陵也"，[56] 但其实昭皇后刘智容葬入宣帝墓侧的泰安陵是在萧道成崩时。《南齐书·礼志》：

> 建元四年，高帝山陵，昭皇后应迁祔。祠部疑有祖祭及遣启诸奠九饭之仪否？左仆射王俭议……有司又奏："昭皇后神主在庙，今迁祔葬，（广）〔庙〕有虞以安神，神既已处庙，改葬出灵，岂应虞祭？……"左仆射王俭议："范宁云'葬必有魂车'。若不为其归，神将安舍？世中改葬，即墓所施灵设祭，何得不祭而毁耶？贺循云'既窆，设奠于墓，以终其事'。虽非正虞，亦粗相似。晋氏修复五陵，宋朝敬后改葬，皆有虞。今设虞非疑。"从之。[57]

"宋朝敬后"指刘裕结发妻子武敬臧皇后，她也殂于刘裕登基前，先"还葬丹徒。高祖临崩，遗诏留葬京师，于是备法驾，迎梓宫祔葬初宁陵"。[58] 王俭以"晋氏修复五陵，宋朝敬后改葬"相比拟，

55《南史》卷四，第113页。

56《南齐书》卷二十，第390页。

57《南齐书》卷十，第157页。

58《宋书》卷四十一，第1282页。

可见昭皇后也是先葬别处，泰安陵修竣，齐高帝崩时迁祔。这也可证永安陵与泰安陵是新建的，与彭山旧茔不是同一地址。

泰安陵入葬还有一则神迹故事：

> 门生王清与墓工始下锸，有白兔跳起，寻之不得，及坟成，兔还栖其上。[59]

这是宣扬武进陵的神圣。此后帝王多归武进，早卒葬于外地的帝后往往也在此时一并迁祔，如齐明帝的刘皇后"永明七年，卒，葬江乘县张山。……永泰元年，高宗崩，改葬，祔于兴安陵"。[60]根据神道石刻与文献记载，齐帝陵葬有齐宣帝萧承之夫妇、齐高帝萧道成夫妇、齐武帝萧赜、齐明帝萧鸾与刘皇后、齐景帝萧道生与懿后江氏、东昏侯萧宝卷。宗室如文惠太子、萧子懋、萧子良、萧遥欣等，死后也归葬武进。[61]

萧齐一朝并没有解决兰陵萧氏渡江前的谱系，或许是族内争权夺利所致。齐明帝萧鸾以旁支夺位后，残杀高武子孙，追尊自己父亲萧道生为景皇、母亲为懿后，亲兄弟也逐一追封，还为去世数年的兄长萧缅立了一块碑，碑文由沈约书写，从中可以读到对萧姓来源的官方描述：

59《南齐书》卷二十，第390页。
60《南齐书》卷二十，第393页。
61《南史》卷四十四《萧子良传》："初，豫章王嶷葬金牛山，文惠太子葬夹石。子良临送，望祖硎山悲感叹曰：'北瞻吾叔，前望吾兄，死而有知，请葬兹地。'及薨，遂葬焉。"《南齐书》卷四十五《宗室传》："遥欣丧还葬武进，停东府前〔渚〕，荆州众力送者甚盛。"

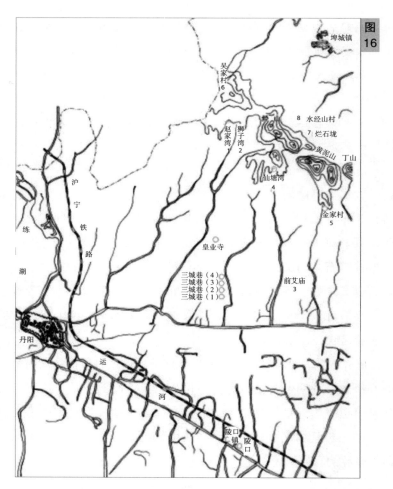

武进齐梁帝陵分布

齐帝陵：1. 齐宣帝萧承之夫妇永安陵；2. 齐高帝萧道成夫妇泰安陵；3. 齐武帝萧颐景安陵；4. 齐景帝萧道生夫妇修安陵；5. 齐明帝萧鸾夫妇兴安陵；6. 齐和帝恭安陵（？）；7、8. 齐前废帝郁林王萧昭业及后废帝海陵王萧昭文（？）（据曾布川宽：《六朝帝陵》）。
梁帝陵：三城巷（1）齐明帝萧鸾说（朱希祖父子、罗宗真等）、梁敬帝萧方智说（曾布川宽）、萧道赐夫妇说（王志高）；三城巷（2）梁文帝萧顺之夫妇建陵；三城巷（3）梁武帝萧衍夫妇修陵；三城巷（4）梁简文帝萧纲夫妇庄陵。

> 穆契身佐唐虞，有大功于天地。商武姬文，所以膺图受
> 箓。萧曹扶翼汉祖，灭秦项以宁乱。魏氏乘时于前，皇齐握符
> 于后。灵源与积石争流，神基与极天比峻。祖宣皇帝，雄才盛
> 烈，名盖当时。考景皇帝，含道居贞，卷怀前代。[62]

这段话宣扬萧齐皇室得位的"天命"，上溯到萧何，然后序次父
祖，从祖父宣帝到父亲景帝，恰恰避过了齐高帝萧道成。萧缅作
为皇室宗亲，本不必与天命相关联，这块碑不如说是萧鸾为自己
得位的正名。碑文又花费许多笔墨描述萧缅去世后萧鸾的悲伤，
树立他兄友弟恭的形象。此文涉及萧氏谱系另一段表述是：

> 本枝派别，因菜命氏。涉徐而东，义均梁徙。自兹以降，
> 怀青拕紫。崇基岩岩，长澜沵沵。[63]

将萧姓的高贵血统追溯到殷商旧族姬姓，宋微子之后，食邑于萧
而得姓，但接着沈约就直接跳到南渡后，歌颂萧氏一门的繁荣
尊贵。沈约是奉敕撰写《晋书》《宋书》的御用文人，自然极懂
分寸，这篇极尽颂扬的碑文只是远远联系到殷商旧姓、萧何功
业，渡江前具体谱系传承一应模糊，可见此时这部分编撰还未
完成——也不可能在之后的恶童皇帝萧宝卷与末代和帝萧宝融
手里完成。有能力编撰完整的兰陵萧氏谱系，很可能在梁武帝

62　沈休文：《齐故安陆昭王碑文》，（南朝梁）萧统编，（唐）李善注：《文选》，上海：
　　上海古籍出版社，1986年，第2545页。
63　沈休文：《齐故安陆昭王碑文》，第2561页。

萧衍时。

梁武帝萧衍在位一共48年，政治较为稳定，文化增踵其华，他有意识加推兰陵郡望与武进陵地位，至少表现在四个方面：

第一，侨置兰陵实土化。天监元年（502年）萧衍即位，除了依萧成道故例，"复南兰陵武进县"，还进一步"改南东海为兰陵郡，土断南徐州诸侨郡县"，[64] 这一举措让侨置的兰陵真正拥有了实土。萧衍父亲萧顺之是萧道成族弟，齐的开国功臣之一，一家人的居住地早就离开武进县，萧衍出生于秣陵县同夏里三桥宅，个人成长与仕宦历程都与武进无关，他母亲张尚柔死于秣陵县夏里舍（472年），妻子郗皇后殂于襄阳官舍（499年），都在萧衍即位之前，均葬在武进东城里山。一旦侨置兰陵有了实土，武进县更名为兰陵县，武进东城里山的旧茔便真正实现归葬兰陵的意义。[65]

第二，以著史的方式将萧氏谱系上溯到萧何与萧望之。梁武帝在位时编撰的《南齐书·高帝纪》对萧整南渡前的谱系有明确说法：

> 太祖高皇帝讳道成……汉相国萧何二十四世孙也。何子酂定侯延生侍中彪，彪生公府掾章，章生皓，皓生仰，仰生御史大夫望之，望之生光禄大夫育，育生御史中丞绍，绍生光禄勋闳，闳生济阴太守阐，阐生吴郡太守永，永生中山相苞，苞生博士周，周生蛇丘长矫，矫生州从事逵，逵生孝廉休，休生广

---

64 《南史》卷六，第185—186页。

65 中村圭尔对此有过论述。参见［日］中村圭尔著，刘驰译：《关于南朝贵族地缘性的考察：以对侨郡县的探讨为中心》，第30—31页。

陵府丞豹，豹生太中大夫裔，裔生淮阴令整……萧何居沛，侍
中彪免官居东海兰陵县中都乡中都里。晋元康元年，分东海为
兰陵郡。[66]

《梁书》记载的梁武帝萧衍家族谱系，与这一段几乎一模一样。
《南齐书》编撰者萧子显是萧道成孙子、萧嶷之子，这一支经历过
齐武帝时的政治排挤与齐明帝即位后的屠杀威胁，仕梁后寄托于
文学，但求自保，著史难免迎合当局心意。刘知幾在《史通·内
篇》卷四中直言：

> 观梁、唐二朝，撰《齐》《隋》两史，东昏（齐废帝）犹
> 在，而遽列和年；炀帝未终，而已编恭纪。原其意旨，岂不以
> 和为梁主所立，恭乃唐氏所承，所以黜永元（东昏元）而尊中
> 兴，显义宁而隐大业。

萧衍个人对著史非常重视，登基后置撰史学士，对撰史的控制超
过六朝其他时代，[67]他自己甚至亲造《通史》，萧子显"启撰齐史，
书成，表奏之，诏付秘阁"。[68]因此将萧望之编入家族谱系，至少
符合梁武帝意图，也说不定是在梁武帝授意下进行。唐初学者颜
师古、李延寿都指出萧氏在谱牒上的有意附会。颜师古在《汉
书·萧望之传》注中批判道：

66《南齐书》卷一，第1页。
67 胡宝国：《汉唐间史学的发展》，北京：商务印书馆，2003年，第202—206页。
68《梁书》卷三十五，第511页。

近代谱谍妄相托附，乃云望之萧何之后，追次昭穆，流俗学者共祖述焉。

李延寿修订《南史》时删除了萧整以前的世系：

据齐、梁纪录，并云出自萧何，又编御史大夫望之以为先祖之次。案何及望之于汉俱为勋德，而望之本传不有此陈，齐典所书，便乖实录。近秘书监颜师古博考经籍，注解《汉书》，已正其非，今随而改削云。[69]

但李延寿的修订并没有带来实际影响，唐代兰陵萧氏人才辈出，《新唐书·宰相世系表》仍然沿用梁时的旧叙事。

第三，大同十年（544年）谒陵之行。萧衍出生于宋大明八年（464年），大同十年已是80岁的老人，此时回乡谒陵，自是盛况空前，对已更名兰陵的武进县意义非凡。萧衍自述心情，诏曰："朕自违桑梓，五十余载，乃眷东顾，靡日不思。今四方款关，海外有截，狱讼稍简，国务小闲，始获展敬园陵，但增感恸。故乡老少，接踵远至，情貌孜孜，若归于父，宜有以慰其此心。"[70]

《南史·梁武帝纪》记载的谒陵经过：

69《南史》卷四，第127页。
70《梁书》卷三，第88页。

　　三月甲午，幸兰陵。庚子，谒建陵，有紫云荫陵上，食顷乃散。帝望陵流涕，所沾草皆变色。陵傍有枯泉，至是而流水香洁。辛丑，哭于修陵。壬寅，于皇基寺设法会，诏赐兰陵老少位一阶，并加颁赉。所经县邑，无出今年租赋。因赋《还旧乡诗》。癸卯，诏园陵职司，恭事勤劳，并锡位一阶，并加赐赉。己酉，幸京口城北固楼，因改名北顾。庚戌，幸回宾亭，宴帝乡故老及所经近县奉迎候者少长数千人，各赉钱二千。

　　夏四月乙卯，至自兰陵。诏鳏寡孤独尤贫者，赡恤各有差。[71]

　　此次谒陵带动了梁帝陵的修缮。

　　天监元年（502年）萧衍即位时，"追尊皇考为文皇帝，庙号太祖，皇妣张氏为献皇后，陵曰建陵，郗氏为德皇后，陵曰修陵"。[72]《梁书》："天监七年，六月辛酉，复建、修二陵周回五里内居民，改陵监为令"。[73] 可见建陵修陵建成于天监七年（508年）。

　　根据陵前石刻，现在一般认为丹阳以东三城巷一带，有神道柱铭文"太祖文皇帝之神道"［图16，三城巷（2）］处，为萧顺之夫妇的建陵；建陵往北，为萧衍与郗皇后合葬的修陵［图16，三城巷（3）］，再北为简文帝萧纲与王皇后合葬的庄陵［图16，三城巷

71《南史》卷七，第216—217页。
72《南史》卷六，第185—186页。
73《梁书》卷二，第47页。

（4）]。[74] 地点与史书所记萧衍亡母与郗皇后的归葬地武进东城里位置相合。

《舆地志》"齐梁陵"："中丘埭西为齐、梁二代陵。隧口有大石麒麟、辟邪夹道，有亭，有营户守典之。四时公卿行陵，乘舴艋，自方山由此入兰陵，升安车，轺传驿置，以至陵所。"[75] 隧口夹道的大石麒麟、辟邪，考为今天丹阳陵口镇萧塘河两岸尚余的一对南朝石兽，此处是齐梁帝陵的入口。这对石兽很可能与大同十年（544年）梁武帝回乡谒陵有关，或是谒陵之前大兴土木时所置，或是谒陵之后，在萧衍指令下添置。[76] 据《旧唐书》，梁武帝谒陵时"谓侍臣曰，陵阴石虎，与陵俱创二百余年，恨小，可更造碑石柱麟，并二陵中道门为三阆"。[77] 又《隋书·五行志》："梁大同十二年正月，送辟邪二于建陵。左双角者至陵所。右独角者，将引，于车上振跃者三，车两辕俱折。因换车。未至陵二里，又跃者三，每一振则车侧人莫不耸奋，去地三四尺，车轮陷入土三寸。"[78] 王志高认为三城巷（1）的残留石刻属于萧衍祖父母萧道赐

---

74 朱偰：《丹阳之齐梁帝陵》，《建康兰陵六朝陵墓图考》，上海：商务印书馆，1936年，第16—31页；[日]曾布川宽著，傅江译：《六朝帝陵：以石兽和砖画为中心》，南京：南京出版社，2004年，第32—43页；罗宗真：《六朝考古》，第64—67页。

75 《舆地志辑注》，第257页。

76 曾布川宽曾推测这对石兽是梁元帝为简文帝萧纲归葬武进陵前所置，而王志高认为彼时政局动荡，茔陵修复不可能有如此手笔，更像是梁代盛世作品。王志高：《论丹阳陵口南朝石兽的制作年代》，《南京晓庄学院学报》2012年第2期，第36—41页。

77 《旧唐书·礼仪志》卷二十五，第972页。

78 （唐）魏征等：《隋书》卷二十二，北京：中华书局，1973年，第643页。

去江苏丹阳陵口镇找这对齐梁帝陵入口的石兽，位于法治文化广场这只，是河西的麒麟（上），当地人都知道，另一只天禄则要绕到鞋厂后面，几乎不为人知（下）。麒麟与天禄之间的萧梁河道，流淌着被污染的黄绿河水。一千多年间，这对陵口石兽几乎原地不动，唯有最近几十年，因为河道疏浚，挪动过几百米。笔者摄于2018年12月。

103

夫妇墓，与陵口石刻是同一批建造。[79] 若是，三城巷残余的四组石刻反映了梁帝陵的家族墓葬排葬方式，依长幼次序从南到北一字排开。当然，三城巷（1）石刻归属问题，争议很大，还有齐明帝萧鸾说与梁敬帝萧方智说。三城巷（1）石刻属于齐明帝萧鸾，是朱希祖父子民国时期调查报告里的推测，后代学者多从之，至今该地的文保碑标记仍为齐明帝。但自从曾布川宽以详实的论证指出齐明帝墓应在金家村后，[80] 近年学者更多接受三城巷一带应是纯粹的萧衍家族陵园，齐帝陵则围绕经山排列。

第四，宗室葬建康，帝王归武进。根据南京遗留的齐梁石刻、考古发现的大墓以及最新研究，将身份已知的齐梁宗室埋葬地列一表格（表2），对萧梁宗室归葬会形成更具体的认识。

表2　考古发现的梁宗室分布

区域	墓主	物质遗存	入葬时间	出处
南京炼油厂（临沂县黄鹄、弋壁里弋壁山）	萧衍堂兄弟萧崇之及侧夫人王宝玉	墓志铭	齐永明四年（486年，萧崇之）齐永明六年（488年，王宝玉）	邵磊：《南齐王宝玉墓志考释：兼论南朝墓志的体例》。
	萧衍兄萧敷夫妇	宋拓墓志铭	齐建武四年（497年）	同上

79　王志高：《丹阳三城巷（1）南朝陵墓石兽墓主身份及相关问题考订》，《东南文化》2011年第6期，第64—74页。

80　［日］曾布川宽著，傅江译：《六朝帝陵：以石兽和砖画为中心》，第21—28页。

区域	墓主	物质遗存	入葬时间	出处
南京炼油厂（临沂县黄鹄、弋壁里弋壁山）	萧衍弟萧融与王妃王慕韶	神道石刻、墓室、墓志	齐永元三年（501年，萧融）死，天监元年（503年）葬弋壁山 天监十三年（514年，王慕韶）	阮国林：《南京梁桂阳王肖融夫妇合葬墓》。
	萧融嗣子萧象（离萧融墓300米）	墓室	大同二年（536年）	陆建方、王根富：《梁朝桂阳王萧象墓》。
甘家巷	萧衍弟萧秀及其家族	神道石刻、墓室	天监十七年（518年）	南京博物院、南京市文物保管委员会：《南京栖霞山甘家巷六朝墓群》。
甘家巷西南	萧衍弟萧憺及其家族	神道石刻	普通三年（522年）	王志高：《南京甘家巷"梁鄱阳王萧恢墓神道石刻"墓主身份辨正》。
甘家巷北董家边	萧憺子萧暎	神道石刻	？	姚迁、古兵编著：《南朝陵墓石刻》。
栖霞区仙林农场、白龙山	萧衍弟萧宏	神道石刻、墓室	普通七年（526年）	王志高、贾维勇：《江苏南京市白龙山南朝墓》。

续　表

区域	墓主	物质遗存	入葬时间	出处
江宁淳化镇刘家边	萧宏子建安敏侯萧正立	神道石刻	？	姚迁、古兵编著：《南朝陵墓石刻》。
镇江句容县石狮村	萧衍子、南康简王萧绩	神道石刻	大通三年（529年）	姚迁、古兵编著：《南朝陵墓石刻》。
十月村、尧化门外北家边及老米荡	萧崇之之子萧景及夫人王氏	十月村神道石刻、北家边神道石刻与老米荡墓室	普通四年（523年）	霍华：《南京尧化门南朝梁墓发掘简报》；贺云翱：《南京梁南平王萧伟墓阙发掘简报》；王志高：《南京尧化门外北家边南朝陵墓神道石刻墓主身份新证》。
甘家巷东南1公里狮子冲	昭明太子萧统及生母丁贵嫔	神道石刻，墓室	普通七年（526年）（丁贵嫔）；中大通三年（531年，萧统）	祈海宁等：《南京栖霞狮子冲南朝大墓发掘简报》；许志强、张学锋：《南京狮子冲南朝大墓墓主身份的探讨》。

　　首先，今天南京炼油厂（南朝时称临沂黄鹄山、弋壁里弋壁山）一带是萧衍得位前家族聚葬地，葬有萧衍叔叔和萧衍兄弟等人，这与萧顺之兄弟离开家乡武进，流寓建康的轨迹一致。已知

身份的墓主包括萧崇之侧室王宝玉、萧敷夫妇、萧融夫妇、萧融嗣子萧象。

萧崇之，齐东阳太守，梁文帝萧顺之之弟，遇难于齐永明四年（486年），王宝玉卒葬于永明六年（488年），根据王宝玉墓志，葬地在临沂县黄鹄山，因此推测萧崇之也葬在这里。这个地址与上海博物馆馆藏的宋代拓片《萧敷墓志》以及《故永阳敬太妃王氏墓志铭》所记相合。萧敷为萧顺之第二子，萧衍同胞兄长，死于齐建武四年（497年），其妻王氏普通元年（520年）祔葬。萧衍之弟萧融，为东昏侯所害，齐永元三年（501年）死，天监元年（503年）萧衍登基时追封，归葬弋壁山，王妃王慕韶天监十三年（514年）祔葬，其嗣子萧象大同二年（536年）入葬，离萧融墓仅300米。

其次，如表格所示，萧梁代齐的前二十多年，萧衍亲族仍在旧茔四围发展葬地，甘家巷这一片区葬有萧衍弟弟萧秀及其后代、萧憺及其后代。萧崇之之子萧景普通四年（523年）卒于外地，归葬建康，神道石刻建到离萧崇之墓约四五公里外的十月村；近年又在尧化门外老米荡发现一墓，东依王宝玉墓所在的包山，墓志显示为萧景夫妇墓，有学者推测侯景之乱时十月村萧景夫妇墓被毁，平乱后迁葬于此。[81] 附近的北家山石刻因此也应属此墓的神道石刻。

约526年前后起，旧墓周围梁宗室规划用地可能已告罄。《南史·梁武帝诸子传》：

---

81 王志高：《南京尧化门外北家边南朝陵墓神道石刻墓主身份新证》，《南京晓庄学院学报》2016年第3期，第20—26页。

> 丁贵嫔薨，太子遣人求得善墓地，将斩草，有卖地者因阉人俞三副求市，若得三百万，许以百万与之。三副密启武帝，言太子所得地不如今所得地于帝吉，帝末年多忌，便命市之。[82]

丁贵嫔薨于526年，甘家巷东南一公里处的狮子冲发现二墓及神道石刻，墓主推断为丁贵嫔与昭明太子。[83] 可见此时，哪怕离旧茔较近的狮子冲，也不属于梁宗室规划用地，需要临时购买。或许出于同样原因，同年去世的萧衍六弟萧宏就在往南十几公里仙林农场及白龙山一带营葬，其子萧正立更葬到了建康城南的江宁淳化镇刘家边。梁宗室在建康的墓地选择已经从萧顺之、萧崇之兄弟共有的家族墓地，扩散到以各支为中心，自营陵园。[84]

值得注意是，西距萧宏神道石刻1500米处即萧子恪墓。萧子恪是萧道成孙子、萧嶷之子、萧子显兄长。萧嶷素来被齐武帝萧颐与齐文惠太子猜忌，齐明帝萧鸾即位后，高武旧臣大司马王敬则举萧子恪名号举兵，差点连累其亲族七十余人，萧子恪从吴郡任上仓皇回台城陈情，才死里逃生。经历这些前情，梁武帝践祚后对萧子恪兄弟以宽大攻心为策略，兄弟十六人都降为子爵、折节仕梁。萧子恪去世仅仅晚萧宏3年，死于吴郡郡舍，归葬建康。

82 《南史》卷五十三，第1312页。
83 祈海宁等：《南京栖霞狮子冲南朝大墓发掘简报》，《东南文化》2015年第4期，第33—48、65—67页；许志强、张学锋：《南京狮子冲南朝大墓墓主身份的探讨》，《东南文化》2015年第4期，第49—58、127—128页。
84 北家边石刻附近发现砖构建筑遗迹，王志高认为可能是陵园陵门一类遗存。王志高：《南京尧化门外北家边南朝陵墓神道石刻墓主身份新证》，第21页。

其父萧嶷葬地在武进经山一带。《南史·萧子良传》：

> 初，豫章王嶷葬金牛山，文惠太子葬夹石。子良临送，望祖硎山悲感叹曰："北瞻吾叔，前望吾兄，死而有知，请葬兹地。"及薨，遂葬焉。

萧子恪虽然在齐梁均为宗室，但仕梁后其宗室身份不能归葬武进父茔。邵磊认为萧崇之墓也可当作齐宗室墓来看，萧子恪墓发现后，更判断"围绕仙林至摄山镇一线则可能是这一片萧齐宗室贵族墓区里最为显要的地段，卜葬其间的萧齐宗室，在品秩上更高于埋骨于尧化门至甘家巷一线类如梁武帝叔父萧崇之家族等相对于齐室而言的疏宗"。[85]

笔者以为，萧崇之与萧子恪的葬地并不足以推导齐宗室在都城建康的埋葬区域。萧崇之家族葬地选临沂县黄鹄山，只因当时贵族多葬此处，琅邪王氏也有葬地在这里，与齐宗室身份没有太大关系；萧子恪兄弟入梁后疏远旧时齐贵胄身份，萧子恪墓与萧宏墓接近，恰恰说明他也没有归葬齐的旧山，而是遵守梁宗室归葬习惯，葬在建康，自营陵园。

以归葬武进为帝王正朔，观念起自萧齐，在梁武帝一朝被制度化，哪怕贵为昭明太子，没有登基，也只能归葬母亲丁贵嫔陵旁。这种做法无疑更进一步提升了武进帝陵的等级。由此，继位者为

---

85 邵磊：《南京灵山梁代萧子恪墓的发现与研究》，《南京晓庄学院学报》2012年第5期，第18页。

上任帝王归葬武进,便成为一项昭告权力合法传承的政治大典。简文王皇后薨于太清三年〔549年〕,正是侯景逼死梁武帝萧衍那一年,萧纲即位,追崇为皇后,翌年(大宝元年,550年)归葬武进庄陵。[86] 萧纲受制于侯景,时局艰难,岁饥民弊,故庄陵营葬顾不上礼仪讲究,简文帝谓武林侯萧谘曰:"此段庄陵万事零落,唯哀册尚有典刑。"[87] 撰写哀册的正是萧子恪、萧子显的兄弟萧子范。大宝二年(551年)十月,萧纲被害,草草停殡于城北酒库。翌年三月,王僧辩等人平侯景之乱,欲拥戴萧衍第七子萧绎即位。此时梁土势力割据,为显梁之正朔,他们先"以贼平告明堂、太社",然后实施谒陵与归葬。史书载:

> (大宝三年)三月己丑,王僧辩率前百官奉梓宫升朝堂,世祖追崇为简文皇帝,庙曰太宗。[88]
>
> 四月乙巳(8日),益州刺史、新除假黄钺、太尉武陵王纪僭位于蜀,年号天正。帝遣兼司空萧泰、祠部尚书乐子云拜谒莹陵,修复社庙。[89]
>
> 四月乙丑(28日),葬庄陵。[90]

萧绎先派人去武进谒陵、修复社庙,大概也整饬了庄陵规制,然

86《南史》卷十二,第341页。
87《南史》卷四十二,第1071页。
88《梁书》卷四,第108页。
89《南史》卷八,第238页。
90《梁书》卷四,第108页。

后再送萧纲梓宫归葬，仪式隆重程度与王皇后葬庄陵自然不可比。归葬大典后，登基前各项日程便开始进行，这年冬十一月，梁元帝萧绎在江陵即位。

四、新社会，旧葬俗？

卫玠、温峤、高崧、陈郡谢氏、兰陵萧氏的归葬，可以说皆有流寓士族主动利用归葬旧俗，应对新的政治或社会秩序，提升家族地位的动因。

如果谈六朝归葬过多关注"人之常情"这一面，那么与之龃龉的史料背后细节，可能会一并错过。以谢安葬地为例。谢安初葬在梅岭（石子罡）。谢安曾孙谢涛与夫人王氏有墓志传世，《景定建康志》《六朝事迹类编》均有记载，葬地在"建康县东乡土山里"。联系到《晋书·谢安传》载谢安曾在土山营墅，有学者推测土山接近石子罡，故坟墓从谢安到谢涛至少维持了四代。[91] 但据《读史方舆纪要》，"土山，府东南二十里"，是会稽经曲阿、至建康的必经之路，秦淮东流经过它附近；石子罡在"府南十五里"。[92] 可知两地并不相同，谢安墓与谢涛墓不可能在一处，谢安墓周围并未形成独立、不可侵犯的谢氏墓区。谢涛墓所在的土山里或许

91　［日］中村圭尔著，刘驰译：《关于南朝贵族地缘性的考察：以对侨郡县的探讨为中心》，第29页。

92　（清）顾祖禹撰，贺次君、施和金点校：《读史方舆纪要》卷二十，北京：中华书局，2005年，第946、948页。

是谢安在世时所有，后代著籍于土山里、生活在土山里，最后也埋在土山里，这是人之常情。考古发现的司家山谢攸一支也是如此。但谢安之归却有两种不同叙事，一是"东山之志始末不渝，每形于言色"，一是病重时要求归建康，最后从父葬。两套叙事的矛盾可能反映了淝水战后陈郡谢氏所处的政治处境。

移民失去地缘优势、骨肉分离，理论上不利于保持归葬传统。但旧观念好像拥有自己生命，一旦需要，会附着在新社会这具肉身上随时复活。如果将归葬看成一种话语，土地与血缘仍是最有力的说辞：正是在会稽拥有基业，谢安、谢玄叔侄东归的故事才有感染力，萧氏更是借权力将侨置兰陵实土化，再通过归葬崇其郡望。失去土地的二流士族紧紧抓住血缘关系，利用冢中枯骨，建构归葬故事，提升家族可见度，温峤归建康，高悝停丧5年再葬，都是家族利益使然。

或许应倒过来说，在过度重视土地与血缘关系的古代社会，迁徙非但不会取消归葬，反而使它获得新生——因为它也是重拾血缘与地缘关系的最有效手段。齐梁皇室归葬武进陵就是重塑郡望、使家族跃入高门的范例。更有甚者，借归葬伪冒或攀附郡望。这在北方胡人迁入中原时有发生。如北魏外戚高肇一支，原出高丽，北魏孝文帝时归魏，自称郡望为渤海高氏，企图通过归葬渤海建立身份，可能受渤海高氏力拒，这一谋划从延昌三年（514年）至正光四年（523年），才终于获得成功。[93] 在这里，归葬与故土、血

---

93 罗新、叶炜：《新出魏晋南北朝墓志疏证》，第72—74页；王银田：《元淑墓志考释：附北魏高琨墓志小考》，《文物》1989年第8期，第68页；仇鹿鸣：《"攀附先世"与"伪冒士籍"：以渤海高氏为中心的研究》，《历史研究》2008年（转下页）

缘都没有关系，而是"朝中显贵"利用"冢中枯骨"的某种表演。

　　当然，被时代"看见"的归葬只是极少数。更多士族在南渡后失去土地，也没有可供利用的冢中枯骨，尤其第一代移民，何处可归呢？逝去的时代，美好的往昔，不可复归的故园之思，无处寄托的身份认同——作为南渡世家大族领袖，王导深谙这种情绪，由官方主持的卫玠归葬祭典，就是对北方流寓士人的抚慰。它治疗战乱创伤，呼应共同的文化记忆，卫玠归于建康，似乎宣告中原文化也在此安顿下来了。

　　（接上页）第2期，第60—75页；（北齐）魏收：《魏书》卷八十三《外戚高肇传》，北京：中华书局，1974年，第1829—1832页。

第四章

礼俗之变，权力之"归"

子产说"鬼有所归，乃不为厉"，并不仅仅指合适的葬地，更指生者是否采用合乎礼仪的方式处理遗体，哀悼、祭奠死者。齐东方从"丧、葬、祭"三个方面观察"晋制"，认为其根本转变有以下几点：生死观发生变化，更多人接受"厚葬无益于死者"，致使魏晋几代最高统治者"不封不树"的改革扩展为全社会实行的制度；方形单室墓逐渐演变成高等级墓葬形制，汉代流行的前室祭祀被单室墓的祭台替代，祭器组合也从汉代的宴饮风格转变为晋制的祭奠风格；汉代反映田园生活的模型明器不再受重视，牛车俑群成为随葬品核心，对财富重视演变为对身份等级的夸耀。[1] 这些归纳总览全局，指出"晋制"形成背后的某种集体意识，不过局部问题的深入讨论仍很必要，尤其永嘉南渡后"漂泊"与"安顿"的矛盾愈加迫切，移民丧葬礼俗的变与不变，离不开他们对新社

1　齐东方：《中国古代丧葬中的晋制》，第345—365页。

会新秩序的感知与调和。

一、死后世界的想象与"丧""祭"诸环节

（一）死后世界的想象

人死后以何为归？

东晋南朝流传的苏韶亡魂显灵故事，或许可以代表当时社会对死后世界的集体疑问与想象。苏韶，西晋中牟令，安平人。故事里苏韶亡魂显灵，与家人苏节一问一答，他不要求归葬家乡，而是看中洛阳邙山风水，希望在伯父墓旁买地改葬："吾性爱好京洛，每往来出入，瞻视邙上，乐哉，万世之墓也。北背孟津，洋洋之河；南望天邑，济济之盛。此志虽未言，铭之于心矣。"[2] 这篇故事见载于《搜神记》、王隐《晋书》、《三十国春秋》、《道宣律师感通录》等书，流传甚广。故事中生人疑问包括：魂魄为什么不再归于肉体，死与生的异同，死者享受厚葬吗，祭祀对生人有益否。苏韶的回答是，魂神离开肉体，犹如断臂离开身体；死生异路，死者不享受厚葬；生人祭祀求福无益。这些问题应是当时人普遍关心的，而亡灵回答代表了社会存在的一种观念与自我安慰。

活人对死亡有排斥恐惧之心，希望死者不要妨碍生者，死生异

2　李剑国辑校：《新辑搜神记　新辑搜神后记》，第369页。

路的想法，在汉代画像石题记、墓券、解注器等材料都可看到。[3]
这一恐惧仍是六朝社会面对死亡的主流心态。志怪小说常见人死后回家继续和活人共同生活，[4]大多时候活人并不欢迎死去的家人回来。"为鬼所考"的故事常以高门显贵为话题：孙策杀了道士于吉，为于吉鬼所考；孙权病重时见到先亡的鲁肃鬼，为鬼所考；桓温杀了殷浩之子殷涓，为殷涓鬼所考；庾亮杀了陶侃之子陶称，为陶侃鬼所考[5]；等等。当时还认为新死之人有煞气，《搜神记》说竹林七贤之一的王戎赴人家殡敛，看见鬼用斧头袭击一名吊丧亲友。鬼告诉王戎："凡人家殡殓葬送，苟非至亲，不可急往。良不获已，可乘青牛，令髯奴御之，及乘白马，则可禳之。"[6]青牛、髯奴这一组合，是西晋流行的御鬼巫术。[7]

生死异路的需求也使掩骼成为移民社会要处理的现实问题。掩骼本是古代社会政府职能之一，《周礼》中"蜡氏"之职就含"掩骼"，即掩埋路毙之尸，清除不洁之物。[8]"掩骼的次数与战事、灾荒

---

3 蒲慕州：《墓葬与生死：中国古代宗教之省思》，台北：联经出版事业公司，1993年，第223—225页；张勋燎：《东汉墓葬出土解注器和天师道的起源》。

4 李剑国辑校：《新辑搜神记 新辑搜神后记》，《沽酒家狗》，第319—320页，《夏侯恺》，第388页；《古小说钩沉·甄异传》，《夏侯文规》，第274页；《古小说钩沉·述异记》，《王文明妻》，第301页，《诸葛景》，第303页，《太原王肇宗》，第305页；《古小说钩沉·灵鬼志》，《李通》，第318页；《古小说钩沉·幽明录》，《庾崇》，第378页；等等。

5 （南朝宋）刘义庆撰，（南朝梁）刘孝标注，余嘉锡笺疏：《世说新语笺疏》，《伤逝》注引，第641页。

6 李剑国辑校：《新辑搜神记 新辑搜神后记》，第574页。

7 胡新生：《中国古代巫术》，济南：山东人民出版社，1998年，第163—170页。

8 李建民：《中国古代"掩骼"礼俗考》，《清华学报》1995第3期，第319—343页。

的频度应有一定关系。"[9] 汉末三国晋南北朝，疫病发生次数远胜于其他朝代，光正史记载东晋疫疾次数，就达80次之多，疫病高发与人口流动有密切关系。[10]《晋书·食货志》载："……至于永嘉，丧乱弥甚。……百姓又为寇贼所杀，流尸满河，白骨蔽野。"[11] 六朝志怪多无主骷髅、野地尸骨祟人的故事，便是客死异乡成为日常生活处境的写照。与此对应，官吏路遇野鬼求助埋骨的故事也大量出现。[12] 无论正史记载还是志怪小说，都能看到"掩骼"受到民众倾心拥护。永嘉之乱后流民帅苏峻势力壮大，便有"收枯骨而葬之，远近感其恩义，推峻为主"[13] 一节。范晔编撰《后汉书》，选择路遇野鬼、送枯骨归乡的情节来塑造孟尝、王忳的明吏形象，[14] 说明南朝依然有此观念。

这些都是东晋南朝丧葬礼俗发生的观念背景。

（二）始死复魄

刚死的人要举行"招魂复魄"仪式。《礼记·士丧礼》云："复者一人"，注疏曰："出入之气谓之魂，耳目聪明谓之魄，死者魂神去离于魄，今欲招取魂来，复归于魄，故云招魂复魄也。"[15]

9　李建民：《中国古代"掩骼"礼俗考》，第321—324页。

10　范家伟：《后汉至唐代疾疫流行及其影响：以人口移动为中心的考察》，香港中文大学历史学部博士论文，1997年，第3、176—177页。

11　《晋书》卷二十六，第779—798页。

12　李华：《陌上男女：六朝鬼故事的性别诠释与文化脉络》，香港中文大学历史学部硕士学位论文，2016年。

13　《晋书》卷一百，第2628页。

14　《后汉书》卷七十六，第2472—2474页；卷八十一，第2680页。

15　《十三经注疏》，第1128页。

《幽明录》形象描述了东晋复魄之俗：

> 蔡谟在厅事上坐，忽闻邻左复魄声，乃出庭前望；正见新死之家，有一老妪，上着黄罗半袖，下着缥裙，飘然升天；闻一唤声，辄回顾，三唤三顾，徘徊良久，声既绝，亦不复见。问丧家，云：亡者衣服如此。[16]

在当时人想象中，死亡就是魂神离开肉体，渐行渐远，不再回来。

南朝刘歊的《革终论》对魂魄有不同理解："形者无知之质，神者有知之性。有知不独存，依无知以自立，故形之于神，逆旅之馆耳。及其死也，神去此馆，速朽得理。"[17]他认为神离开形，肉体就应速朽，这种想法应该受了佛教影响。修习佛教的刘歊、琅邪王敬胤、颜之推都留下死后"不须复魄"的遗言，而佛道兼修的张融则"令人捉麈尾登屋复魂"，[18]改变了用死者衣服"复魄"的做法。但受宗教影响改变丧俗与魂魄观的只是少数人，遗言"不须复魄"正好反映出，"复魄"丧俗一直到南朝仍然相当流行。

（三）装敛

复魄之后，将死者衣服覆于尸体上，确认魂神已离开肉体，于是为尸体沐浴、饭含、装敛。根据《仪礼·士丧礼》，给死者沐浴后，先穿贴身衣服，然后设掩（头巾）、瑱（塞耳之物）、幎目

16　鲁迅辑：《古小说钩沉·幽明录》，《鲁迅全集（第八卷）》，第374页。
17　《南史》卷四十九，第1225页。
18　《南史》卷三十二，第837页。

（覆面之巾）及握（握在手中之物），屦綦结跗（穿鞋并手足相系）等等，接着给死者穿衣服，称"绞衾"。绞衾分小敛与大敛两次，小敛在室内进行，贵族无分地位，要裹十九层衣服，大敛在前堂进行，所用衣服更多，"君……百称，大夫……五十称，士……三十称"（《礼记·丧大记》），接着奉尸入棺。考古已证实先秦小绞衾之俗，大绞衾还未发现，汉代贵族也部分沿用先秦习俗，但自玉衣作为殓服，诸侯王贵族沐浴饭含后不再设掩、瑱、幎目、握、屦綦结跗等礼仪，而是设九窍塞，即用玉遮盖身体九窍，穿完玉衣后再设握，多为玉璜或玉豚型的握。[19]

六朝贵族薄葬遗言常有"敛以时服"的说法，就是不行小绞衾（裹尸）之礼。比如王祥遗言"气绝但洗手足，不须沐浴，勿缠尸，皆浣故衣，随时所服。所赐山玄玉佩、卫氏玉玦、绶筒皆勿以敛"。[20] 皇甫谧《笃终》："故吾欲朝死夕葬，夕死朝葬，不设棺椁，不加缠敛，不修沐浴，不造新服，殡含之物，一皆绝之。……气绝之后，便即时服，幅巾故衣，以籧篨裹尸，麻约二头，置尸床上。"[21] 不缠尸、着时服，绝殡含之物，这是部分西晋贵族针对当时流行的丧俗提出来的，说明西晋时缠尸绞衾、殡含之制仍然较为常见。东晋初年世家大族墓的考古显示，象山琅邪王氏墓保存完好的墓中，除了M7有玉蝉（殡含之物）与滑石猪（握），王兴之夫妇（340、348年葬）、王闽之（358年葬）、王丹

---

19 高崇文：《试论先秦两汉丧葬礼俗的演变》，《考古学报》2006年第4期，第447—472页。
20 《晋书》卷三十三，第989页。
21 《晋书》卷五十一，第1417—1418页。

虎（359年葬）墓均未发现殡含与设握之物，367年之后下葬的王
企之、王建之夫妇、夏金虎墓又出现了滑石猪。老虎山颜氏家族
墓、郭家山温氏家族墓、司家山谢氏家族墓、高崧家族墓，常见
以石猪为握，只有高崧家族二墓在男棺发现玉猪，至于殡含之物，
南朝沈麟士遗言"不须沐浴含珠"，[22] 可见珠玉也是南朝常用的殡含
物，但东晋世家大族墓中此类物品还难以认定。绞衾的衣物不易
保存，各墓也无明确证据，不过南朝时"敛以时服"已成为通行
做法。南朝陈时，周弘直遗言"敛以时服，古人通制，但下见先
人，必须备礼，可着单衣裙衫故履"。[23] 总之，装敛礼仪在东晋初
年流寓士族中可能一度更加简化，东晋中后期至南朝，虽然古礼
有所回归，以石猪设握、敛以时服之类的俭约作风却已成俗。

（四）安魂

确认死亡后除了处理遗体，还有一套安魂仪式。如悬重让
魂神有所凭依。死者埋葬虞祭后，"重"换成"主"，供于庙中。
《通典》：

> 周制，士丧重，木刊悬之。……祝取铭置于重。重，主
> 道也。（杜佑注：始死未作主，以重主其神也。）……重既虞而
> 埋之。
> 宋崔凯云："斩木为重，形如札。……礼，既虞而作主，

22《南史》卷七十六，第1892页。
23《南史》卷三十四，第901页。

> 未葬未有主，故以重当之。礼称为主道，此其义也。"[24]

埋葬前除了悬重代表魂神，还要设灵床（又称神座、灵座）来安神：

> 王文明，宋太始末江安令，妻久病……寻亡。其后，儿女在灵前哭，忽见其母卧灵床上，貌如平生，诸儿号感，奄然而灭。（《述异记》）[25]
>
> （王济丧）孙楚雅敬济，而后来……哭毕，向灵床曰："卿常好我作驴鸣，我为卿作之。"（《晋书·王济传》）[26]
>
> 献之卒，徽之奔丧不哭，直上灵床坐，取献之琴弹之。（《晋书·王徽之传》）[27]

这些故事呈现灵床是无人的虚座，代表亡魂接受祭拜。奔丧人直上灵床坐，表现的是悲伤过度不拘礼俗的名士行为。

也有说凭几代表亡灵：

> 琅邪王骑之妻陈郡谢氏，生一男，小字奴子。经年后，王以妇婢招利为妾。谢元嘉八年病终，王之墓在会稽，假瘗建康东冈；既窆反虞，与灵入屋，凭几忽于空中掷地，便有嗔声，

24 （唐）杜佑：《通典》，北京：中华书局，1992年，第2275—2276页。
25 《古小说钩沉·述异记》，《鲁迅全集（第八卷）》，第301页。
26 《晋书》卷四十二，第1207页。
27 《晋书》卷八十，第2104页。

曰:"何不作挽歌?令我寂寂上道耶?"骋之云:"非为永葬,故不具仪耳。"[28]

葬后返回家中虞祭,是为了不使死者精神无所依。[29]凭几本应随葬封闭于墓室内,但这个故事怪异处在于,"凭几忽于空中掷地",说明当时人认为凭几也是亡灵附着之物。

那么亡灵应该与形体一样以墓为归,还是随着祭祀、以庙为归呢?

西晋末年,东海王司马越死后归葬东海途中,尸体为石勒所焚,王妃裴妃渡江后,欲招魂葬越,引发东晋初年一次激烈讨论。[30]宜招魂葬一派认为墓既藏形又安神:

魂堂几筵设于窆寝,岂唯敛尸,亦以宁神也。

礼祖祭是送神也。既葬三日,又祭于墓中,有灵座几筵饮燕之物,非唯藏形也。

宗庙是烝尝之常宇,非为先灵常止此庙也;犹圆丘是郊祀之常处,非为天神常居此丘也。

卜宅安厝,亦安神也。

神灵止则依形,出则依主,墓中之座,庙中之主,皆所缀意仿佛耳。

---

28 范宁校点:《异苑》,第58页。
29 《通典》卷八十七,第2368页。
30 《晋书》卷五十九,第1626页;《通典》卷一百三十,第2701—2704页。

非招魂葬这一派认为墓中之座无神，神依附于庙中的"主"，享受祭祀：

> 引墓中灵座为证，以形神本相依，而设座不谓灵可藏也。今无形可依，则当唯存于庙耳。组子奕附组意云："夫葬既下柩，将阖户还迎神反虞，则墓中之座无神可知。"
>
> 葬以藏形，庙以缭神。季子所云"魂气无不之"，宁可得招而葬乎！
>
> 然则冢圹之间有馈席，本施骸骨，未有为魂神也。若乃钉魂于棺，闭神于椁，居浮精于沉魄之域，匿游气于壅塞之室，岂顺鬼神之性而合圣人之意乎！

这些讨论反映了当时人对魂神归处并不确定，又兼古礼已失，新做法新解释层出不穷。

这场争论以元帝下诏禁止、同时默许裴妃招魂葬越为结果。此后招魂葬始终屡禁不绝。云南昭通后海子霍承嗣墓，被认为是通过招魂葬实现归葬的墓。墓主曾在云南和四川的地方政府和军中任职，先葬蜀郡，后归葬乡里。[31] 研究认为招魂葬与正常埋葬的区别，除了墓室内尸骨无存外，在图像配置、墓室设置以及墓志等方面存在一些与正常丧葬故意相反的行为。[32] 招魂葬符合东晋

---

31 胡振东：《云南省昭通后海子东晋壁画墓清理简报》，《文物》1963年第12期，第1—5页。

32 李梅田、李童：《魂归于墓：中古招魂葬略论》，《江汉考古》2019年第4期，第95—103页。

南朝战乱频仍，尸首无存、客死异乡的现实，也迎合了人们"归葬""合葬"心态，此俗到了隋唐，终于取得合法地位。[33]

（五）停丧启殡

《礼记·王制》："天子七日而殡，七月而葬；诸侯五日而殡，五月而葬；大夫、士、庶人三日而殡，三月而葬。"[34] 考古显示，这种古礼到了东晋世家大族那里已经改变。根据象山琅邪王氏墓的墓志，除了特殊墓例，多数墓主从死亡到下葬，不超过两个月，宋和之死后仅仅19天就埋葬了。而且渐渐形成"朝终夕殡，相尚以速"的风气，南朝徐勉上疏请依古礼实行三日大敛时这样描述：

> 《礼记·问丧》云："三日而后敛者，以俟其生也。三日而不生，亦不生矣。"顷来不遵斯制，送终之礼，殡以期日。润屋豪家，乃或半晷。衣衾棺椁，以速为荣。亲戚徒隶，各念休反。故属纩才毕，灰钉已具。[35]

装敛、殡期、墓室从简的同时，启殡至圹却颇为隆重。有挽歌送葬的礼俗：[36]

---

33 朱松林：《试述中古时期的招魂葬俗》，《上海师范大学学报（哲学社会科学版）》2002年第3期，第64—69页。
34 《十三经注疏》，第1334页。
35 《南史》卷六十，第1479页。
36 《通典》卷八十六，第2339页。

125

晋成帝咸康七年，杜后崩，有司闻奏，依旧选公卿以下六品子弟六十人为挽郎，诏又停之。

挚虞云："汉魏故事，大丧及大臣之丧，执绋者挽歌。"

宋文帝元嘉十七年，元皇后崩，诏停选挽郎。

前引志怪小说王骋之妻葬后魂神返家，责怪没有挽歌送行，也显示当时人对送葬的重视。贺循言送葬之礼："丧车前后四引，引十人，合四十人。十人一伥，合四十四人。皆素服白帢，伥手执练幡以部伍所主，禁欢呼嬉戏。四伥，一更主之也。"[37] 最高规格送葬礼仪如王导葬礼，御赐"九游辒辌车、黄屋左纛、前后羽葆鼓吹、武贲班剑百人"；[38] 桓温谢安有御赐"九旒鸾辂，黄屋左纛，辒辌车，挽歌二部，羽葆鼓吹，武贲班剑百人"。[39] 辌车曾是秦始皇的枢车，《宋书》记载：

汉制，大行载辒辌车，四轮。其饰如金根，加施组连璧，交络，四角金龙首衔璧，垂五采，析羽流苏，前后云气画帷裳，橘文画曲蕃，长与车等。太仆御，驾六白骆马，以黑药灼其身为虎文，谓之布施马。既下，马斥卖，车藏城北秘宫。今则马不虎文，不斥卖；车则毁也。自汉霍光、晋安平、齐王、贾充、王导、谢安、宋江夏王葬以殊礼者，皆大辂黄屋，载辒

---

37 《通典》卷八十六，第2338页。

38 《晋书》卷六十五，第1753页。

39 《晋书》卷九十八，第2580页。第2076页："（谢安）及葬，加殊礼，依大司马桓温故事。"

辌车。[40]

黄屋左纛是帝王的车辆,九旒是天子之旌,朝廷给朝臣赐羽葆鼓吹,在汉代也很少见。联想起同期贵族墓室中出现的陶牛车、仪仗俑陪葬组合,这一组合能成为晋制高等级墓葬最核心的物质象征、夸耀身份的符号,[41]应该与当时社会对送葬仪仗的重视不无关系,或者说二者来自同一社会氛围和观念渊源。启殡至圹这一路的隆重铺张,与墓室狭小、陪葬简陋,形成了互补。

(六)解注

丧葬活动要防止"被鬼下注"的做法,汉代就有,六朝依然盛行。王充《论衡·解除》载解除术是东汉盛行的民间巫术,早期天师道也有注鬼论和解注术。"注"既源于一般的疾病或传染病,又是一种与"鬼祟"相连的宗教观点,[42]认为鬼魂受不了死后审判煎熬,会回到有关系的生人身边,引发疾病或死亡,因此需要用"告"的行为,"断"生死,使死者不妨碍生者。

从考古遗存看,解注器似乎主要出土于北方。东汉至魏晋,北方地区发现的解注器大致有六种类型:以瓶为主的陶容器,以铅、铁金属为主的券版,圆雕石羊,以矿物为主的药物,以铅质为主的金属类比人形,以及印章(封泥),仅解注陶瓶就有至少230件,反映了早期道教六大解注法:章奏考召、告移、行符、用法印、用

40《宋书》卷十八,第501页。
41 齐东方:《中国古代丧葬中的晋制》,第357—359页。
42 张勋燎:《东汉墓葬出土解注器和天师道的起源》,第5—23页。

药物、假人代形。[43] 张勋燎认为这些遗存属于一种有经典理论、神系、法术仪式的高级宗教活动，不是简单零碎的民间巫术，背后应有一个宗教组织来推进。[44]

几乎同样时间，江南地区流行魂瓶（也称堆塑罐、谷仓罐），东汉至西晋也有二百余件出土，主要分布于古会稽区和古丹阳区，出自长江下游大中型墓葬，墓主多为江南士族阶层。魂瓶上的堆塑遍及人物动物、神仙祥瑞、庭院楼阁、佛像胡人，在墓中或与仓储明器在一起，或放在祭祀位置上，或单独摆放，对它的名称、宗教内涵与器物用途始终存在争议。大部分学者认为是五谷象征，代表粮食充盈，也有学者认为是镇鬼安魂、灵魂凭依的媒介，不过都肯定这是专门为丧葬准备的器物，有浓郁地域文化特色。[45] 魂瓶中部和堆塑动物头部，常常留有小孔，无法存放液体，储存功能存疑，而堆塑部分题材涵盖儒释道及庄园日常、乐舞百戏，因此许多研究围绕堆塑题材展开，甚至猜想小孔是灵魂归来的入口。[46] 这些角度固然说出了六朝信仰的某些面向，却很难触及魂瓶作为丧葬明器的实际用途。

张勋燎对道教解注器的认定是："凡是在墓中发现用于隔绝生死、人鬼，为死人解谪、生人除殃的器物，不论其器文中是否出现'注'字，有无文字，质地和形状如何，也都属于解注器的范

43　张勋燎：《东汉墓葬出土解注器和天师道的起源》，第4—258页。

44　张勋燎：《东汉墓葬出土解注器和天师道的起源》，第281页。

45　仝涛：《长江下游地区汉晋五联罐和魂瓶的考古学综合研究》，四川大学博士论文，2006年。

46　巫鸿：《早期中国艺术中的佛教因素（2—3世纪）》，《礼仪中的美术：巫鸿中国古代美术史文编》，北京：生活·读书·新知三联书店，2005年，第326—330页。

畴。"[47]他对东汉家族葬解注器的研究给我们提供了以下启发：第一，非正常死亡更需要解决注鬼问题。陕西潼关吊桥弘农杨氏家族墓，7座墓葬仅2座有解注器，其中M2墓主杨震，受冤自杀身死，墓中出土解注瓶5件，罐面书"中央雄黄利子孙安土"。[48]第二，砖室墓发展与家族合葬风气，使墓室需要多次打开，活人进入墓室更增加病菌感染（墓注）风险，因此放置盛有雄黄、雌黄、丹砂、曾青、礜石、五石等药物的解注瓶就成为每次开墓门埋葬的必要动作。[49]第三，相当数量的解注器出土于有财力的世家大族墓。[50]第四，墓注法术仪式的关键在于隔绝生死接触，最终都是为了保证生人平安。[51]

比较这些发现，很容易看到魂瓶与解注器的相似处：多出土于有实力的士族墓葬，不少来自长度8米以上大墓，往往出自非正常死亡者的墓室，丧葬专用，以利子孙。宜兴周墓墩的周处家族墓，一共发掘6座，只有二号墓发现一件飞鸟人物堆塑罐，罐上有龟、蛇、蜥蜴，口沿以上堆塑许多飞鸟和一个合手坐、深目高鼻的胡人。墓主骸骨经鉴定为孩童，此墓还出两件附有朱砂的云母片，全墓底砖上铺有一层半厘米厚的黑色细砂（或灰）。[52]二号墓是家族墓中宗教元素最明显的墓葬，也许正因死者是孩童，非正常死

47　张勋燎：《东汉墓葬出土解注器和天师道的起源》，第53页。

48　张勋燎：《东汉墓葬出土解注器和天师道的起源》，第309页。

49　张勋燎：《东汉墓葬出土解注器和天师道的起源》，第329页。

50　张勋燎：《东汉墓葬出土解注器和天师道的起源》，第307—308页。

51　张勋燎：《东汉墓葬出土解注器和天师道的起源》，第261页。

52　罗宗真：《江苏宜兴周墓墩古墓清理简报》，《文物参考资料》1953年第8期，第90—103页；《江苏宜兴晋墓发掘报告：兼论出土的青瓷器》，《考古学报》1957年第4期，第83—106页。

亡需要禳解。迄今发现的吴晋之间的魂瓶没有一模一样的，但多件刻有相似铭文，"用此丧葬、宜子孙、作吏高迁，众无极"，[53] 可见魂瓶作为丧葬明器，也是为了生人福祉。

古代社会疫病难控，掩埋死人、二次埋葬、盗墓都可能被传染，这是注鬼观念的现实来源，道教解注器盛放毒性强的药物杀菌，说明当时人对付墓中病菌已经形成一套经验，南北地区盛放药物的容器可能不同，容器上的装饰也可以随着信仰和风气发生变化，但丧葬中需要解决的实际问题是共通的。解注瓶里的药物经长时间挥发，今天能存留的很少，是否可以猜想，魂瓶也存放过类似药物，而小孔其实是便于挥发？

当然，丧葬活动中，佛道和本土俗神都可能具备禳解神力，南朝志怪宣教故事就争相表现这一点。墓葬遗存里的宗教元素，也许与当时人对教义的信仰和理解没有太大关系，更重要在于宗教丧葬服务的便利性。这从汉晋墓葬里的佛教元素已经有所表露。从教义上说，佛教不关心肉体埋葬，墓葬中出现佛像本身是一种亵渎，但东汉后期起，南北墓葬常常发现莲花图案和佛像，说明佛教传播的早期，民众只是把佛看作能降福镇邪的神灵。[54] 即便到了极为崇佛的南朝时期，修习佛教教理，践行佛教死亡观，与把佛看作降福镇邪的神灵，这几种行为都可能并存。沙门提供降福

---

53 全涛：《长江下游地区汉晋五联罐和魂瓶的考古学综合研究》，第61—64页。

54 何志国、李凡：《〈早期佛教初传中国南方之路〉京都中日学术讨论会综述》，《四川文物》1995年第1期，第75—80页；Bai Bin, "Religious Beliefs as reflected in the funerary record," in John Lagerwey and Lü Pengzhi ed., *Early Chinese Religion Part Two: The Period of Division* (*220 - 589 AD*) (Leiden: Brill, 2009), pp. 1012 - 1018。

镇邪的服务任何时候都受欢迎，根据一则东晋孝武帝司马曜暴毙的传说，孝武帝得罪了"天泉池神"，"乃请大沙门为斋夜转诵，见一臂长三丈来摸经案，甚怪之"。[55]许里和（E. Zürcher）注意到，编于431年的《秘阁四部书目录》，总数15074卷，皇家图书馆所藏佛经却不超过438卷，他说，"这反映了中国有教养的上层社会虽然爱好佛教思想和理论，但他们却从未认真地研究过佛教的权威经典。当竺法汰、支遁讲法时，法席上那数以百计的佛法爱好者，甚或是虔信的听众中间，究竟有没有人曾经精心读过或研究过那些正在讲解的佛经，这实在大有疑问"。[56]笔者以为，供奉宗教的实用心态，是理解世族墓葬宗教遗存的主要途径之一。

东汉以后，中原魏晋北朝墓葬中发现的解注器大大减少，初步统计仅有6批18件。[57]而吴晋南朝时期，南方地区除了铅人，没有发现解注器这样的道教随葬品，取而代之的是买地券、衣物疏和名刺。东晋初年之后，南方地区魂瓶也消失了。但是，既然为鬼所考的恐惧在六朝仍然盛行，丧葬中的镇墓压胜之术就不可能消失，只能考虑由于迁徙影响，宗教服务改变了方式。

（七）家祭与宗教祭祀

《通典》记载，灵柩至墓之前要先到祖庙告别先君，称"祖

55《建康实录》，第293页，案引自《图经》。

56 ［荷］许里和（E. Zürcher）著，李四龙、裴勇等译：《佛教征服中国》，南京：江苏人民出版社，1998年，第225页。

57 张勋燎：《中原和西北地方魏晋北朝墓葬的解注文研究》，张勋燎、白彬：《中国道教考古》，第351页。

奠",第二日设"遣奠"送灵柩适墓。[58] 葬后反虞,卒哭第二日,也要以亡者祔祭于祖庙。但东晋南朝宗庙衰微,以上仪式自然难以齐备。从东晋贺循与刘宋崔凯的仪式引导可知,当时人多在家中厅堂设祭:[59]

> 晋贺循云:"……今无庙,其仪:于客堂设亡者祖坐,东向;又为亡者坐于北,少退。平明持馔具设及主人之节,皆如卒哭仪。先向祖座拜,次向祔座拜,讫,西面南上伏哭。主人进酌祖座,祝曰:……自祔之后,唯朔日月半殷奠而已,其馔如来时仪,即日彻之。"

> 宋崔凯云:"祔祭于祖庙,祭于祖父,以今亡者祔祀之也。……今代皆无庙堂,于客堂设其祖座,东面,今亡者在其北,亦东面而共此馔也。若祖父母生存,无亡祖可祔者,当中一以上祔高祖父母姑也。"

六朝时,有官品的人才能建家庙,但有官品的人却不一定建家庙,也常以家中厅堂为设祭之所。殷仲堪问庾叡:"依《礼》,祭皆于宗子之家,支子每往助祭耳。又如吾家五等封,乃应有庙。今既无庙,而共家常以厅事为烝尝之所……"[60] 说明此时简化的家祭已经被大多数人采纳,而社会上也出现"祭祀无益"的说法,如苏韶亡灵曰:"死者时自发意念生,则吾所益卿也。若此自无情,而

---

58 《通典》卷八十六,第2329—2330、2334—2336页。
59 《通典》卷八十七,第2374—2375页。
60 《通典》卷五十二,第1445页。

生人祭祀以求福，无益也。"[61]

从志怪小说看，许多故事开始鼓励人们祭祀路边野鬼，"非其鬼不祀"的儒家伦理被打破。[62] 另一方面，最晚到南朝，佛道都开放宗教殿堂容纳民间祭祀。刘宋之后，度亡成为道教丧葬重要内容，无论天师、上清、灵宝，都关注死者在地下世界的死亡之旅，担心死者死后不得安宁导致鬼魂为害生者，并致力于救度死者。[63] 大约编于南朝的上章仪典《赤松子章历》"断亡人复连章"表现解注与度亡并存的请求：

　　具法位

　　上言：臣谨按仙科，今据某云："即日叩头列状，素以胎生下官子孙，千载幸遇，得奉大道，诚实欣慰。某信向违科，致有灾厄，某今月某日，染疾困重，梦想纷纭，所向非善。寻求算术，云亡某为祸，更相复连，致令此病连绵不止。恐死亡不绝，注复不断，阖家惶怖，恐不生全。"即日词情恳切，向臣求乞生理。辄为拜章一通，上闻天曹。伏乞太上老君、太上丈人、天师君门下主者，赐为分别。上请本命君十万人，为某解除亡人复连之气，愿令断绝。生人魂神属生始，一元一始，相去万万九十余里。生人上属皇天，死人下属黄泉。生死异

61　李剑国辑校：《新辑搜神记　新辑搜神后记》，第371页。

62　Robert F. Campany，"Ghosts Matter: The culture of Ghosts in Six Dynasties Zhiguai," *Chinese Literature: Essays，Articles，Reviews* 13（1991）：pp. 15 - 34.

63　Bai Bin，"Religious Beliefs as reflected in the funerary record," p. 1062。黎志添：《〈女青鬼律〉与早期天师道地下世界的官僚化问题》，黎志添主编：《道教研究与中国宗教文化》，香港：中华书局（香港）有限公司，2003年，第20页。

路，不得扰乱某身。又恐亡某生犯莫大之罪，死有不赦之愆，系闭在于诸狱，时在河伯之狱，时在女青之狱，时在城隍社庙之中，不知亡人某魂魄在何处，并乞迁达，令得安稳，上升天堂，衣食自然，逍遥无为，坟墓安稳，注讼消沉。某身中疾病即蒙除愈，复连断绝，元元如愿，以为效信。恩惟太上众真分别求哀。臣为某上请天官断绝亡人复连章一通，上诣太上某曹治。[64]

该章前半段请求断绝生死，后半段加入对亡人的度化，这与东汉《太平经》所说祭祀会阴兴伤阳、致邪、祭祀陌生鬼灵更加有害的"事死"观已经完全不同了。[65]

佛教加入度亡行列的记载见于《荆楚岁时记》："七月十五，僧尼道俗悉营盆供诸寺。"度亡的核心教义如《盂兰盆经》言，"汝母罪重，非汝一人所奈何，当须十方众僧威神之力"。[66]

祭祀方式改变往往喻示社会秩序发生变化。普鸣（Michael Puett）认为，儒家"祭如在"的重点不在于信不信鬼神，而在于假装有这么一回事所营造的礼仪空间，调整现实中混乱失序的人际关系。[67]六朝佛道服务取得空间，或与儒家刻意营造的礼仪空间

---

64 《道藏》第十一册，北京：文物出版社，上海：上海书店，天津：天津古籍出版社，1988年，第207—208页；吕鹏志：《唐前道教仪式史纲》，第218—219页。

65 王明编：《太平经合校》，北京：中华书局，1960年，第51—52页。

66 （南朝梁）宗懔撰，宋金龙校注：《荆楚岁时记》，太原：山西人民出版社，1987年，第57页。

67 普鸣（Michael Puett）的这一观点在近年多篇论文中提到："Combing the Ghosts and Spirits，Centering the Realm：Mortuary Ritual and Political Organizationin the Ritual Compendia of Early China," in John Lagerwey and Marc Kalinowski ed.，（转下页）

在现实中崩塌有关。宗教加入祭祀，在亡灵归祔亡祖的古礼之外另辟蹊径，概因东晋南朝民众身处战乱、疾疫、客死异乡的处境，丧葬活动不得不面对"无所归""归不去"、沦为孤魂野鬼的恐惧，宗教变革只是动荡时期文化心态转变的一种呼应。[68]

二、世家墓葬墓内祭祀空间

晋墓考古经常发现独榻、凭几、祭台或布施帷帐的陶座，围绕这个空座的器物组合，形成了一个祭祀空间。但也有许多墓不设灵座，如象山琅邪王氏墓群，在保存完好的六座墓葬中，除了M7，其余都没有灵座，祭器也极为简陋，最简只在棺前备一只青

（接上页）*Early Chinese Religion，Part One: Shang through Han*（*1250 BC – 220 AD*）(Leiden: Brill, 2009), pp. 695 – 720; "The Haunted World of Humanity: Ritual Theory from Early China", in Molina M. J. and Swearer D. K. ed., *Rethinking the Human*（Cambridge: Centerfor the Study of World Religions, 2010), pp. 95 – 111; "Economies of Ghosts，Gods,and Goods: The History and Anthropology of Chinese Temple Networks," in Fischer M. M. J., Aulino F., Goheen M., Tambiah S. J. ed., *Radical Egalitarianism: Local Realities, Global Relations*（New York: Fordham University Press, 2013), pp. 91 – 100; "Critical Approaches to Religion in China," *Critical Research on Religion* 1（2013): 95 – 101; "Ritual Disjunctions: Ghosts, Anthropology，and Philosophy," in Das V., Jackson M., Kleinman A., Singh B. ed., *The Ground Between: Anthropologists Engage Philosophy*（Durham: Duke University Press, 2014), pp. 218 – 233。

[68] 正如蒲慕州所说，任何宗教要在中国文化中取得一席之地，都必须要对付中国人心中危险的鬼灵，提供一定的解决办法。Mu-chou Poo, "Images and Ritual Treatment of Dangerous Spirits," in John Lagerwey and Lü Pengzhied., *Early Chinese Religion Part Two: The Period of Division*（220 – 589 AD）(Leiden: Brill, 2009), pp. 1075 – 1094。

瓷盘口壶。这一墓内祭祀组合，是否具有制度性的礼仪功能？

　　研究汉制的学者指出，汉墓墓内祭祀空间也是重要的礼仪空间，在葬礼前、葬礼中会对外开放，生人可进入墓室举行祭祀。黄晓芬认为墓内祭祀空间发达是汉墓从椁向横穴式室墓变化的重要原因，[69] 而施杰推测西汉诸侯王墓的前室或许根据皇家宗庙来设计，在墓室永久封闭之前，生人与死者可在这一平台上实现幽明沟通。[70] 就算是民间墓葬，东汉时期有些墓室在壁画完成之后和下葬之前，也会对公众开放，以供参观，这种做法可能与当时"举孝廉"制度有关，自营墓茔和漫长葬期既是"孝"的表现，也是展示时机。[71] 如陕西旬邑百子村东汉墓墓门外有题记："诸观者皆解履乃得入""诸欲观者皆当解履乃得入观此"。[72] 相比之下，晋墓这一空间大大缩减。耿朔认为，汉代双室墓演变为魏晋单室墓的重要原因，是墓内不再专辟空间供生人举行活动，最后送别仪式在墓外举行。[73] 如果说汉代耗资巨大装饰墓室的原因之一，是墓内祭祀空间有社交、展示、表演的需要，那么晋墓墓内祭祀空间的极度缩减，是否意味着它作为公共空间的功能被完全取消了？贺循《葬礼》对下葬礼仪有这样表述：

69　黄晓芬：《汉墓形制的变革：试析竖穴式椁墓向横穴式室墓的演变过程》，《考古与文物》1996年第1期，第49—69页。

70　施杰：《交通幽明：西汉诸侯王墓中的祭祀空间》，《古代墓葬美术研究》2013年第8期，第73—93页。

71　郑岩：《关于汉代丧葬画像观者问题的思考》，朱青松主编：《中国汉画研究》，桂林：广西师范大学出版社，2006年，第50—52页。

72　尹申平：《陕西旬邑发现东汉壁画墓》，《考古与文物》2002年第3期，第76页。

73　耿朔：《从双室到单室：魏晋墓葬形制转变过程中的一个关键问题》，第28—43页。

> 至墓之位，男子西向，妇人东向。先施幔屋于埏道北，南
> 向。柩车既至，当坐而住。遂下衣几及奠祭。哭毕柩进，即圹
> 中神位。既窆，乃下器圹中。荐棺以席，缘以绀缯。植翣于
> 墙，左右挟棺，如在道仪。[74]

说的是墓外祭奠，然后把器物移至墓中。至于"下器圹中"后，
还有没有地下部分的仪式，神座是否可有可无，贺循没有记录。
陈寅恪认为南朝前期文物制度轮转于北朝太和时代，最后成为隋
唐礼制不祧之远祖，与琅邪王氏家族（王俭）熟悉晋以来江左朝
章故旧、王肃北奔有莫大关系。[75] 因此这里先参考《开元礼》记载
三品以上官员埋葬入墓后仪式：

> 施席于圹户内之西。执绋者属绋于輴，遂下柩于圹户内席
> 上，北首，覆以夷衾。
> 輴出。持翣者入，倚翣于圹内两厢，遂以下帐张于柩东，
> 南向。米、酒、脯陈于下帐东北，食盘设于下帐前，苞牲置于
> 四隅，醯醢陈于食盘之南，借以版，明器设于圹内之左右。
> 掌事者以玄纁授主人，主人授祝，祝奉以入，奠于灵座，
> 主人拜稽颡。施铭旌志石于圹门之内，置设讫，掩户，设关
> 钥，遂复土三。主人以下稽颡哭，尽哀，退，俱就灵所哭。掌

---

74 《通典》卷八十六，第2346页。
75 陈寅恪：《隋唐制度渊源略论稿》，北京：生活·读书·新知三联书店，2001年，
　　第13—17页。

仪者设祭后土于墓左，如后仪。[76]

《大唐元陵仪》注：

> ……至玄宫，太尉奉宝绶入，跪奠于宝帐内神座之西，俯伏，兴，退。礼仪使以谥册跪奠于宝绶之西，又以哀册跪奠于谥册之西，又奉玉币跪奠于神座之东。并退出复位。礼生引将作监、少府监入陈明器，白幰弩、素信幡、翣等，分树倚于墙，大旅置于户内。陈布讫，并内官以下，并出羡道就位。[77]

唐礼的墓内祭祀只是少数人参与，大臣葬礼参与者是丧主与祝，皇室葬礼进入墓室对着神座行跪奠礼的，只有太尉和礼仪使。墓内仪式献给死者，但神座在仪式中仍然很醒目，否则掩埋于地下、与身份荣誉相关的宝绶、谥册、哀册、玉币等物便无处寄托。

文献中的礼仪，陈寅恪很早就指出，"皆有司之事，欧阳永叔谓之为空名，诚是也"。[78] 故而要了解魏晋转变时期江左丧葬礼制的实际运行，最好参照朝廷参与或督造的大墓。在江南已发掘的世家大族及皇室墓中，宜兴周氏家族墓M1、象山王氏家族墓M7、郭家山温氏家族墓M9、南京大学北园大墓恰好符合。下面具体分析这几座大墓。

76《通典》卷一百三十九，第3543—3544页。
77《通典》卷八十六，第2349页。
78 陈寅恪：《隋唐制度渊源略论稿》，第7页。

（一）四座代表朝廷礼仪的大墓

宜兴周氏家族墓M1。此墓位于宜兴周墓墩，双室穹窿顶砖墓，全长13.12米，宽4.36米，高5.18米。它的东北角有周王庙（周处祠堂），墓砖上刻"元康七年（297年）九月二十日阳羡所作周前将军砖""议曹朱选将功吏杨春工杨普作"，因而被认定为周处墓。[79]周处（241—297）是阳羡（宜兴）人，晋元康七年（297年）正月与羌人作战，死于北方。殉国后"追赠平西将军，赐钱百万，葬地一顷，京城地五十亩为第，又赐王家近田五顷"。[80]历史上关于周处葬地记录多处，但考古证实他最后归葬故乡，夫妇合葬，且由地方政府亲自督造其墓，名匠承建。[81]因此周处墓必然符合朝廷礼制，又添加了江南特色。

象山王氏家族墓M7。M7是已发掘象山王氏家族墓中最大、随葬品最丰富的墓，保存完整，也是家族墓中唯一没有墓志的。此墓是凸字穹窿顶单室砖墓，全长5.30米、宽3.22米、高3.42米，室内长3.90米、宽3.22米、高3.42米，三壁中间各砌一直棂假窗，上有壁龛，甬道中部设木门，保存完整。器物等级很高，发掘报告断代为东晋早期，猜测墓主可能是王廙。[82]近年有学者提出不同看法，认为墓中一件鞍马俑马镫造型、舶来品金刚石戒指、玻璃

79 罗宗真：《江苏宜兴周墓墩古墓清理简报》，第90—103页。
80 《晋书》卷五十八，第1571页。
81 罗宗真：《江苏宜兴晋墓发掘报告》，《考古学报》1959年第12期，第83—106页。
82 袁俊乡：《南京象山5号、6号、7号墓清理简报》，第23—41页。

杯等都要晚至刘宋，推测M7墓主是宋文帝驸马爷王藻。[83] 但此说有许多可商榷之处，例如，文章把象山王氏家族墓群分成三个区域：王彬正室及子孙、继室夏金虎及子孙（M6、M8、M9、M10、M11）、南朝墓（M7与M2）。事实上墓志清楚说明夏金虎只生一子王仚之（M8墓主），M9王建之与M11王康之都是王彬正室之后，M7与M2也没有任何共同处，三个区域划分以现有证据来看欠妥。再有，考证鞍马俑马镫造型、金刚石戒指、玻璃杯年代使用的二重证据法值得推敲：一方面文章提供对比的文物数量远远无法代表所讨论的广袤区域和时间跨度；另一方面文献也缺乏证据，作者只是找出史书记载的异域进贡品年份，将三件文物与其对应，做出年代猜测，然后又找出既是琅邪王氏又是皇室成员的人选，凭本传情节推导7号墓墓主是王藻，合葬二位女性，一是公主，一是王藻移情别恋的侍女。原发掘报告猜测墓主为王廙，也没有直接证据，但从墓室形制、器物类型定为东晋早期，还是比较可信的。

笔者认为，象山M7墓主既不能认定为王廙，更不能认为是王藻，但墓主是琅邪王氏成员，且地位很高，当无疑义。此墓墓室内陶牛车、俑、神座的安排井然有序，与其他王氏墓迥异，显然出于礼仪目的特设。缺少墓志或许因为墓上有碑，魏晋碑禁下只有特别身份的人才能立碑（这一点第五章详细论述），也说明墓主身份尊贵。

83　林梅村：《南京象山7号墓出土西方舶来品考：兼论公元5世纪中国与东罗马帝国之间的丝绸之路》，第75—89页。

南京大学北园大墓。全长8.04米，为带耳室的砖室墓，穹窿顶，由于主室顶残高仅余1米，未知是否有直棂假窗与灯龛。有两道木门，随葬龙虎羊形陶座，根据挖掘报告，随葬品与象山王氏墓M7很相似，贺循《葬礼》对所下明器的描述，"凭几一、酒壶二，漆屏风一，三谷三器，瓦唾壶一，脯一箧，屦一，瓦镈一，屐一，瓦杯盘杓杖一，瓦烛盘一，箸百副，瓦奁一，瓦灶一，瓦香炉一，釜二，枕一，瓦甑一，手巾赠币玄三纁二，博充幅，长尺，瓦炉一，瓦盥盘一"[84] 也大多能在墓中找到对应。[85]学界普遍认定此墓为东晋帝陵，只是墓主身份是元帝司马睿还是成帝司马衍，有不同推测。[86]

郭家山温氏家族墓M9。凸字单室穹窿顶，有木门，总长7.49米。墓室长3.96米、宽3.75米、高3.38米，三壁均砌直棂假窗和灯龛。墓中发现了温峤墓志。温峤死在武昌，初葬在豫章，峤后妻何氏死时，其子温放之"载丧还都，诏葬建平陵北，并赠峤前妻王氏及何氏始安夫人印绶"。[87]《通典》这条记载说明温峤归葬建康与始安夫人印绶的授予同时进行，皇帝亲自临丧，故推测迁葬仪式与墓室应符合朝廷礼制：

84　《通典》卷八十六，第2326页。

85　南京大学历史系考古组：《南京大学北园东晋墓》，《文物》1973年第4期，第36—50页。

86　吴桂兵推测是成帝与杜皇后合葬墓，随葬侧室是哀帝生母周氏；王志高推测是元帝与虞皇后合葬墓，随葬侧室是明帝生母荀氏。参见吴桂兵：《南京大学北园东晋大墓的形制、墓主及其他：两晋偏室墓研究之一》，《东南文化》2002年第9期，第35—42页；王志高：《南京大学北园东晋大墓的时代及墓主身份的讨论》，《东南文化》2003年第9期，第43—52页。

87　《晋书》卷六十七，第1795—1796页。

陈舒议至尊临温公夫人丧："按礼，天子哭诸侯则弁绖锡缞，哭大夫士则弁绖疑缞。此皆当时殡葬之闲服耳。今温公丧已久远，主人本应改葬之服，今之所服，大夫丧耳。天子于诸侯之妻，礼变。……"[88]

这四座墓全长都在5米以上，有如下共同特征（附表3），或可视为西晋末年至东晋初年（350年以前）最高等级墓葬的礼制参考：

1. 不起坟、不用玉衣。[89]

2. 有明显墓内祭祀组合，均有凭几独榻祭台或帷帐座的灵座，[90] 安放灵座的墓室都是穹窿顶，最高处在3至5米之间（南大北园东晋墓穹窿顶不存，只余残高1米），比同时期墓葬更高大，而穹窿顶一向被认为与墓内祭祀有关。

3. "洛阳因素"[91] 有可能是这时期江南高等级墓葬的身份标志。西晋时洛阳因素表现为双室穹窿顶，前后室之间有甬道，有一定数量的陶器随葬；周处归葬宜兴，造墓就是采用双室穹窿顶。东晋初年双室穹窿顶减省为长方形单室穹窿顶，均设直棂假窗与灯龛，如象山M7、温峤墓、南京大学北园大墓都是带甬道的单室穹窿顶。[92] 此后上层贵族多采用单室砖墓。

---

89 前辈学者认为晋制区别于汉制的最重要特征是不封不树，但墓上是否真无标志，笔者以为尚需探讨。参见俞伟超：《中国魏晋墓制并非日本古坟之源》，第362页。

90 温峤墓被盗严重，没有凭几，但其余几座温氏家族墓皆出陶凭几，故推测温峤墓也应有凭几。

91 "洛阳因素"的标准与提法，参见吴桂兵：《两晋墓葬文化因素研究》，第192—193、228—231页。

92 南京大学北园大墓有耳室，但从中轴线上看，仍是方形单室墓为主。

4. 疑为帝陵的南京大学北园墓在三座东晋墓中形制最大，甬道中有两道木门，而象山 M7 与温峤墓都是一道木门，更早时期的周处墓砌的是石门。甬道是否有门已被学界认定有等级意义。[93]

5. 根据考古报告，三墓的随葬品多有相似处，周处墓、象山 M7 与温峤墓发现相似的小釉陶壶，夏鼐推测可能是洛阳制造，赐葬时送来。[94] 这种小釉陶壶还在郭家山五号墓、[95] 仙鹤观 M6 发现，[96] 从未受盗扰的象山 M7 与仙鹤观 M6 看，该陶壶出土于女性墓主棺内。

6. 象山 M7 与北园墓都随葬陶俑，如齐东方所论，夸耀身份等级的随葬品（如牛车为中心的仪仗俑群出现）替代了对财富的重视，反映出世家大族追求等级的价值取向。[97]

7. 温峤墓有墓志，周处墓有砖志，制砖上刻写年份家乡官职工匠名称，是江南传统。其他二墓均无这两样，可知墓志或砖志在这一时期并非规定礼制，而是南北风俗。

值得注意是，南大北园东晋墓葬有三人，发现三只凭几，随葬品摆放显示，三人入葬时分别举行过隆重的祭祀仪式，拥有各自灵座；而象山 M7 保存完好，左中右棺木前都有各自的祭器，入口处只有一套独榻凭几组合，很可能此墓代表身份、符合礼制意义的葬礼只发生过一次，这也侧面印证男墓主不可能是南朝刘宋

93 蒋赞初：《南京东晋帝陵考》，《东南文化》1992年第4期，第98—99页。

94 夏鼐：《跋江苏宜兴晋墓发掘报告》，《考古学报》1957年第4期，第106页。

95 周裕兴、张九文：《江苏南京北郊郭家山五号墓清理简报》，《考古》1989年第7期，第603—606页。

96 王志高：《江苏南京仙鹤观东晋墓》，《文物》2001年第3期，第4—40页。

97 齐东方：《中国古代丧葬中的晋制》，第363页。

驸马王藻，如果是公主驸马合葬，至少应有显示二人身份的两套祭祀。

这四座晋墓在当年大葬典礼中，下器圹中后，应有过一个代表朝廷礼仪的祭奠仪式，像赠予温峤夫人的印绶，就应在此处最后陈设，所以代表亡灵的墓中神座是仪式的重要构成，必然存在。

从考古遗存看，大约在350年之后，穹窿顶忽然在高级晋墓中绝迹，被券顶替代。券顶相对比较低矮，如王丹虎墓与王闽之墓，下器圹中后一个成年人无法直起身子，两墓棺前仅有一至两只青瓷器，很难举行墓内祭祀。当然王丹虎与王闽之都没有官僚职务，入葬后不需要一个特别的官方祭奠，按照陆机写的《大暮赋》——"屯送客于山足，伏埏道而哭之，扃幽户以大毕，诉玄阙而长辞"，可知一般士族丧礼，送葬宾客在墓道举行哭仪，然后把棺木和器物送进墓室，把门关上，在门外与死者辞别。这样墓内祭祀空间只是埋在地下献给死者，略尽奠意即可，生人不必参与，神座也就可有可无。东晋初年招魂葬讨论，对墓中神座到底有神还是无神，争论不休，也可见大多时候生人并不参与神座前的奠仪。

（二）仙鹤观M6和温氏家族墓：葬有所归和违礼僭越

如果我们同意宜兴周氏家族墓M1、象山王氏家族墓M7、郭家山温氏家族墓M9、南京大学北园大墓某些共同特征具有礼制意义，那么与以上四墓相类但身份远远未及的仙鹤观M6、温氏家族墓，便值得重新审视。

仙鹤观M6属于广陵高崧家族墓，墓主被推测为高崧父母（高惺夫妇）。该墓也是凸字单室穹窿顶，有三面直棂假窗、灯龛，全长超过5米，最高处达3.44米；与象山M7、温峤墓、南京大学北园东晋墓不同在于，它缺少礼制意义的甬道木门和墓中神座。这座墓未经盗扰，棺内随葬极为丰富，东侧棺木内男墓主为朝服葬，但棺前无祭台神座，棺木前部仅出有瓷罐、瓷器盖等简单器物。[98]

　　作为晋墓中少见的5米以上、凸字单室穹窿顶大墓，仙鹤观M6经常与象山M7、温峤墓、南京大学北园东晋墓归为一类，以"墓主均身份极高"一语带过。但广陵高氏怎能与琅邪王氏相比，高悝的功勋也远远赶不上温峤。如前所述，高悝以纳妾致讼被黜，爵位亦被褫夺，死后高崧为之讼冤，停丧5年才下葬。高悝葬礼是安抚挫折、重振家族声誉的典礼，墓室建造（单室穹窿顶）与装殓（朝服葬、成组玉佩）的格外隆重，只能出自家族内部的安排。朝廷对高悝的葬礼不可能像对待周处、温峤那样加以殊礼，高悝墓甬道缺少有等级意义的木门，也说明该墓建造没有官方色彩。据发掘报告，"穹窿顶系从墓室侧壁、后壁底部中央直接向上斜砌成倒人字形，不同于这一时期其他墓葬先于墓壁底部砌一段裙墙，再于其上斜砌发券结顶的砌筑方法"。而且加砌了当时还很少见的棺床。但墓内神位与祭祀组合，却与象山王氏家族墓（除M7以外）减葬做法很相似，棺木前仅有一两件简单瓷器，无神位或祭台——采用单室穹窿顶的大墓形制，墓内却不设神座，也许正因为葬礼没有朝廷礼仪加持，墓内祭祀空间直接封闭于地下，献给死者。

98　王志高：《江苏南京仙鹤观东晋墓》，第4—40页。

关于这一点，还可以比较象山王氏家族墓 M7 与其余各墓的差别。象山王氏墓仅 M7 有秩序井然的仪仗、神位、祭台、陶瓷器祭祀组合，其余各墓均不见神位祭台（除了东晋末年夏金虎墓有祭台和陶凭几），墓的规模也有较大差距。M7 与其余各墓的区别正在于墓内祭祀空间是否完备。象山王氏家族墓各墓棺外一般只有一两件瓷器作祭，王丹虎墓棺木外仅一件青瓷盘口壶，M7 虽然规模、形制、随葬品都远远超过其余各墓，靠近男墓主棺木外也仅有两只青瓷盘口壶，将这种器形相近的青瓷盘口壶直接摆放在棺木前随葬，是琅邪王氏家族墓的独特葬法，延续到南朝齐王珪之墓仍未变。可以猜测，正是 M7 墓主身份特殊，葬礼获得朝廷礼遇，墓室内才加设仪仗俑、神座和祭祀组合，而其余王氏成员只依从家族丧葬惯例。

然则如果将墓例考察扩展到已发现的所有世家大族墓，会发现凸字形单室穹窿顶、有直棂假窗和灯龛、甬道设一道木门的墓，还有郭家山温氏家族墓 M10、M12。温氏家族墓墓内也设神座或祭台，是否能说温氏墓也是朝廷礼遇的结果呢？这里除了要将凸字形单室穹窿顶的墓例做横向比较，还要结合各家族墓的特性纵向考察。

已发表考古报告的郭家山温氏家族墓一共四座，凸字形单室穹窿顶的形制（M9、M10、M12）至少保持到泰和六年（371年），M13 为凸字形单室券顶，断为东晋晚期至南朝，各墓均有祭台，M10、M12、M13 都有陶凭几，M10 与 M13 发现龙虎形陶座，M10 与 M12 发现陶俑。从考古遗存看，M10 形制最大、随葬品最丰富，等级最高，故发掘报告认为是温峤墓，但很难解释温峤墓志出在M9的事实。韦正认为M9仍是温峤墓，M10是温峤长子温放之墓，由于时代不同和财力差异，M10形制更大是时代造成的。[99] 在没有更多证据前，笔者认同韦正看法。温峤归葬建康由温放之一手操办，也出于振兴门户的目的。

　　尽管温氏家族墓各墓均遭盗扰，现存的陶凭几、陶俑、龙虎形陶座以及陪葬品、墓葬规模，仍远超象山王氏家族各墓。这当然不是因为温氏家族地位超越琅邪王氏，更可能是温放之等人比照江东一世祖温峤墓来建造家族墓。据考古报告，"墓葬结构方面，M9与M13封门墙上部残缺，但M10与M12封门墙上部均设置假窗，这种结构不见于同时期的其他墓葬，具有族葬特征"。[100] 单室穹窿顶一直用到371年，也是家族内部制度影响的表现；同理，墓内设祭台、神位，或许还有陶俑与龙虎形陶座，可能也是效仿温峤墓。

　　或许应该问，温氏家族墓与高氏家族墓的墓葬形制、陶俑、龙虎形陶座、成组玉佩等陪葬是否超出了墓主身份？高氏家族墓M2是高崧夫妇合葬墓，除了由穹窿顶改为券顶，其规模、朝服葬、墓内无神位、将祭器直接放在棺木前的做法，与M6高悝墓一模一样，可视为族葬的有意安排。高悝高崧墓都发现成组玉佩，远远多于其他身份更高的墓葬，有学者指出：南方玉料极度匮乏，同期文献与墓葬发现的用玉传统都很少，高崧墓成组玉器出现需要从外部找原因。[101] 但因为高崧父子采用了朝服葬，所以研究者往往不

99　韦正：《南京东晋温峤家族墓地的墓主问题》。

100　岳涌、张九文：《南京市郭家山东晋温氏家族墓》，第22页。

101　邹忆军：《高崧父子生平考：兼谈南方士族墓葬的特殊性问题》，《东南文化》2000年第7期，第54页。

质疑用玉僭越的可能。

笔者以为，太原温氏和广陵高氏，在东晋初年都有从二流士族跻身一流的强烈愿望，温放之极力促成温峤归葬，高崧停葬父亲5年才风光入土，都是希望通过家族墓营建提升家族地位。蒲慕州研究汉代厚葬风气时观察到，所谓僭越的发生，往往因旧社会秩序崩溃，新秩序出现，"礼制—身份—财富"三者之间相对应关系变化而产生。[102] 研究晋制，一般只注重其减葬一面，很少提到僭越。然而据《晋书·礼志》，魏晋之际天下大乱，曹魏草创朝仪，西晋制定新礼，新礼执行过程需要讨论或变通。东晋偏安江左，"旧仪多阙"，朝廷虽然急于重建礼仪规制，却还顾不上管理违礼僭越的行为。研究东晋墓葬制度的韦正发现，由于国家控制力减弱，控制力重心只达社会上层，后世研究者就难以从普通墓葬归纳出明确的等级制度，"而且墓葬制度的松弛还进一步向社会的顶端延伸"，同时，"国家控制力量的减弱并没有带来家族墓葬制度等级的强化，反而带来整个社会墓葬制度的普遍减弱"。[103] 这一表述精确概括了东晋墓葬制度的特色。

以上所述家族墓各行其是，或是东晋初年礼崩乐坏，新出门户欲树立身份，"墓葬制度的松弛还进一步向社会的顶端延伸"的具体表现。在这种情况下，太原温氏、广陵高氏的家族墓可能比琅邪王氏更讲究身份，而琅邪王氏家族墓遵从的是自西晋王祥起就有的薄葬文化，不需要通过彰显身份的物品提升家族地位，反而

---

102 蒲慕州：《墓葬与生死：中国古代宗教之省思》，第194页。

103 韦正：《六朝墓葬的考古学研究》，北京：北京大学出版社，2011年，第288—289页。

更重宗教、文化上的回归。

三、丧服制度中的变礼与现实

魏晋南北朝是丧服研究最鼎盛时期，专治丧服者，达七十多家。[104] 这种活跃度既源于社会动荡不断涌现出的新情况，又是更迭的新政权急于恢复调整社会纲常秩序的需要。丧服深入日常生活，是确认人际关系最直接的手段，尤其北方士族南渡后，"家族之间亲疏关系，端赖丧服资识别，故丧服乃维系门第制度一要项"。[105]《通典》与《晋书》《宋书》《南齐书》《魏书》的《礼志》记录了当时朝廷大臣、礼学家对众多丧礼案例的热烈讨论，从中可见流寓士族面临的问题与应对之道。

首先，战乱隔绝父母子女，人子闻父母死讯却不得奔丧，也不能迎亡灵归葬，即便闻丧行服，也受清议所非，影响婚宦及生活正常化。蔡谟讨论过一个例子：

> 甲父为散骑侍郎，在洛军覆，奔城皋，病亡。一子相随，殡葬如礼。甲先与母、弟避地江南，闻丧行服，三年而除。道

---

104 《隋书·经籍志》，第919—921页；吴承仕著，秦青点校：《经典释文序录疏证》，北京：中华书局，1984年，第109页。

105 钱穆：《略论魏晋南北朝学术文化与当时门第之关系》，《钱宾四先生全集·中国学术思想史论丛》，台北：联经出版事业公司，1998年，第254页。

险未得奔墓，而其弟成婚。或谓服可除，不宜以婚者。[106]

王敦是尽快恢复社会秩序、制定权礼的倡导者，建武元年（317年）上言：

> 自顷中原丧乱，父子生乖，或丧灵客寄，奔迎阻隔。而皆制服，将向十载，终身行丧，非礼所许，称之者难，空绝娉娶。昔东关之役，事同今日，三年之后，不废婚宦。苟南北圮绝，非人力所及者，宜使三年丧毕，率由旧典也。[107]

晋元帝赞同王敦所议。同年欲除温峤为散骑侍郎，"峤以母亡值寇，不临殡葬，欲营改葬，固让不拜"。元帝召集了高层会议商议，自己亲作裁断，诏令以东关故事为依据，"限行三年之礼毕而除"，不得从未葬之例。[108] 所谓东关故事，指嘉平四年（252年）曹魏征吴，败于东关，战况惨烈，数万尸骸滞留吴境无法归乡安葬，曹魏于是颁制，人子服丧三年，期满除服，可正常婚宦。

以东关故事制定的权礼虽然得到皇帝诏令支持、温峤居丧受命为例，仍然受到传统观念强大抵制。左丞熊远议道："父母死河北贼中，如襄国、平阳，可依此制。若王化所被，人迹所及，可往而不往，非以笃孝道也。……不得漫依东关。"[109] 温峤居丧仕宦，

106《通典》卷九十八，第2624—2625页。

107《通典》卷九十八，第2627页。

108《晋书》卷二十，第640—641页。

109《通典》卷九十八，第2625—2626页。

更在士人中引发非议，始终受清议诟病——

《晋书·孔愉传》：

> 初，愉为司徒长史，以平南将军温峤母亡遭乱不葬，乃不过其品。至是，峻平，而峤有重功，愉往石头诣峤，峤执愉手而流涕曰："天下丧乱，忠孝道废。能持古人之节，岁寒不凋者，唯君一人耳。"[110]

《世说新语·尤悔》：

> 温公……迄于崇贵，乡品犹不过也。每爵，皆发诏。[111]

《搜神记·感应篇》收录温峤祖先温序归葬事：

> 温序字公次，太原祁人。任校尉，行部，为隗嚣所得，伏剑死。而世祖怜之，送葬到洛阳城旁，为筑冢。长子寿，为印平侯，梦序告之曰："久客思乡。"寿即弃官，上书乞骸骨，帝许之。[112]

温序伏剑而死一事，现存最早记录是《东汉观记》，《搜神记》增

110《晋书》卷七十八，第2052页。

111（南朝宋）刘义庆撰，（南朝梁）刘孝标注，杨勇校笺：《世说新语校笺》，台北：正文书局，2000年，第811页。

112 李剑国辑校：《新辑搜神记　新辑搜神后记》，第160—161页。

添了温序托梦思归故乡，长子辞官送父归葬的情节。六朝士人清谈戏谑常"上及祖考"，[113] 这条故事很可能就是当时人影射温峤违背传统丧葬伦理所编造的。

其次，东关故事只能解决孝子无法奔丧情况下的服丧问题，却解决不了父母不知所在、生死未卜的服制疑问。如贺循所议，"二亲生离，吉凶未分，服丧则凶事未据，从吉则疑于不存，心忧居素，盖出人情，非官制所裁也"。[114] 孝子若服长丧，不除服，祭祀与婚宦则不能进行，当时人忧虑"三千之责，莫大于不祀之痛。必俟河清而婚，或有绝嗣之门矣"。[115] 这个问题讨论不少，最后似乎也没有达成共识。发明的变通之法很多，有计算父母年岁，或以同邑里父辈同龄人死日为准，开始服丧。王华13岁在军中与父亲王廞走失，"以父存亡不测，布衣蔬食不交游，如此十余年，为时人所称美。高祖欲收其才用，乃发廞丧问，使华制服"。[116]

此外，战乱迁居也造成许多夫妻分离、家庭重组，前后妻身份安置成了问题，所生子女如何服丧？载入礼志的"王昌是否要为前母服丧"议，就产生于这一背景。

长沙人王毖汉末羁旅京师，正值吴魏分隔，王毖妻在吴，王毖仕魏为黄门郎，重又娶妻，生下王昌。太康元年（280年），闻前

---

113 （晋）葛洪：《抱朴子》，上海：上海书店，1986年，第146页。陆机与卢志起争执，称卢志为"鬼子"，也是来自卢氏祖上与清河崔氏幽婚的志怪传闻，参见李剑国辑校：《新辑搜神记 新辑搜神后记》，第590页。
114 《通典》卷九十八，第2627页。
115 《通典》卷九十八，第2629页。
116 《宋书》卷六十三，第1675—1676页。

母久丧，王昌提出是否要为前母服丧。西晋朝廷经过激辩，裁决"义无两嫡"，"昌故不应制服"。然而到了东晋太兴初年，干宝重议认为"礼有经有变有权"，"同产者无嫡侧之别"，只要有助于社会与家庭和睦，兄弟可以"交相为服"。[117] 这说明晋室南渡后这类案例增多，需要"变礼"来适应社会现实。

然则变礼的依据是什么？张焕君将魏晋南北朝丧服制度的特征归纳为"以情制服、以礼裁之"。[118] 的确，情感和儒家经典都是礼学家们引经据典的说理依据，但礼法争论本质上离不开权力之争。东晋初年招魂葬辩论，既可视为南北文化习俗的对抗，[119] 也是儒家经典面对社会失序的一次坚守。[120] 在元帝偏安江东、初登大位的动荡时刻，形神错置的礼仪空间，很容易被视为对正统礼制、朝廷重器的挑衅，如孔衍言："祭必立坛，不可谓神必墓中也。若神必墓中，则成周洛邑之庙，皆虚设也。"[121] 招魂葬之辩，争夺的其实是礼仪上的话语权。同样，两晋南朝服丧违礼贬议官员的记载，多见于清议。西晋时陈寿母亲亡故，"遗言令葬洛阳，寿遵其志，又坐不以母归葬，竟被贬议"。[122] 东晋时淮南小中正王式，父

---

117 《晋书》卷二十，第638页。

118 张焕君：《魏晋南北朝丧服制度研究》，清华大学博士学位论文，2005年，第207页。

119 朱松林：《试述中古时期的招魂葬俗》，《上海师范大学学报（哲学社会科学版）》2002年第2期，第64—69页。作者指出招魂葬是吴楚之俗，故北来士族以此为经学礼法之悖。

120 张焕君：《从中古时期招魂葬的废兴看儒家经典与社会的互动》，《清华大学学报（哲学社会科学版）》2012年第3期，第45—52页。

121 《通典》卷一百三，第3703页。

122 《晋书》卷八十二，第2138页。

死，继母回到前夫家，由前夫继子奉养终身，最后与前夫合葬。卞壶奏劾王式"生事不以礼，死葬不以礼"，以违礼付乡邑清议，终身废弃了功名。[123] 功劳大如温峤，也免不了因居丧仕宦被清议所非。避乱江东之初司马睿为左丞相，以刘隗任丞相司直，委以刑宪。刘隗上任弹劾数人，皆以丧服违礼之名，如世子文学王籍之（王羲之兄长）居叔母丧而婚；东合祭酒颜含在叔父丧嫁女；庐江太守梁龛明日当除妇服，今日请客奏伎；丞相长史周顗等三十余人同会。[124] 对王籍之的弹劾还牵连其岳父周嵩、叔叔王廙、王彬，[125] 结合东晋初年的政治权斗，显然对礼制的解释运用可以成为权斗工具，也是官场实用的政治修辞。事实上，符合礼制的服丧只有少数士族能做到，温峤执孔愉之手言道"天下丧乱，忠孝道废。能持古人之节，岁寒不凋者，唯君一人耳"，就是指这样的现实。《宋书·王弘传》表现王弘清恬守礼："时内外多难，在丧者皆不终其哀，唯弘固执得免。"[126] 琅邪王氏在东晋南朝以礼学传家，出过多位礼学大师，如开创王氏青箱学的王彪之及后人王准之、王逡之、王珪之、撰《古今丧服集记》的王俭、将江左礼仪传到北方的王肃，有政治作为的王氏子弟也多以守礼留名，如王彪之、王华、王弘、王俭等。琅邪王氏家族在频繁的政权更迭中始终处于超然地位，与其说有家传儒学道德熏陶之功，毋宁说礼学作为权威话语，被王家掌握。乱世中一般士族只能从权行事，丧礼能

123《晋书》卷七十，第1868—1869页。

124《晋书》卷六十九，第1835页。

125《通典》卷六十，第1690页。

126《宋书》卷四十二，第1312页。

得周全，才见一等世家的尊贵与积淀，家族政治地位与礼学声誉之间是互相成全的。

丧礼权变作为广泛社会现实，对传统儒家礼制的挣脱又使它被谈玄的名士主动收编。以名士风度崛起于士林的谢氏，就有过不遵礼的美谈：

> 　　王、刘共在杭南，酣宴于桓子野家。谢镇西往尚书墓还，葬后三日反哭。诸人欲要之，初遣一信，犹未许，然已停车。重要，便回驾。诸人门外迎之，把臂便下，裁得脱帻箸帽。酣宴半坐，乃觉未脱衰。[127]

谢尚叔父谢裒丧，葬后三日反哭，仪式才毕，王蒙、刘惔等人就邀他饮宴，双方都以不拘礼法为洒脱，显示了当时私人场合下更受欢迎更加真实的官僚士族言行与交往，这也是服丧的"礼玄双修"。[128]

四、文献中的"归葬"

学界旧有"六朝归葬沿袭汉代不改"的印象来自历史文献。细检文献里的"归葬"记载，南朝数量远超其他时代，三国、西晋

127　余嘉锡笺疏：《世说新语笺疏·任诞》，第748页。

128　唐长孺：《魏晋玄学之形成及其发展》，《魏晋南北朝史论丛》，石家庄：河北教育出版社，2000年，第324—325页。

也比东晋多，大致有以下几种情况：

第一，归葬乡里，或回乡丁父母忧，三国、西晋要比东晋多，如《三国志》记载，鲁肃本是临淮东城人，生而失父，与祖母居。后来到居巢（属庐江郡）追随周瑜，又随之东渡建业，在曲阿定居，但祖母亡时，仍为之归葬东城。[129] 陈寿不送母归葬被贬议，也可见直到西晋，汉代归乡里的旧俗仍然占据主流。但东晋以后，文献里践行此俗的多是原籍江南的士人。为人送归仍然是最值铭记的美德，如《南史》黔娄本传提到：梁台建，黔娄为益州刺史邓元起府长史，后元起死于蜀郡，部曲皆散，黔娄身营殡敛，携持丧枢归乡里。[130]

第二，"诏赐还葬"作为政治姿态或待遇被大量记载，尤其南朝时期。

天嘉元年（560年）陈文帝归葬梁元帝于江宁，诏曰："江宁既是旧茔，宜即安卜，车旗礼章，悉用梁典，依魏葬汉献帝故事。"[131] 帝王归葬武进、宗室葬建康本是梁朝制度，故梁元帝萧绎即位前先派人去武进谒陵、修复社庙，再送简文帝萧纲归葬武进庄陵。而陈文帝为梁元帝行安葬大典，故意以江宁旧茔为归葬之所，显然也是一种政治姿态。

南朝帝位、朝代更迭频繁，皇室父子兄弟手足相残惨烈，让失败身死者礼葬旧茔，能塑造当权者的政治形象、表达政治态度。刘裕次子刘义真在继位斗争中为徐羡之所杀，宋文帝刘义隆继位

129《三国志》卷五十四，第1267页。
130《南史》卷五十，第1245—1246页。
131《陈书》卷三，第50页。

后，诏"追复先封，特遣奉迎，并孙修华、谢妃一时俱还"。[132] 刘裕第四子刘义康被宋文帝刘义隆杀，以侯礼葬安成。宋孝武帝时，义康女玉秀等上奏"乞反葬旧茔……诏听，并加资给"。[133] 刘裕第六子南郡王刘义宣叛乱失败，狱中被迫自杀，宋孝武帝许他"还葬"。[134] 宋文帝刘义隆第十子刘浑因自号楚王被孝武帝逼令自杀，先葬襄阳，后许他还葬母江太妃墓次。宋建平王刘景素兵败被斩，葬京口，"至齐武帝即位，下诏曰：'宋建平王刘景素，名父之子，虽末路失图，而原心有本。可听以礼葬旧茔。'"[135]

大臣或其亲属得到诏赐还葬，也是一种政治优遇。如东晋朝廷准许温放之所请，载温峤丧还都，诏葬建平陵北。颜竣母亲死在儿子外任州上，孝武帝不许颜竣辞职，但准丧还都。后来颜竣彻底失去君心，孝武帝使人参他，历数他获得的荣耀就包括"诏赐还葬"。[136]

第三，南朝士人的薄葬遗言，常要求"还葬旧墓"，这与汉代薄葬遗言常有"不归本墓"不同。如刘杳、刘歆兄弟临终遗言都有这个要求。刘杳："敛以法服，载以露车，还葬旧墓，随得一地，容棺而已。不得设灵筵及祭酹。"[137] 刘歆作《革终论》："气绝不须复魂，盥漱而敛。以一千钱市成棺，单故裙衫，衣巾枕履。此外送往之具，棺中常物，一不得有所施。世多信李、彭之言，

---

132 《宋书》卷六十一，第1638页。
133 《宋书》卷六十八，第1797页。
134 《宋书》卷六十八，第1807页。
135 《南史》卷十四，第402页。
136 《宋书》卷七十五，第1965页。
137 《南史》卷四十九，第1224页。

可谓惑矣。余以孔、释为师，差无此惑。敛讫，载以露车，归于旧山，随得一地，地足为坎，坎足容棺。不须砖甓，不劳封树，勿设祭缋，勿置几筵。其蒸尝继嗣，言象所绝，事止余身，无伤世教。"[138]

太中大夫琅邪王敬胤以天监八年（509年）卒，遗命："不得设复魄旌旗，一芦蕣藉下，一枚覆上。吾气绝便沐浴，篮舆载尸，还忠侯大夫隧中。若不行此，则戮吾尸于九泉。"[139]

谢安九世孙谢贞临终告族子凯曰："得还侍奉，守先人坟墓，于吾之分足矣。……气绝之后，若直弃之草野，依僧家尸陀林法，是吾所愿，正恐过为独异耳。可用薄板周身，载以灵车，覆以苇席，坎山而埋之。……可三月施小床，设香水，尽卿兄弟相厚之情，即除之，无益之事，勿为也。"[140]

颜之推在《颜氏家训》里自述"终制"：一是遗憾父母灵柩旅葬江陵，一直没能归葬建业旧山。二是交代自己气绝之时，"沐浴而已，不劳复魄，殓以常衣。……松棺二寸，衣帽已外，一不得自随，床上唯施七星板；至如蜡弩牙、玉豚、锡人之属，并须停省，粮罂明器，故不得营，碑志旒旗，弥在言外。载以鳖甲车，衬土而下，平地无坎；若惧拜扫不知兆域，当筑一堵低墙于左右前后，随为私记耳。灵筵勿设枕几，朔望祥禫，唯下白粥清水干枣，不得有酒肉饼果之祭。亲友来馈酹者，一皆拒之"。并交代四时祭

138《南史》卷四十九，第1225—1226页。
139《南史》卷四十九，第1226页。
140《陈书》卷三十二，第428页。

祀不得杀生，可斋供及七月半盂兰盆。[141]

姚察仕梁、陈、隋三朝，大业二年（606年），终于东都。遗命："吾意敛以法服，并宜用布，土周于身。又恐汝等不忍行此，必不尔，须松板薄棺，才可周身，土周于棺而已。葬日，止粗车，即送厝旧茔北。……瞑目之后，不须立灵，置一小床，每日设清水，六斋日设斋食果菜，任家有无，不须别经营也。"[142]

这些遗嘱在装敛、送丧、墓室营建、祭祀等环节一概要求简化或省略，除颜之推难以归葬江南祖茔外，余者都要求归葬旧山。刘杳、刘歊、谢贞、颜之推、王敬胤、姚察都是信佛人士，南朝梁、陈时期上流社会崇佛风气鼎盛，史书留下这批人的薄葬遗嘱，也许不能算是个别现象，至少说明当时社会的确存在这股风气。朝廷礼法对这种做法基本持肯定态度，只对竹席裹尸、不用棺木、直弃于土坑中的殡葬之法稍有疑义，认为有违孝子奉亲之情。天监八年（509年）《报阮研言王敬胤遗命诏》曰：

> 敬胤令其息崇素，气绝便沐浴，借以二芦藤，凿地周身，归葬忠侯。此达生之格言，贤夫玉匣石椁远矣。然子于父命，亦有所从有所不从。今崇素若信遗意，土周浅薄，属辟不施，一朝见侵狐鼠，戮尸已甚。父可以训子，子亦不可行之。外内易棺，此自奉亲之情，借土而葬，亦通人之意。宜两舍两取，以达父子之志。棺周于身，土周于椁，去其牲奠，敛以时服。

141　王利器：《颜氏家训集解》，北京：中华书局，1996年，第598—602页。
142《陈书》卷二十七，第352—353页。

> 一可以申情，二可以称家。礼教无违，生死无辱，此故当为安
> 也。"[143]

这与谢贞、姚察欲从僧俗葬，又恐子孙有违儒家礼俗的遗言是一致的。佛教葬俗本不重肉体，五世纪时多名僧人曾以火葬"舍身"弘法。[144] 中古时期北方贵族也不乏以佛教礼俗入葬，西魏文帝皇后乙弗氏"凿麦积崖为龛而葬"，东魏大丞相高欢有石室瘗窟，一些奉三阶教的俗人实施了林葬，做法是先弃尸林间，再收骨起塔，如终南山禅师塔侧的俗人墓塔。[145] 但终南山禅师塔侧的信众墓不少还是家族墓地与夫妇合葬，佛教成为家族信仰后，反而成为家族的纽带。在北方，现存佛教造像中还能看到不少阖家、合族、依亲缘关系组成的造像群体，[146] 南北朝时期生者为死者追福，为亡者造像日期也开始与七七法事挂钩。[147] 刘淑芬认为，即便某些佛教徒愿意采用"血肉施生"的林葬，他们仍是受儒家思想的影响，将林葬解释为一种"孝"的行为，唐代僧人法琳就写文章辩称林葬"无违忠孝"，佛教的孝是大孝，另一种"慎终追远"。[148]

---

143 《南史》卷四十九，第1226页。

144 （南朝梁）释慧皎撰，汤用彤校注，汤一玄整理：《高僧传》，北京：中华书局，1992年，第445—457页。

145 刘淑芬有多篇论文谈及北方佛教丧俗，《林葬——中古佛教露尸葬研究之一》，《石室瘗窟——中古佛教露尸葬研究之二》，《唐代俗人的塔葬》，见《中古的佛教与社会》，上海：上海古籍出版社，2008年，第183—243、244—289、290—316页。

146 侯旭东：《五、六世纪北方民众佛教信仰：以造像记为中心的考察》，北京：中国社会科学出版社，1998年，第94页。

147 侯旭东：《五、六世纪北方民众佛教信仰：以造像记为中心的考察》，第251页。

148 刘淑芬：《中古的佛教与社会》，第239—240页。

总之，薄葬与归葬在南朝礼俗上并不冲突，反倒结合形成一种独特的、表达家国情怀的崇高修辞，如南朝梁时杨公则受命北伐，报病屯洛口，临行壮言"马革还葬，此吾志也"。[149]

第四，"归葬"往往也是战乱中颠沛流离者的心理补偿。谢贞14岁丧父，16岁遇侯景之乱，江陵陷落，流落北方二十多年才得返回江南，其间母亲在寺院出家，靠族兄謇供养。谢贞在北周曾为赵王侍读，"每独处必昼夜涕泣"，赵王"知贞母年老，远在江南，乃谓贞曰：'寡人若出居藩，当遣侍读还家供养。'"[150] 后来谢贞果然在赵王帮助下南归。故他临终有"得还侍奉，守先人坟墓，于吾之分足矣"的感慨。颜之推也是梁末战乱流落到北方，仕北齐北周，南归未成，终身牵挂父母旅葬江陵，没有归葬建业旧山。

殷不害祖籍陈郡长平，仕梁元帝在江陵，西魏平江陵，不害母亲身亡，权殡江陵，不害入长安，"自是蔬食布衣，枯槁骨立，见者莫不哀之"。其弟不佞，先仕梁为武康令（今浙江湖州市一带），魏平江陵时道路隔绝，不能奔母丧，"四载之中，昼夜号泣，居处饮食，常为居丧之礼"。后陈武帝即位，除娄令（今江苏昆山一带），才由第四兄殷不齐自江陵迎母柩归葬，不佞又守丧3年，"每岁时伏腊，必三日不食"。[151] 从史书记载看，他们母亲的归葬并不与故乡或生前生活的江陵相关，反倒跟随儿子的境遇与立足地。

第五，北方流寓士族后代在南朝，所言"归葬旧山"一般指南渡后的江东祖茔。比如颜之推虽然身在北朝，念念不忘的祖茔

149《南史》卷五十五，第1367页。

150《陈书》卷三十二，第428—429页。

151《南史》卷七十四，第1849—1850页。

仍在建业（考古在南京老虎山也发现颜氏家族墓）。刘悛墓在秣陵，梁时他的后人就归葬于此。[152] 王廙曾孙王裕之隐于吴兴，元嘉二十四年（447年）薨于余杭舍亭山。后来孙子王秀之感慨祖父先见之明，"无复仕进，止营理舍亭山宅，有终焉之志。及除吴兴郡……到郡修旧山，移置辎重。隆昌元年（494年）卒，遗令'朱服不得入棺，祭则酒脯而已。世人以仆妾直灵助哭，当由丧主不能淳至，欲以多声相乱。魂而有灵，吾当笑之'"。[153]

总之，六朝文献中的"归葬"虽然没有中断，但其中心态、做法、政治意义、象征性比起汉代，已经发生了变化。"归葬"更多作为一种政治态度、维系家族的纽带或战乱时期的心理补偿，而非为故土难离的牵绊被提及、被践行。

五、小结

曹魏、西晋几代帝王以遗令的形式强调薄葬，开启了中国历史上很特殊的简丧薄葬时代，[154] 这一自上而下的丧礼革新，经由士族永嘉南渡，进一步演化，渐成习俗，表现为装敛、墓室、墓祀简

---

152 《南史》卷五十，第1240页。

153 《南史》卷二十四，第652页。

154 薄葬的原因一般认为是战乱频仍，经济萧条，恐惧盗墓，生死观发生变化，产生了厚葬无益于死者的观念。陈华文、陈淑君：《论魏晋南北朝的薄葬理念及社会意义》，《广西民族大学学报（哲学社会科学版）》2014年第5期，第99—104页；齐东方：《中国古代丧葬中的晋制》。魏晋薄葬特点是短丧、不封不树、明器减少，参见韩国河：《论秦汉魏晋时期的厚葬与薄葬》，《郑州大学学报（哲学社会科学版）》1998年第5期，第100页。

化，短丧，家祭替代庙祭，服丧从权变礼，宗教度亡兴起，等等。我们讨论"丧、葬、祭"某些环节的礼俗变革，离不开背后的移民心态。

苏韶亡灵故事，是移民社会对"鬼何所归"的探讨，可视为关于死后世界的集体疑问。魂神归处的多样性总是更接近鬼神观的真实面貌。巫鸿曾指出马王堆汉墓是"多中心"结构，死者有四个不同的生存空间——宇宙、阴间、仙境和阴宅，坟墓建造者提供了一切关于死后的答案，却没有把这些答案连缀成一个完整的系统。[155]鬼神观的不确定为宗教服务提供了更广阔空间，本土俗神与佛道都争相表现禳解之力以争取信众。六朝鬼故事显示，当时人可能对死后归所的想象含混不清，却很清楚人鬼沟通之时哪些方式合适有益，哪些方式错误有害。无名骷髅何时能祟人，何时能治病，完全取决于活人有没有采用"对"的方式去处理。因此对世族墓葬宗教遗存的解释应从实用角度，提供服务的个人或组织、急需处理的丧葬传统，都比信奉的教义更重要。

同样，礼仪之辩也离不开权力之争。东晋初年招魂葬争论，就是一场礼仪话语权的争夺，魂神是否以墓为归并不重要，但归于庙或归于墓的礼仪，却能规范生人世界的政治秩序，久而久之，也能塑造死后想象。丧服制度的讨论也是如此，拘泥礼制的清议与违礼风气同时并存，褒贬因人而异，"礼"可以成为划分人群、圈子的工具。张焕君认为，丧服制度在魏晋南北朝最重要的变化

---

155 巫鸿：《礼仪中的美术：马王堆再思》，《礼仪中的美术：巫鸿中国古代美术史文编》，第121页。

是，尊尊原则被亲亲消解，即丧服制度原本通过降服强调嫡庶、身份之别，突出父统，确立宗子与国君的尊崇地位，从而确立宗族与国家的至高无上，而魏晋南北朝的心丧制度使降服形同虚设，母亲地位、以家庭为主干的小宗地位得以上升，亲亲之道更强调血缘、恩情，注重家族内部秩序。[156] 这一变化与宗庙式微，家祭兴起，以及前几章观察到的以房支为归的聚葬安排是相呼应的。迁移改变原有生活方式，宗族、朝廷对个人的控制与影响下降，家族血缘便成为乱世里的归依。

晋墓比起汉墓，墓内祭祀空间缩减。如果说汉墓出于孝道或礼仪的目的，在建成前后有"显"的需求，那么在晋墓中，"藏"重新成为墓葬的主要功能。除了朝廷监制下、有等级意义的大墓，大多墓葬这一空间只是封闭在地下献给死者，墓室的礼制作用弱化了。当然，丧礼中显示家族身份地位的隆重仪式可能主要在墓外进行，墓室减省，未必说明丧礼整体礼制的弱化。观察丧葬礼仪的演变为思考与理解古代社会秩序、时代感增添了途径。有学者观察到，西汉到东汉，墓葬所用礼器发生变化，代表庙堂礼器的陶质鼎、盒、壶组合被代表饮食之奠的案、盘、杯、勺取代，其根本原因或是东汉强调吏治，职位重要性超过贵族身份，礼仪活动的等级依据被改变，庙堂之祭衰落了。[157] 东晋时陶牛车仪仗俑组合成为随葬核心，也透露时代风气的又一转变：墓室不安全，财富随葬无益死者，夸耀身份等级的礼仪更重象征性，主要在启殡

---

156 张焕君：《魏晋南北朝丧服制度研究》，第207—208页。

157 韦正、方笑天：《两汉墓葬陶礼器的变化与原因试探：两汉之变之一端》，《古代文明（辑刊）》2022年第14期，第83—92页。

送葬途中完成，由不留下物质遗存的辒辌车、挽歌班剑、羽葆鼓吹、送葬前后引等等来表现，这也是"晋制"所见高级墓葬物质遗存显得极度简化的原因。晋人不再像汉人那样，以墓室为永久归所，不再执着于埋葬地点、墓室内部营造、复制在世生活方式，晋人注重"归"的象征意义，拓展了"归"的内容并使之抽象化，这是由战乱盗墓的时代背景、移民社会的现实条件、玄学兴起、心丧制度推行等方方面面合力推动的。

另外，葬有所归仍是很有用的政治修辞，高崧与温放之都用过它，为父归葬建立起来的新祖坟，是江东家族势力的象征。在宗族、朝廷控制力下降、礼制混乱的社会转型期，每个家族都发展自己的族葬特色，新出门户急于提升地位，其中的违礼僭越很难被追究。研究"晋制"，往往过于强调薄葬，而忽略了厚葬一面。此时文献中的"归葬"，更多表达一种政治态度或家族纽带，而不再是人与故土的牵绊。

第五章

"归"的象征意义

在汉代，归葬的去向比较固定清晰，只有实现途径不同；六朝战乱迁徙频仍，终极归处多元、不确定，哪里是"归处"，需要诠释。"归"可以作为价值观，独立于故乡、祖坟之外。

即便不与"葬"相联，古文中"归"也通"鬼""馈"，指人生终点、饮食祭祀。《说文解字》："人所归为鬼。"《礼记·祭义》："众生必死，死必归土，此之谓鬼。""归"还有返回、回家、依附、女子出嫁的意思。因此"归"是一个将生与死联系起来的字眼，无论人还是鬼，"有所归"都是中国文化的终极追求，反映了中国古人的秩序感与价值观。戴梅可（Michael Nylan）观察到，陶渊明以前的诗人，总是徘徊在失去故乡、与亲友爱人分离、流放异乡的痛苦与不安全感中，而陶渊明却极力表达归家喜悦——"归"并不一定要回到出生长大的故乡，更重要的是回到一个能激发想象和情感的社群。[1]

这时候,"归"已经不是单纯葬地,而演变成为权力归属、身份认同、文化归属。那么,六朝士族在迁徙、建立新社会过程中,如何重新诠释、定义"归"?发明了哪些与新社会相适应"葬有所归"的礼仪?他们的生活方式、审美、艺术与"归"的象征意义之间如何互相形塑?

一、吊唁、诔碑、墓志铭中的士族交游圈

所谓"葬有所归",从文化上讲,是通过营葬让死者与生者都再一次确认自己的身份归属。即使在当代中国,甚或其他地区,不同文化,借丧礼以展示社会权力关系的方式似乎是人类社会的通性。宜兴周氏是江左强宗豪族,周处子周玘"率合乡里义众",三定江南,"宗族强盛,人情所归";玘弟周札"一门五侯,并居列位,吴士贵盛,莫与为比"。仅他们的侄儿周莚丧母,就"送者千数",使王敦忌惮。[2]周氏家族墓现已发掘,证实周处也是归葬乡里,周玘兄弟或陪葬于此。相比之下,失去乡里基业的南渡世族,不管葬在建康还是求田问舍的新土地上,营葬重点还是世族圈关系,而非乡里势力。这从吊唁、诔碑、墓志铭的传世及考古史料

1　Michael Nylan, "Semi-detached Lodgings: the Pleasures of Returning Homein Tao and Su," *The Chinese Pleasure Book* (New York: Zone Books, 2018), pp. 317 – 372.

2　《晋书》卷五十八,第1572—1575页。

中可以窥见。

吊唁从广义上说，不论什么身份都可参与。《晋书》：

> 石垣字洪孙，自云北海剧人。居无定所，不娶妻妾，不营产业，食不求美，衣必粗弊。或有遗其衣服，受而施人。人有丧葬，辄杖策吊之。[3]
>
> 彝为韩晃所害，泾令江播豫焉。温时年十五，枕戈泣血，志在复仇。至年十八，会播已终，子彪兄弟三人居丧，置刃杖中，以为温备。温诡称吊宾，得进，刃彪于庐中，并追二弟杀之，时人称焉。[4]

隐士石垣靠吊唁寄食于不同丧家，桓温为父亲复仇，伪装成"吊宾"，手刃仇人之子。可见这项活动丧主开门纳客。但当时世族圈所关心的吊唁活动，还是在熟人之间，是重要的品评人物、调节关系的舞台。如王祥丧礼"门无杂吊之宾。族孙戎叹曰：'太保可谓清达矣！'"[5]谢鲲丧礼，"丹杨尹温峤吊之，尚号啕极哀。既而收涕告诉，举止有异常童，峤甚奇之"。[6]谢尚此时才十几岁，年幼势单，得到温峤一顾，是难得的机遇。许多名士、孝子，都是在宾客吊唁时崭露头角。

吊唁固然可区分亲疏远近尊卑，但更重要的是，它共享同一身

---

3 《晋书》卷九十四，第2452页。
4 《晋书》卷九十八，第2568页。
5 《晋书》卷三十三，第990页。
6 《晋书》卷七十九，第2069页。

份人的文化密码。这是中国文化对礼的另一层理解。《世说新语》收录多则吊唁故事，说明吊唁时因情越礼的行为，并不被视为不可原谅的逾矩，反倒是风雅美谈，如王珣哭谢安。[7] 只有不尊重这一圈层文化，才算真正越礼。王述丁母忧在会稽，王羲之"止一吊，遂不重诣"，[8]（一说"屡言出吊，连日不果。后诣门自通，主人既哭，不前而去，以陵辱之"[9]）遭到王述终身衔恨。固然可从江南风俗重吊唁解释王述的怨怒，[10] 但从流寓大族身份上理解更为合理。葬在建康之外，却以世家大族交游圈为身份所归，这种情况相当普遍，持续好几代人。王廙孙子王随之任上虞令，葬在上虞，他的妻子也归葬上虞。王随之第二子王弘之，以会稽为家，筑室始宁，隐居超过三十载，但交游仍是谢灵运、颜延之等人。《南史》本传记载谢灵运写给庐陵王义真笺，介绍王弘之等人的隐逸事迹，说明王弘之没有离开过建康世族圈的关注。王述利用会稽任官获得新的落脚点，将母亲葬在会稽，但甲族高门交游圈的认可，才是他期待的真正归属。

其次，诔文也是士族交往的重要媒介。诔是临丧之文，原要在赐谥之仪上宣读。《文心雕龙·诔碑》："诔者，累也。累其德行，旌之不朽也……又贱不诔贵，幼不诔长。……论其人也，暧乎若可觌，道其哀也，凄焉如可伤。此其旨也。"六朝早已打破"贱不诔贵、幼不诔长"的传统，也不必依谥而立，不用在丧礼上诵

7　余嘉锡笺疏：《世说新语笺疏·伤逝》，第644页。

8　《晋书》卷八十，第2100页。

9　余嘉锡笺疏：《世说新语笺疏·仇隙》，第928页。

10　《颜氏家训·风操》："江南凡遭重丧，若相知者，同在城邑，三日不吊则绝之。"

读。[11] 诔既可以是官方旌表，如颜延之奉命写的《阳给事诔》，也可以是文士唱酬之作，如《陶征士诔》，所谓"诔无定制"。[12] 死者身后诔的数量与质量，能反映生前交游，也被纳入品评人物的参考。《晋书·郗超传》：

> 凡超所交友，皆一时秀美，虽寒门后进，亦拔而友之。及死之日，贵贱操笔而为诔者四十余人，其为众所宗贵如此。[13]

诔文既然人人可写，难免有人利用它自抬身价、攀附权贵。如孙绰为庾亮作诔曰："谘予与公，风流同归。拟量托情，视公犹师。君子之交，相与无私。虚中纳是，吐诚悔非。虽实不敏，敬佩弦书。永戢话言，口诵心悲。"庾亮第三子庾道恩读完，慨然送还之，曰："先君与君，自不至于此。"[14] 孙绰为王蒙作诔："余与夫子，交非势利，心犹澄水，同此玄味。"王孝伯见曰："才士不逊，亡祖何至与此人周旋！"[15]

也有不愿意轻易作诔的：

> 弘之元嘉四年卒，颜延之欲为作诔，书与其子昙生

---

11 黄金明：《汉魏晋南北朝诔碑文研究》，北京：人民文学出版社，2005年，第125—223页。

12 挚虞：《文章流别论》，（清）严可均校辑：《全上古三代秦汉三国六朝文·全晋文》卷七十七，第1906页。

13 《晋书》卷六十七，第1804页。

14 余嘉锡笺疏：《世说新语笺疏·方正》，第325页。

15 余嘉锡笺疏：《世说新语笺疏·轻诋》，第843页。

曰："君家高世之善，有识归重，豫染豪翰，所应载述，况仆托慕末风，窃以叙德为事，但恨短笔不足书美。"诔竟不就。[16]

所谓"短笔不足书美"，很可能是委婉拒绝昙生请诔的托词。颜延之是当时的诔碑文名家，元嘉四年（427年）已经从始安太守的贬任外派中重回朝廷，这一年陶渊明去世，他还写下传世的《陶征士诔》。王弘之子孙没有走隐逸的路，也不乏仕宦热忱，营葬虽在会稽，通过吊唁与诔文，能再次加强并维系父祖身份认同。但也不可否认，这一支是琅邪王氏中祖荫较弱的，在会稽落脚后，经济上与仕宦上均不如意，终与建康交游圈渐行渐远，昙生请诔被婉拒，就可见一斑。王家故事如此，其他大族也可想而知。

与诔文功用相似的，还有祭文、哀悼文，纪行有赞、颂、赋、传等，乃至刊石立碑，写成碑文或墓志铭。东晋世家大族极重颂德纪行家传，带动了文士写作，上述孙绰以诔文攀附，就是一例。袁宏点评过江诸名德，差点得罪桓温与陶胡奴的史料，最能反映晋时风气：

为《东征赋》，赋末列称过江诸名德，而独不载桓彝。时伏滔先在温府，又与宏善，苦谏之。宏笑而不答。温知之甚忿，而惮宏一时文宗，不欲令人显问。后游青山饮归，命宏同载，众为之惧。行数里，问宏云："闻君作《东征赋》，多称先贤，何故不及家君？"宏答曰："尊公称谓非下官敢专，既未遑

16《南史》卷二十四，第655—656页。

启，不敢显之耳。"温疑不实，乃曰："君欲为何辞？"宏即答
云："风鉴散朗，或搜或引，身虽可亡，道不可陨，宣城之节，
信义为允也。"温泫然而止。宏赋又不及陶侃，侃子胡奴尝于
曲室抽刃问宏曰："家君勋迹如此，君赋云何相忽？"宏窘急，
答曰："我已盛述尊公，何乃言无？"因曰："精金百汰，在
割能断，功以济时，职思静乱，长沙之勋，为史所赞。"胡奴
乃止。[17]

在这样的时代氛围下，为什么东晋时作为终制的墓志铭未见发
达？从出土看，东晋世家大族墓志非常简陋，仅仅起到志墓作
用，书写可能来自家人。[18]被广泛接受的解释是，这些墓志形制承
自西晋中原，建立在普遍假葬基础上，只是未来归葬北方故茔的
标记。[19]

然而志墓是否表示假葬待北归呢？除了归葬故里祖茔，古人待
罪平反、子孙发达重修家族墓、配偶地位变化，都可能改葬迁葬，
合葬也要重开墓室，甚至为防后代墓葬营建与前代冲突，也需要
志墓辨识。志墓是北方常见习俗，已葬故乡的人也不例外：

> 顺阳范启，母丧当葬。前母墓在顺阳，往迎之。既至而
> 坟垄杂沓，难可识别，不知何许。袁彦仁时为豫州，往看之，

---

17 《晋书》卷九十二，第2391页。
18 郭沫若：《由王谢墓志的出土论到兰亭序的真伪》，第2页。
19 如华人德：《论东晋墓志兼及兰亭论辨》；邵磊：《冶山存稿：南京文物考古论丛》，
   南京：凤凰出版社，2004年，第124页；等等。

因云:"间有一人见鬼。"范即如言,令物色觅之。云:"此墓
中一人,衣服颜状如之。"即开墓,棺物皆烂,冢中灰壤深尺
余。意甚疑,试令人以足拨灰中土,冀得旧物。果得一砖,铭
云"顺阳范坚之妻",然后信之。[20]

启父范坚"永嘉中,避乱江东",前妻应在渡江前亡故,归葬故乡
顺阳,南渡后范坚又娶妻,为范启之母,母卒,启往顺阳寻前母
墓,欲迁其墓合葬。[21]故事本意在于记录"识鬼"的怪事,却无意
间说明了流寓士族并非只有归葬北方一种选择,情随时迁,永葬
故乡的亡魂也可能随着生人改葬异乡。"陵谷或迁"的忧虑,古人
非常熟悉,墓中标志死者身份铭文的习惯,或源于魏武帝下令禁
立碑后的变通。[22]南迁士族将这一习俗带到江左,是习惯使然,还
是假葬需要,并不容易分辨。

笔者以为,东晋墓志简陋,或可考虑与碑禁松弛有关。东晋实
为魏晋以来碑禁最松弛的一个阶段。沈约记载道:

汉以后,天下送死奢靡,多作石室石兽碑铭等物。建安十
年,魏武帝以天下凋弊,下令不得厚葬,又禁立碑。魏高贵乡
公甘露二年,大将军参军太原王伦卒,伦兄俊作《表德论》,
以述伦遗美,云"祗畏王典,不得为铭,乃撰录行事,就刊于
墓之阴云尔"。此则碑禁尚严也。此后复弛替。

---

20 李剑国辑校:《新辑搜神后记·范启母墓》,第485页。
21 李剑国辑校:《新辑搜神后记·范启母墓》,见李剑国注,第485页。
22 赵超:《古代墓志通论》,北京:紫禁城出版社,2003年,第49页。

晋武帝咸宁四年，又诏曰："此石兽碑表，既私褒美，兴长虚伪，伤财害人，莫大于此。一禁断之。其犯者虽会赦令，皆当毁坏。"至元帝太兴元年，有司奏："故骠骑府主簿故恩营葬旧君顾荣，求立碑。"诏特听立。自是后，禁又渐颓。大臣长吏，人皆私立。义熙中，尚书祠部郎中裴松之又议禁断，于是至今。[23]

曹魏、西晋都下过禁碑令，东晋初年为了笼络江东士族与功臣，晋元帝实际上采取了听任态度。孙绰、袁宏都是当时的碑文名家，"温、王、郗、庾诸公之薨，必须绰为碑文，然后刊石焉"。[24]祖逖、桓温的碑文由袁宏所作。[25]周访、陶侃、谢安死后皆有碑。[26]明穆皇后伯父庾衮以孝义称世，死后门人为之树碑。[27]贺循为老师范平立碑。[28]裴松之义熙（405—419年）年间"以世立私碑，有乖事实"，上表言"诸欲立碑者，宜悉令言上，为朝议所许，然后听之，庶可以防遏无征，显彰茂实"。[29]从这一史料，也可见东晋碑禁的松弛。象山琅邪王氏家族墓M7，形制规格陪葬远超其他各墓，但其他墓都有墓志，M7未经盗扰却不见墓志，或可考虑墓主

---

23 《宋书》卷十五，第407页。
24 《晋书》卷五十六，第1547页。
25 袁宏：《祖逖碑》《丞相桓温碑铭》，严可均辑：《全上古三代秦汉三国六朝文》，第1788页。
26 《晋书》卷五十八，第1582页；卷六十六，第1778页。《南齐书》卷二十二，第419页。
27 《晋书》卷八十八，第2283—2284页。
28 《晋书》卷九十一，第2347页。
29 《南史》卷三十三，第863页。

是与温、王、郗、庾诸公相类的渡江功臣，在地面刊石立碑，才省去室内藏石。从这个角度，将墓主猜想为王廙，合理性也远远高于宋的驸马王藻，南朝碑禁复严，王藻下狱死，更加不可能有此殊荣。

值得一提的是，陈郡谢氏家族墓出土的谢珫墓志，志文分刻六块砖上，内容连贯，一共681个字，是迄今发现六朝砖志中文字最多的。这组墓志很特别，考古报告称，马鞍山、镇江的六朝墓中也曾发现五块和三块墓志同出，但志文内容相同。[30] 谢珫墓志比起东晋墓志文字长很多，义熙二年（406年）谢温墓志130字，义熙三年（407年）谢球墓志203字，但与刘宋中期以后以颂德为主的墓志铭相比，谢珫墓志行文却又不够华丽，重点只在记叙墓主家世先祖以及家族成员的姻亲关系，涉及琅邪王氏、颍川庾氏、谯国桓氏、陈留阮氏、河东卫氏、太山羊氏、陈郡袁氏、东阳殷氏、高平郗氏等多个家族。[31] 陈爽推测这样的墓志很可能直接抄录自墓主家族谱牒。[32] 如果放在碑禁发展史中看，或许可以猜想，谢珫死的永初二年（421年），即刘宋开国翌年，正好是裴松之覆议禁断、刘宋开国碑禁复紧的时期，原来打算立在地上的碑又转入地下，但家传长度还未改变，故分为六块。碑文刻意表现一个庞大的世家大族关系网，正是当时终制特重世族圈社会关系的写照。

---

30 华国荣：《南京南郊六朝谢珫墓》，第4—14页。

31 墓志解读有不同意见，可参考张学锋：《南京司家山出土谢氏墓志研究：东晋流寓政府的挽歌》，第370—386页；王素：《南朝宋谢珫墓志再研究》，第8—20页。

32 陈爽：《出土墓志所见中古谱牒探迹》，《中国史研究》2013年第4期，第69—100页。

碑禁对墓志铭的形制内容直接产生影响，还有一条明确记载：

> （建元）二年，后薨，谥穆妃，葬休安陵。时议欲立石志，
> 王俭曰："石志不出礼典，起宋元嘉中颜延之为王球石志。素
> 族无铭策，故以纪行。自尔以来，共相祖习。储妃之重，礼绝
> 恒例，既有哀策，不烦石志。"[33]

王俭这番话，应证南朝宋碑禁复又收紧，士族只好转向地下的石
志做文章。王球出身琅邪王氏，与颜延之相善，颜延之为他作石
志纪行，成为南朝墓志铭的滥觞。与今天出土的墓志铭对照可知：
这一时期志与铭分离，作文与书写者常留有姓名，铭文由名家所
作，为传世文献收录。原来仅仅藏于墓室起志墓作用的墓志，因
此从藏走向了显，名家撰写的铭文，成为士族圈广为传阅诵读把
玩的名篇。宋孝武帝、梁简文帝、梁元帝，以及谢庄、谢朓、任
昉、沈约、徐勉、江淹、张瓒、徐陵等，都有多篇传世铭文。[34] 南
朝贵族追逐铭文的盛况，可参考流寓北朝的庾信所遇：

> 明帝、武帝并雅好文学，信特蒙恩礼。至于赵、滕诸王，
> 周旋款至，有若布衣之交。群公碑志，多相托焉。[35]

以上概述，吊唁、诔、铭刻都是东晋南朝世族圈交往的重要媒介，

33《南史》卷十一，第329—330页。

34 参见（清）严可均校辑：《全上古三代秦汉三国六朝文》。

35《北史》卷八十三，第2794页。

串联起北来的社会关系，分享共同文化，也是颂德纪行家传的舞台，是流寓者彼此身份认同的"信物"与仪式。

二、女性之归与夫妇合葬

女子出嫁称"归"，死后归葬所在，《礼记·曾子问》载：

> 曾子问曰："女未庙见而死，则如之何？"
> 孔子曰："不迁于祖，不祔于皇姑，婿不杖、不菲、不次，归葬于女氏之党，示未成妇也。"

反过来，出嫁并完成庙见之礼的女性，死后当以夫家祖茔为归。传统礼制对女性"归葬"的安排与表述，始终以维护、重建男权社会秩序为出发点，"成妇"是女性迈入权力秩序的重要一环。六朝战乱迁居造成许多夫妻分离、家庭重组，前后妻的身份安置成了问题，死后哪位妻子可以与丈夫合葬？所生子女如何服丧？每出现一个新政权，就不得不对这些问题提供解决办法。前述"王昌是否要为前母服丧"议，就产生于这一背景。范启寻前母墓的志怪故事，表现的是变通之法。哪怕葬在故乡，没有与丈夫合葬，对当时女性都不算终极归所。

女性终制还往往与所生子女的处境相关。贾充前妻李婉以文辞称著，后妻郭槐有辅政之功，贾充死后，二人谁能与贾充合葬，成为经年不决的问题，直到郭槐所生的皇后女儿贾南风被废，李婉才终与贾充合葬。[36] 也有子女执着于生母的合葬权，不死不休：

> 沛国刘仲武先娶毋丘氏，生子正舒、正则二人。毋丘俭反败，仲武出其妻，娶王氏，生陶，仲武为毋丘氏别舍而不告绝。及毋丘氏卒，正舒求祔葬焉，而陶不许。舒不释服，讼于上下，泣血露骨，缞裳缀络，数十年弗得从，以至死亡。[37]

前述陈寿、王式未将母亲以礼归葬，也可被贬议，废弃功名。

像郑袤妻曹氏那样的女性，便可入《晋书·列女传》，成为主流倡导的榜样。她的丈夫郑袤先娶孙氏，早亡，曹氏为继室。袤薨时，议者以久丧难举，欲不合葬。曹氏曰："孙氏元妃，理当从葬，何可使孤魂无所依邪。"于是备吉凶导从之仪以迎之。

这些记载重复了一件事：只有丈夫身边或夫家祖茔才是出嫁女的终制所归。女性归葬问题上，似乎不存在故土难离的纠结，也没有身份认同的失落，能与死去的丈夫合葬，便完成了社会对她的身份认同。缺少多样性是女性归葬故事的共同点。

东晋世家大族墓中夫妇合葬比例很高，有学者认为这是六朝女性地位提升的证据，但事实上这些女性地位高，并不源于性别，而来自她的家族。夫妇合葬、墓志记载男女墓主的姓名与详细家世，这代表两个家族的结合，联姻是维持家族地位、延续贵

---

36 余嘉锡笺疏：《世说新语笺疏·贤媛》，第685页。
37《晋书》卷二十，第639页。

族文化的最有力手段。《世说新语》、北朝墓志等材料都显示贵族女性的文化素养可作为一种身份资本加以彰显，[38] 但也应看到，这些高贵的素养最终要被安置在家族内、丈夫身边，才算体面的归所。

三、归的新指向：山水与隐逸

虽然北方移民只占总人口一小部分，但这些人构成了政权中枢，加上六朝战乱不止，流寓不可避免成为动荡时代的文化底色。魏晋十六国时期，社会上层人士平均寿命只有51.88岁，其中300至319年、340至359年、360至379年、400至419年四个时段甚至低于这个数值，整体比中国古代上层人士的平均年龄大约低10岁。[39] 因此朝生暮死是六朝士人的附骨之疽，《兰亭集序》的精神内核就是这种紧迫感。"当其欣于所遇，暂得于己，快然自足，不知老之将至"，好像写眼前的快然自足，其实念念不忘"老之将至""修短随化"的人生终点。

在向死而生的文化心性里，"归"的字眼和意象经常出现。比如陆机北上洛阳欲建功立业，诗文却充满了《思归赋》《怀土赋》《叹逝赋》《大暮赋》这类文字，有《招隐》诗怀想山水隐逸

---

38 陆扬：《从墓志的史料分析走向墓志的史学分析：以〈新出魏晋南北朝墓志疏证〉为中心》，《中华文史论丛》2006年第4期，第95—127页。

39 殷磊：《魏晋南北朝上层社会人口平均死亡年龄考》，曲阜师范大学硕士学位论文，2011年。

之乐，以致死后坊间仍传颂"黄耳犬"[40]"华亭鹤唳"[41]的故事。相比动荡危险的异域行走与政治博弈，"归"指向着安全、放松、休憩、故乡、永恒。六朝士人"发现"了山水与隐逸的价值，[42]便可归入这一范畴，而了解它们的"建构史"，不可缺少流寓的眼光。

山水与隐逸的论述当然不是六朝才出现，只是在世家大族失去故土后，再一次呼应了"以何为归"的诉求。《晋书·郭文传》便传递了这一时代氛围。

郭文"少爱山水，尚嘉遁"，遭战乱南渡，隐于吴兴余杭深山，与猛兽为伍，像原始人一样生活了十余年。名声传开后，余杭令顾扬与葛洪都去拜访。但真正使郭文炙手可热的，应是王导等高官显贵对他的好奇与供养：

> 王导闻其名，遣人迎之，文不肯就船车，荷担徒行。既至，导置之西园，园中果木成林，又有鸟兽麋鹿，因以居文焉。于是朝士咸共观之，文颓然箕踞，傍若无人。

---

40 传说陆机有一只灵犬名黄耳，可日行三百里，吴郡至洛阳需要走50天，而灵犬送信，15天就能取书信往返。《古小说钩沉·述异记》，第283页。

41 传说陆机死前念念不忘家乡华亭，说："欲闻华亭鹤唳，可复得乎。"余嘉锡笺疏：《世说新语笺疏·尤悔》，第897页。

42 关于晋宋之际"山水"观，研究非常多，如杨儒宾：《"山水"是怎么发现的："玄化山水"析论》，《台大中文学报》2009年第6期，第209—254页。王文进对比南朝边塞诗与山水诗，认为前者是对关外的一种历史想象，后者才是现实所见，表达对江南土地的认同。蒋宜芳记录：《地域关怀与时空想像：以魏晋南北朝为中心》，《中国文哲研究通讯》1998年第12期，第37—43页；王文进：《南朝山水与长城想象》，台北：里仁书局，2008年。

温峤尝问文曰："人皆有六亲相娱，先生弃之何乐？"文曰："本行学道，不谓遭世乱，欲归无路，是以来也。"又问曰："饥而思食，壮而思室，自然之性，先生安独无情乎？"文曰："情由忆生，不忆故无情。"又问曰："先生独处穷山，若疾病遭命，则为乌鸟所食，顾不酷乎？"文曰："藏埋者亦为蝼蚁所食，复何异乎！"又问曰："猛兽害人，人之所畏，而先生独不畏邪？"文曰："人无害兽之心，则兽亦不害人。"又问曰："苟世不宁，身不得安。今将用先生以济时，若何？"文曰："山草之人，安能佐世！"

导尝众宾共集，丝竹并奏，试使呼之。文瞪眸不转，跨蹑华堂如行林野。于时坐者咸有钩深味远之言，文常称不达来语。天机铿宏，莫有窥其门者。温峤尝称曰："文有贤人之性，而无贤人之才，柳下、梁畸之亚乎！"永昌中，大疫，文病亦殆。王导遗药，文曰："命在天，不在药也。天寿长短，时也。"

居导园七年，未尝出入。一旦忽求还山，导不听。后逃归临安，结庐舍于山中。临安令万宠迎置县中。及苏峻反，破余杭，而临安独全，人皆异之，以为知机。……宠葬之于所居之处而祭哭之，葛洪、庾阐并为作传，赞颂其美云。[43]

"遭世乱，欲归无路"的人们，如何在乱世里全身自处？温峤与郭文对答反映北来士族对这一问题的普遍关切，当时人认为隐

43《晋书》卷九十四，第2440—2441页。

逸生活有四大困难：离弃六亲、绝情去欲、放下济世责任、山居艰险。郭文其实并无异能，唯独能绝情弃欲，不慕繁华，不怕艰险，温峤说他"有贤人之性，而无贤人之才"，但这恰恰符合道家提倡的无用、避世。他的生活方式与王导、温峤们背道而驰，这使他越发神秘、引人遐想，所以朝士趋之若鹜，以为知天机。

身居庙堂，而将精神归处寄托于世外，这是中国独特的官场仕隐文化。[44] 对于东晋流寓世族，激发这种想象的，还有较近的理论渊源：

（阮瞻）见司徒王戎，戎问曰："圣人贵名教，老庄明自然，其旨同异？"瞻曰："将无同。"戎咨嗟良久，即命辟之。时人谓之"三语掾"。[45]

《世说新语·文学》亦载此条，不过将对话人物记成王衍与阮修。陈寅恪认为，名教与自然本分属不同政治立场，之所以能相同，成为玄谈要旨，主要是司马氏代魏后，这个说法为投奔新政权的人提供了理论依据，有政治上的实际功用。王戎、王衍都是以自然为体、名教为用的附庸者，带动了朝中显贵追慕林下之风，崇尚虚无、不屑实务，终于导致西晋覆灭。[46] 南渡后，一方面旧有的谈玄之风未衰，孙绰为刘真长诔，就有"居官无官官之事，处

---

44 王文进：《仕隐与中国文学：六朝篇》，台北：台湾书店，1999年，第11—38页。
45 《晋书》卷四十九，第1363页。
46 万绳楠整理：《陈寅恪魏晋南北朝史讲演录》，合肥：黄山书社，2000年，第50—60页。

事无事事之心"，时人以为名言；[47]另一方面，流寓飘泊感与现世不安稳，使有知识的贵族深感"自然"才能寄托归途，浙江佳山水，又提供了一个真实的地理空间。"东归"是相当一部分盘桓于建康（建业）世族子弟的理想。王廙曾孙王裕之，乐山水，元嘉六年（429年）、十二年（435年）、十六年（439年）、二十三年（446年），四次表辞东归，隐于吴兴，"所居（余杭）舍亭山，林涧环周，备登临之美，故时人谓之王东山"。儿子王瓒之也以静退为志，时称"朝隐"。孙子王秀之先为诸王长史、行事，感慨祖父先见之明，"无复仕进，止营理舍亭山宅，有终焉之志。及除吴兴郡，隐业所在，心愿为之。到郡修旧山，移置辎重"。[48]

魏晋时山水论述显著增多。王羲之在永和九年（353年）《兰亭集序》中写道："此地有崇山峻岭，茂林修竹，又有清流激湍，映带左右，引以为流觞曲水，列坐其次。"[49]如果意识到这种描写带有某种外来的、"异域"的目光，便能理解"欣于所遇，暂得于己"的飘泊心境。王羲之幼年渡江，大半生都在为朝廷、家族以及小家庭寻找安顿之法，最能体会乱世里的流放感。眼前山水可令"仰观宇宙之大，俯察品类之盛""游目骋怀"，然而仍是稍纵即逝，只有把这一刻记录下来，令后来者读之共鸣，生命才超越死生，安息于永恒。

王羲之先与谢安、孙绰、李充、许询、支遁等筑室会稽，辞官后更是"尽山水之游，弋钓为娱。又与道士许迈共修服食，采药

47《晋书》卷七十五，第1992页。
48《南史》卷二十四，第650—652页。
49《晋书》卷八十，第2099页。

石不远千里，遍游东中诸郡，穷诸名山，泛沧海，叹曰：'我卒当以乐死。'"[50] 会稽山水或隐逸是他们的归所吗？或许是。但从《兰亭集序》可知，成为归所的会稽山水并不是纯粹的地理空间，还包含了流寓者的想象与永恒时间。这是晋宋之际建立的玄化山水观，也成为后来中国山水画与山水诗一个很重要的模型。[51] 宗炳《画山水序》：

> 至于山水，质有而趣灵，是以轩辕、尧、孔、广成、大隗、许由、孤竹之流，必有崆峒、具茨、藐姑、箕首、大蒙之游焉，又称仁智之乐焉。夫圣人以神法道而贤者通，山水以形媚道而仁者乐，不亦几乎？……夫理绝于中古之上者，可意求于千载之下；旨微于言象之外者，可心取于书策之内。况乎身所盘桓，目所绸缪，以形写形，以色貌色也。[52]

《宋书·宗炳本传》宗炳本传载：

> 好山水，爱远游……有疾还江陵，叹曰："老疾俱至，名山恐难遍睹，唯当澄怀观道，卧以游之。"凡所游履，皆图之于室，谓人曰："抚琴动操，欲令众山皆响。"[53]

---

50 《晋书》卷八十，第2101页。
51 杨儒宾：《"山水"是怎么发现的："玄化山水"析论》，第209—210页。
52 （唐）张彦远著，俞剑华注释：《历代名画记》，上海：上海人民美术出版社，1964年，第129—130页。
53 《宋书》卷九十三，第2279页。

六朝士人的"游"，往往将空间移动内化为某种精神修炼；宗炳的卧游，则是反过来从精神上想象山水。"游观"也是这时期文学艺术上的显著特色。[54]

稽康标举"越名教而任自然"，当代学者认为此说以自然取代名教，失去善恶规范，落实于人间则不可行，[55] 但毋宁说稽康所言纯属士族阶层的自我修养而非治国之道，他的君子理想是"寄胸怀于八荒，垂坦荡以永日"，我们很容易在100年后王羲之的"仰观宇宙之大，俯察品类之盛"里看到某种相通与共鸣。谢安深谙清谈作为个人修养与实务之间的界限，故当王羲之告诫他"今四郊多垒，宜思自效，而虚谈废务，浮文妨要，恐非当今所宜"，谢安回应道："秦任商鞅，二世而亡，岂清言致患邪？"[56] 谢安后来的成功完美证明，以世外之心行入世之事，心态上更从容淡定，姿态上也更符合贵族时代审美。

这样，西晋士人的竹林之游到了东晋南朝，失去了独立抗争的政治姿态，化身为世族的精神圭臬。它既是面对权力纷争的自我

---

54 从空间及空间移动的意象来释读六朝文学作品，可参见刘苑如主编：《游观：作为身体技艺的中古文学与宗教》，台北："中央研究院"中国文哲研究所，2013年；李丰楙、刘苑如主编：《空间、地域与文化：中国文化空间的书写与阐释》，台北："中央研究院"中国文哲研究所，2002年；黄应贵总主编，王瑷玲主编：《空间与文化场域：空间移动之文化诠释》，台北：汉学研究中心，2009年；以及黄应贵主编：《空间与文化场域：空间之意象、实践与社会的生产》，台北：汉学研究中心，2009年；Xiaofei Tian, *Visionary Journeys: Travel Writings from Early Medieval and Nineteenth-Century China* (Cambridge, Massachusetts: Harvard University Asia Center, 2011)；等等。

55 周大兴：《越名教而任自然：稽康〈释私论〉的道德超越论》，《鹅湖》1991年第11期，第29—35页。

56 《晋书》卷七十九，第2074页。

缓冲、纾解，又是权力建构的一部分。当权者以亲近或供养隐士为风尚，如郗超"性好闻人栖遁，有能辞荣拂衣者，超为之起屋宇，作器服，畜仆竖，费百金而不吝"。[57]谢灵运劝庐陵王义真寻访会稽隐逸，以成美谈："殿下爱素好古，常若布衣，每意昔闻，虚想岩穴，若遣一介，有以相存，真可谓千载盛美也。"[58]青睐隐士能显示自己有"冲退"美德，如桓玄"以历代咸有肥遁之士，而己世独无，乃征皇甫谧六世孙希之为著作，并给其资用，皆令让而不受，号曰高士，时人名为'充隐'"。[59]考古发现竹林七贤砖画以固定模块化方式，成为南朝帝陵具有制度和等级意义的装饰，[60]或许也可汇入这股东晋以来上流贵族归隐自然的热潮。

现实的山居生活应该像郭文所过的那样原始艰难，葛洪《抱朴子》为入山求道的人写了一系列抵御危险的办法，但王羲之、孙绰、谢安、谢灵运等人眼中山水却"质有而趣灵""以形媚道"，这种差异自然建立在新政权带给北方家族的红利上，使他们有机会行田视地，经营山泽别墅，将想象的"竹林之游"演变成可实现的生活方式。恰如吉川忠夫所论，这时"出现了与以往极为不同形态的逸民……就是不避世的逸民和不艰苦的隐逸。在他们的立场上，并不是避世不避世的问题，而只是要问将心情置于何种境地的问题"。[61]有一条史料可以说明仕隐之间的界限已经

57《晋书》卷六十七，第1804—1805页。
58《宋书》卷九十三，第2282页。
59《晋书》卷九十九，第2593—2594页。
60 耿朔：《层累的图像：拼砌砖画与南朝艺术》，北京：人民美术出版社，2020年。
61 ［日］吉川忠夫著，王启发译：《六朝精神史研究》，南京：江苏人民出版社，2010年，第19页。

不明显了：

> 刘惔为丹杨尹，许询尝就惔宿，床帷新丽，饮食丰甘。询曰："若此保全，殊胜东山。"惔曰："卿若知吉凶由人，吾安得保此。"羲之在坐，曰："令巢、许遇稷、契，当无此言。"二人并有愧色。[62]

不管用多么高明的玄言装饰，当世最著名的两位名士——在朝的刘惔与在野的许询——所求都是"床帷新丽，饮食丰甘"、全身避祸的安稳日子。王羲之隐退后写给谢万的信这样描述逸民之乐：

> 古之辞世者或披发阳狂，或污身秽迹，可谓艰矣。今仆坐而获逸，遂其宿心，其为庆幸，岂非天赐！违天不祥。
>
> 顷东游还，修植桑果，今盛敷荣，率诸子，抱弱孙，游观其间，有一味之甘，割而分之，以娱目前。虽植德无殊邈，犹欲教养子孙以敦厚退让。或以轻薄，庶令举策数马，彷佛万石之风。君谓此何如？
>
> 比当与安石东游山海，并行田视地利，颐养闲暇。衣食之余，欲与亲知时共欢宴，虽不能兴言高咏，衔杯引满，语田里所行，故以为抚掌之资，其为得意，可胜言邪！常依陆贾、班嗣、杨王孙之处世，甚欲希风数子，老夫志愿尽于此也。[63]

62《晋书》卷八十，第2101页。
63《晋书》卷八十，第2102页。

比王羲之晚几代的谢灵运也出身名门，一不如意就荒废政务，登山遨游，将山居艰险演变成趣味性十足的冒险：

> 郡有名山水，灵运素所爱好，出守既不得志，遂肆意游遨，遍历诸县，动逾旬朔，民间听讼，不复关怀。所至辄为诗咏，以致其意焉。在郡一周，称疾去职。……
>
> 灵运父祖并葬始宁县，并有故宅及墅，遂移籍会稽，修营别业，傍山带江，尽幽居之美。与隐士王弘之、孔淳之等纵放为娱，有终焉之志。……
>
> 灵运因父祖之资，生业甚厚。奴僮既众，义故门生数百，凿山浚湖，功役无已。寻山陟岭，必造幽峻，岩嶂千重，莫不备尽。登蹑常着木履，上山则去前齿，下山去其后齿。尝自始宁南山伐木开迳，直至临海，从者数百人。临海太守王琇惊骇，谓为山贼。[64]

宋初陈郡谢氏的地位已经颇为尴尬，却不妨碍高门子弟过放纵生活，这种生活甚至被视为名士风流得到追捧。《宋书》曰谢灵运"每有一诗至都邑，贵贱莫不竞写，宿昔之间，士庶皆遍，远近钦慕，名动京师"，[65] 可见游观自然的生活方式多么有号召力。士人能以"归隐"为尚，说明此时士族阶层还拥有一定独立性、仕宦不是振兴门户唯一路径，这与后来颜之推所言的、皇权支配下的北

64《宋书》卷六十七，第1753—1775页。
65《宋书》卷六十七，第1754页。

朝士族依附关系，很不一样。[66]

甲族高门的山水游可效仿者寥寥，但平居陋巷的陶渊明就亲切得多。在陶渊明诗文里，归隐通过回家就能实现，《归去来兮辞》勾勒了一幅传世的归家图：

> 舟遥遥以轻飏，风飘飘而吹衣。问征夫以前路，恨晨光之熹微。
>
> 乃瞻衡宇，载欣载奔。僮仆欢迎，稚子候门。三径就荒，松菊犹存。携幼入室，有酒盈樽。引壶觞以自酌，眄庭柯以怡颜。倚南窗以寄傲，审容膝之易安。园日涉以成趣，门虽设而常关。策扶老以流憩，时矫首而遐观。云无心以出岫，鸟倦飞而知还。景翳翳以将入，抚孤松而盘桓。
>
> ……悦亲戚之情话，乐琴书以消忧。农人告余以春及，将有事于西畴。或命巾车，或棹孤舟。既窈窕以寻壑，亦崎岖而经丘。木欣欣以向荣，泉涓涓而始流。善万物之得时，感吾生之行休。[67]

这幅归家图里包含了亲朋、饮酒、琴书、时令、农耕、游观，以及与内心安宁喜悦相呼应的草木、飞鸟、山水，作者认为这才是

---

66 王利器：《颜氏家训集解·终制》，第599页："计吾兄弟，不当仕进；但以门衰，骨肉单弱，五服之内，傍无一人，播越他乡，无复资荫；使汝等沉沦厮役，以为先世之耻；故腼冒人间，不敢坠失。兼以北方政教严切，全无隐退者故也。"仇鹿鸣：《失焦：历史分期争论与中文世界的士族研究》，《文史哲》2018年第6期，第118页。

67 《文选》，第2026—2028页。

生活（自然）本质，顺应它便是天命，乐天知命走向人生终点，死也没什么可忧惧的："富贵非吾愿，帝乡不可期。怀良辰以孤往，或植杖而耘耔。登东皋以舒啸，临清流而赋诗。聊乘化以归尽，乐夫天命复奚疑？"他在《挽歌诗》写死亡："死去何所道，托体同山阿。"

在这里，"自然"不是独立于人外的风景，它已经内化为人的价值观、行为方式、审美、气度、情感，也是"乘化以归尽"的人之终点。陶渊明生时诗文声名未显，我们可从颜延年写的诔文来看士族圈语境。颜延年在诔文中赠陶渊明私谥——靖节先生。[68]

他称赞陶的人品："弱不好弄，长实素心。"《礼记》曰"有哀素之心"，郑玄谓"凡物无饰曰素"。六朝品评人物也常说"清贵""简""素"，均属同一范畴。下文道"简弃烦促，就成省旷"。无饰、简素、旷达是回归自然的途径，物与人均是如此。反观琅邪王氏墓出土文物，现代人认为过于简陋，怀疑与高门身份不符，可这不正是六朝贵族追求的终极审美么？

诔文说陶渊明为了奉亲而出仕："少而贫病，居无仆妾。井臼弗任，藜菽不给。母老子幼，就养勤匮。远惟田生致亲之议，追悟毛子捧檄之怀。"言其至贵："殆所谓国爵屏贵，家人忘贫者与？"意思是，陶不耽于先祖陶侃的尊贵地位，安于归隐，感染家人也不觉其苦，乃是第一流的"贵"。更难的是，"和而能峻，博而不繁。依世尚同，诡时则异。有一于此，两非默置。岂若夫子，

---

68 颜延年：《陶征士诔并序》，《文选》卷五十九，第2469—2475页。

因心违事？"做人无论依俗尚同，还是特立独行，都会遭到非议，而陶渊明能听从自己内心，和光同尘，不故意求同或求异。

诔文难免有塑造完美人格的企图，但正因如此，颜延年传递了当时上流士族对"隐逸""自然""仕隐"等问题的集体理想。综合王羲之等人表现，显然，东晋初年温峤向郭文提出的隐逸生活四大困难（离弃六亲、绝情去欲、放下济世责任、山居艰险），渐渐不存在了。相反，逸民之乐恰恰表现在放下不安全的政治责任，回归家庭亲友身边，满足口腹之欲，以文艺山水为寄托。归隐也不需离群索居，只要回到日常生活本身，顺应内心需要，便是"自然"，是将精神寄托于无限的"道"中，直到"托体同山阿"。

陶渊明成为中国士人归隐的文化符号，却要到北宋，苏轼如此总结："陶渊明欲仕则仕，不以求之为嫌。欲隐则隐，不以去之为高。饥则扣门而乞食，饱则鸡黍以延客。古今贤之，贵其真也。"[69]至此，名教与自然"将无同"的问题彻底解决了，这个命题最初所蕴藏的思想差异与政治立场差异被融合消解忘却，只余下归隐自然的文化内涵，使后世知识人无论贫富贵贱，遇到人生困境，都能回到六朝，找到"若合一契"的慰藉。

69《书李简夫诗集后》，见张志烈、马德富、周裕锴主编：《苏轼全集校注》，石家庄：河北人民出版社，2011年，第7681页。陶渊明接受史以及苏轼所起的作用，研究很多，可参看：Xiaofei Tian, *Tao Yuanming and Manuscript Culture: The Record of a Dusty Table*（Seattle：University of Washington Press，2005）；中文版：田晓菲：《尘几录：陶渊明与手抄本文化研究》，北京：中华书局，2007年；Michael Nylan, "Semi-detached Lodgings: The Pleasures of Returning Homein Tao Yuanming and Su Shi"。

四、历史层累下的文化之"归"

宋高似孙编撰的《剡录》,是现存剡县最早地方志,其中"人士""仙道""古迹""故事",多撷取唐朝地理、方志、诗歌、游记,而六朝名士占据最重要的篇幅。由此可知,六朝名士的游观与隐居变成一项文化记忆,唐朝文人的演绎功不可没。

太和二年(828年)春,白居易侄僧白寂然"来游兹山,见道猷、支、竺遗迹,泉石尽在,依依然如归故乡,恋不能去"。于是在浙东廉使元相国与次廉使陆中丞支持下,修建了沃洲山禅院,请叔叔白居易作记。

白居易《沃洲山禅院记》曰:

> 晋宋以来,因山洞开,厥初,有罗汉僧西天竺人白道猷居焉。次有高僧竺法潜、支遁林居焉。次又有……凡十八僧居焉。高士名人有戴逵、王洽、刘恢、许玄度、殷融、郗超、孙绰、桓彦表、王敬仁、何次道、王文度、谢长霞、袁彦伯、王蒙、卫玠、谢万石、蔡叔子、王羲之凡十八人,或游焉,或止焉。故道猷诗云:"连峰数千里,修林带平津。茅茨隐不见,鸡鸣知有人。"谢灵运诗云:"暝投剡中宿,明登天姥岑。高高入云霓,还期安可寻?"盖人与山,相得于一时也。[70]

---

70 顾学颉校点:《白居易集》,北京:中华书局,1999年,第1440页。

白居易所写的十八高僧与十八高士是否都到过剡县，许多已无从考证，如卫玠，刘孝标对他有没有到过建康都存疑，刘注云："玠之南渡豫章四十五日，岂暇至下都而亡乎？且诸书皆云玠亡在豫章，而不云在下都也。"[71]《世说新语·言语》32注引《玠别传》："永嘉四年，南至江夏，与兄别于梁里涧……行至豫章，乃卒。"[72]说他先到江夏（今武汉），又到豫章（今南昌），卒于豫章。四十五天时间还能东游剡县深山吗？实在不那么可信。但真实性未必是成为历史的前提，宗炳可以卧游，孙绰神游即可作《游天台山赋》，关键在于唐人深信这方山水镌刻过六朝高僧名士的足迹，足以承载他们离弃世俗，追求自由与仙道的精神之归，而这样光耀地方的美事，地方志自然如获至宝，全盘接收。

《剡录》收录李白《梦游天姥吟留别》：

> 海客谈瀛洲，烟涛微茫信难求。
>
> 越人语天姥，云霓明灭或可睹。
>
> 天姥连天向天横，势拔五岳掩赤城。
>
> 天台四万八千丈，对此欲倒东南倾。
>
> 我欲因之梦吴越，一夜飞度镜湖月。
>
> 湖月照我影，送我至剡溪。
>
> 谢公宿处今尚在，渌水荡漾清猿啼。
>
> 脚着谢公屐，身登青云梯。……

---

71 余嘉锡笺疏：《世说新语笺疏·容止》，第614页。

72 余嘉锡笺疏：《世说新语笺疏》，第95页。

这首诗写梦游吴越，从山阴（今绍兴）的镜湖（今鉴湖），乘船直下到剡县（今嵊州）的剡溪，作者也漫游了一次"王子猷雪夜访戴逵"走过的路。剡溪发源于天台，《幽明录》有刘晨、阮肇入天台山迷路遇仙的故事，赤城是《搜神后记》里袁柏、根硕追赶山羊到绝壁的地方，谢公宿处和谢公屐指谢灵运游剡溪的暂居地，以及登山喜穿的木屐。作者在梦中与六朝名士同游，从心所欲，求仙问道，醒来：

> 惟觉时之枕席，失向来之烟霞。
>
> 世间行乐亦如此，古来万事东流水。
>
> 别君去兮何时还？且放白鹿青崖间，须行即骑访名山。
>
> 安能摧眉折腰事权贵，使我不得开心颜！

好像这样的共游使他变得踏实，重获庙堂上保持自由心性的勇气（同时也是重返庙堂的勇气），因为他明确了精神故乡所在——青崖间有只白鹿，会一直等着他，倦了累了厌了，可以归来骑访名山。山水与人心的相得，在唐人演绎里，得到了六朝人文的加持。

另一方面，名士资源要转变为一个地方的文化记忆，神圣墓地的建造也很重要，权力与名望往往是推动力。在唐太宗亲自为《晋书·王羲之传》写论赞后，王羲之墓的神圣性就产生了。历史以来，王羲之葬地至少有三种说法：一是诸暨县苎罗山，一是会稽云门山，一是嵊县金庭。[73] 现在嵊县金庭渐成主流。一条线索来

73《绍兴府志》卷七十四，第1821页。

自《剡录》，记载金庭观有王右军书楼墨池，[74] 且收录唐代裴通《金庭观晋右军书楼墨池记》，[75] 又记："王右军墓，在县东孝嘉乡五十里。"[76] 这是现存王羲之晚年隐居金庭的最早记载。另一线索是《金庭王氏宗谱》，收录隋大业七年（611年）永欣寺沙门尚杲写的《瀑布山展墓记》，称"先师智永和尚云，晋右军乃吾七世祖也，宅在剡之金庭，而卒葬于其地"。[77] 文中写到他和羲之后裔立石作亭，重加修缮的过程。这个时间距王羲之去世已经250年。然而，这篇《瀑布山展墓记》全文仅录于《金庭王氏宗谱》，其真实性不得不令人怀疑。[78] 1980年代，嵊县金庭华堂村重修了王羲之墓，将这篇《瀑布山展墓记》刻写于墓前。2007年，《金庭王氏宗谱》在嵊州重修出版，仅印刷100套。

2018年笔者考察此地，看见围绕王羲之墓，近年又重建了墨池、鹅池等系列景观。当地人称，每年三月都有前来祭拜王羲之的日本团体，许多书法活动常在这里举办。

华堂村现存的王氏祠堂，供奉王羲之为一世祖，实为明清文物，1980年修的王羲之墓也是在明清旧址上重建。但明清人也只

---

74 （宋）高似孙：《剡录》，《中国方志丛书·华中地方（第六四号）》，台北：成文出版社，1970年，第113页。

75 《剡录》，第140—141页。

76 《剡录》，第124—125页。

77 金庭王氏族谱重新编纂于1698年，据称最初版本可追溯到宋朝。《瀑布山展墓记》全文可参见梁少膺：《关于南朝沈约〈金庭馆碑〉与唐裴通〈金庭观晋右军书楼墨池〉两种资料的论考、检讨》，第67页。

78 《瀑布山展墓记》是孤证，安然也对它的真实性提出怀疑。Annette Kieser，"'Laid to rest there among the mountains he loved so well？'In search of Wang Xizhi'stomb，"pp. 75 – 79。

是延续前朝猜测，清代王启光编撰的《琅邪王氏族谱》中有一段
记载：

> 以上三说（笔者按：指诸暨苎罗山、嵊县金庭山和会稽云
> 门山）皆属疑，似据府志，画金庭观图，墓在墙内，墓前石砌
> 中有小碑刻：晋右将军王公之墓。当以金庭为是。
>
> 弘治十四年，邑举人夏雷辑志人称，其搜访不遗余力。
> 十五年二月二十五日，浙江布政使司参议吴必依夏志建碑亭于
> 小碑之前，刻晋王右军之墓，则万历十四年修志当直书墓在金
> 庭，不必存前三说。况苎罗必无金庭奇丽，暨邑素无右军遗
> 迹，而嵊之华堂子孙繁衍贵显，世供祭扫，观内现有右军祠，
> 异日修志，应改金庭观图。墓在山上，庶可传信也。其墨池、
> 毛竹、洞迹已迷失，鹅池在墓西南松树下，今改为低田，观僧
> 学贤犹能指其迹，恐久又将迷失也。[79]

新昌县文物管理委员会办公室俞国璋综合各类文献并实地考察，
认为王羲之归隐地金庭并不是今天嵊州市金庭华堂村，而在浙江
新昌县境内的王罕岭。[80] 如果这一论述成立，王羲之金庭葬地也得
重新考证。

概括言之，王羲之葬地的文字记载最早可追溯到隋朝大业
（605—618）年间，但也距他去世250年了；他晚年隐居于金庭的

79（清）王启光：《琅邪王氏族谱》卷三，第25—26页。

80 俞国璋：《晋王右军归隐地文献考》，《绍兴文理学院学报》2013年第5期，第10—
   17页。

记载可追溯至唐代；今天金庭华堂村或许是王氏后裔，但从地点上，已经不是古金庭所在了；重修的王羲之墓凭借的是明清人想象。对当代人而言，王羲之墓的旅游价值和经济效益，与墓地神圣性相辅相成。从唐至今，每一代人在王羲之墓上都有所创造。这样的创造是一种利欲熏心的伪造，还是另一种历史的发生方式呢？

五、小结

人类学认为，空间是一种文化的建构，也被视为文化习惯和个人实践，也可以是一种社会关系。[81] 对于六朝流寓世族而言，既然不能归葬北方祖茔，文化上的"葬有所归"可能比葬地选择更受重视。吊唁、诔文、墓志铭等往来唱酬构成的世家大族交游圈，就是这样的文化空间，它串联起北来社会关系，令流寓者从中分享身份认同。长达681个字、详细叙述家族庞大联姻系统的谢珫墓志显示，墓主终制归处，就是这张社会关系网。以这个圈子对颂德、行状、家传的热烈，笔者推测，当地下墓志特别简陋时，可能就是地上碑禁松弛阶段，反之亦然。世家大族墓盛行夫妇合葬，也是通过联姻加强家族纽带、建构圈层文化的结果。

流寓带来向死而生的紧迫感和失去故乡的飘泊感，也带给世族

---

81 黄应贵：《空间、力与社会》，《广西民族学院学报（哲学社会科学版）》2002年第2期，第9—21页。

成员走向新土地的机会。他们中一部分人主动远离建康，挣脱家国政治空间，悠游山泽，组成新的文化联盟，在自然、宗教、艺术中安顿身心。"归"的指向从故乡拓展为自然山水，从地缘地理的局限跃升到无限的道法天地，就算陶渊明的"归园田居"，"故乡"也是虚化的，只是"寄寓自然"的指代。因为认识到人注定孤独，没有任何圈子可以承载死亡之归，人最终都要归于自然：

> 幽室一已闭，千年不复朝。
> 千年不复朝，贤达无奈何。
> 向来相送人，各自还其家。
> 亲戚或余悲，他人亦已歌。
> 死去何所道，托体同山阿。

这些世族子弟多有很高的文艺修养，崇尚道教或佛教，或佛道兼修，擅长诗文书画，他们转向"自然之归"，也贡献了重神韵、重写意、轻写实的艺术范式（山水诗、山水画）。化繁为简的思维还影响到方方面面，包括日用审美，贵族墓随葬品所呈现的简素之风，可从这里找到渊源。

贵族生活方式、宗教信仰和艺术范式互相融合，创造出中国文化的桃花源，但这一文化空间演变为中国知识人的精神故乡，却有赖唐宋人的演绎。当读到白寂然"来游兹山，见道猷、支、竺遗迹，泉石尽在，依依然如归故乡，恋不能去"时，我们得承认，那些捕风捉影的传说、无从考证的遗迹、伪造的归葬地、别有私心的方志族谱，都可以构成真实的历史与民族文化。中国人或多或少都向往过六朝名士的"自由放纵""归园田居"，但桃花源叙事说到底，是以外部恶劣的政治环境为背景，主张向内求而自足，如果以现代语境中的"自由"为参照，六朝名士的"自由"没有开发自我、改变世界的动力，与西方文化提倡的"自由意志"是完全不同的概念。[82]

---

82 当代语境中的"自由"是西方名词。虽然近些年西方自由主义也遭遇困境，但中国人追求自由的愿望却方兴未艾。以西方"自由"为参照的研究认为，中国人对"自由"缺乏理性反思：中国古代"自由意志"是一个人的自由，是帝王从心所欲；道家从自然层面上理解"自由"，脱离社会回归自然，是一种"无意志的自由"；儒家和法家都把"自由"贬为人欲，一个要摒除，一个要利用。孔子所说的"从心所欲不逾矩"，这个"矩"不是自主选择，而是先王和传统留下来的，因此儒家是"无自由的意志"。中国人讲究的儒道互补，就是在"无意志的自由"和"无自由的意志"之间摇摆，在穷达之间顺势流转，跳过了中间的自由意志。西方对自由的理解与追求有历史过程：从近代建立起权力制衡理念，把"自由"放在政治层面上考虑，到康德、黑格尔为自由奠定哲学基础，再到现代的哈耶克、罗尔斯等人提出程序正义、社会正义，将自由细化。西方所说的"自由"是意志自律，自己为自己立法，包含了反抗的自由和选择的自由，最终是一种普遍自律的原则。邓晓芒：《什么是自由》，《哲学研究》2012年第7期，第64—71页；《康德与黑格尔的自由观比较》，《社会科学战线》2005年第3期，第21—29页。

第六章

结　论

　　这里讨论的士族，或世族，指一群有共同社会属性的人，谱牒是外在标准之一，家族累世为官，子孙以姓氏、郡望为荣，有祖荫。他们是六朝贵族制的利益群体，由世家大族操纵的东晋南朝政治，被当代学者归结为"门阀政治"。[1] 但政治与社会属性还不足以描述这个群体的独特性，故有学者指出这样的家族还具有"自立性"，即"其地位并不蝉附于转瞬即逝的政治联盟而是绵延长久和独立自主。这种自立源于多种资源，譬如地方权力、合法特权以及对家庭出身根深蒂固的尊崇"。[2] 这些构成了六朝士族文化特质，"归葬"是观察这一特质的视窗。

　　"归葬"原本是士族彰显郡望的重要手段，永嘉南渡后这一习俗随之调整，重建家国过程中，终制问题牵连政治与文化，既是

1　田余庆:《东晋门阀政治》，"序言"。
2　［美］伊沛霞（Patricia Buckley Ebrey）著，范兆飞译:《早期中华帝国的贵族家庭:博陵崔氏个案研究》，上海:上海古籍出版社，2011年，第9—10页。

葬俗，也是一种话语（discourse），凝聚了流寓士族对生命终极价值的思考与抉择。用词是一种社会现象，"归"的频繁出现，表现了六朝社会漂泊心态。

固然，中国文化史上可能存在某种延绵相继的"士风"，[3]但这个研究却无意对"士"的时代精神做任何理想化描述，相反，如果把六朝士人放回到历史处境，可能会看到大相径庭的选择，而我们很难判断某一种选择就代表中国文化传统而另一种不算。

一、"归葬"现实安排与解释权

选择故乡或京邑为葬地，西晋时就是官僚化士族家庭的常态。如王祥二子王烈与王芬：

> 烈、芬并幼知名，为祥所爱。二子亦同时而亡。将死，烈欲还葬旧土，芬欲留葬京邑。祥流涕曰："不忘故乡，仁也；不恋本土，达也。惟仁与达，吾二子有焉。"[4]

王祥故乡在琅邪临沂，曾于庐江隐居三十余年，近60岁才应徐州刺史所召，七十多岁到洛阳，经历了东汉、曹魏、西晋三代政权。

3　余英时：《士与中国文化》，上海：上海人民出版社，1987年，第1—11页。
4　《晋书》卷三十三，第990页。

烈与芬死时，一家人大概已定居洛阳。王祥85岁寿终正寝，也袝
葬洛阳文明王皇后的崇阳陵。

某些时候，葬地选择也被视为身份认同，甚至政治立场。王裒
之父王仪东关战役后被司马昭迁怒斩杀，王裒痛父非命，终身不
仕司马朝廷。他与同县管彦有子女婚姻之约，管彦死后，其子葬
父洛阳，王裒认为，"葬父于洛阳，此则京邑之人也，岂吾结好之
本意哉！"[5] 遂将女儿另嫁他人。

人子不送父母归葬受到清议贬议，乃至终身不得录用，史书也
多有记载。贬议的官方性质值得重视，说明东汉儒家任官标准此
时仍起作用，归葬习俗所隐含的道德约定依然奏效。

因此，使"归葬"仪式化的历史语境值得关注：谁在诠释它，
谁的声音被听到，背后这套象征意义如何被创建出来？

永嘉南渡，中断了汉代以来官僚士族归葬所依附的郡望与祖
先，新的归所和新的依附，伴随着生活方式、价值观、权力和
身份重建，这个过程也许需要好几代人，不同家族也有不同历
程。当新社会的秩序感还未完全建立，人们往往依靠旧习俗辨认
方向，东晋初年，失意怀土如谢鲲，被尚未崛起的谢家假葬于建
康石子岗，寄望有朝一日归葬中原。北归在流寓之初可能非常迫
切，但除了明确写明假葬的墓葬，我们很难分辨这种想法是否直
接落实为营葬的实际行动。而另一方面，家族聚葬超过三代时，
江东的新祖茔便产生了。故而随着时间推移，北归渐渐变成一种
精神取向在流寓士族中继续发挥影响，而现实中，子孙营葬却以

---

5 《晋书》卷八十八，第2278页。

看得见、够得着的江东父祖葬地为归。"归葬"的象征意义脱离现实，使这一话语更具情感、价值、共鸣和煽动力，所以东晋初王导能借卫玠"归葬"建康举行公祭，昭显文化正朔南渡、安定动荡人心，而东晋中后期，桓温、谢安仍可以北伐聚拢人心，壮大实力。家族墓营建上，温放之力求温峤归葬建康，高崧主导父亲高悝停丧多年后的风光大葬，都有提升家族地位的意图；齐梁间兰陵萧氏刻意实土化侨属兰陵、经营武进皇陵，将"宗室葬建康，帝王归武进"制度化，也是提升家族、彰显皇权合法性的手段。

从个人选择看，即便同一家族内部，生活方式和价值观不同，也会决定不同的终制所归。以琅邪王氏为例，一方面随着第一代渡江功臣过世，各房支袝葬中心相继形成，建康城北王氏留下的房支聚葬点，显示家族300年间盘踞朝廷中枢的权力更替；另一方面，不愿恋栈权位的王氏子弟，利用任职地方机会，求田问舍，放归自然，保全小家，退回到生活宗教精神层面的自足，后者的终制归处多查无实据，却为方志与传说津津乐道，其中唐代人的演绎功不可没。选择京师还是地方，显示出与权力的距离，故而北来士族以何为归的话语，往往也是一种政治姿态，淝水战后谢安、谢玄等人释放出的东归信号便是一例。

"归葬"一词在汉代，指向故乡、祖先、郡望，而在东晋流寓士族，更多是新社会的身份认同。唐长孺曾指出，"晋代所据的门第是旧门楣还是新贵显，晋代和后人的理解是有差别的。魏晋所重者是父、祖官爵，时代悬隔的远祖对于定品高低至少在魏晋时并无重大关系"。[6]比起北方故土，江左的爵位蝉联才是郡望新保障。新"祖茔"比起旧"祖茔"，缺少土地向心力，强化了政治权力与血缘。东晋人大概很清楚，归葬故土、归葬祖茔这件事，已经被时代改写了。归正首丘虽然是传统，但也不必将之刻板化。故而南朝文献中的"归葬"，讲述的不再是故土难离的牵绊，而更多表现为家族血缘间的依附与重组。

二、"归葬"所见世家大族内部的连接与分化

渡江后，"以何为归"发生了变化。虽然很多墓志还标注旧郡望，但渡江二、三代起，归葬的实际指向已不再是旧郡望，而是渡江后本房支父祖。三代人入葬，新的祖茔又确立起来。旧郡望、家族、乡党宗族，在移植江东过程里，都逐渐蜕变成观念性的，[7]房支才是现实中刻意经营的归属。正如人类学家指出的，"房是厘清汉人家族制度的关键"。[8]失去的地缘被更紧密的血缘弥补。无论文献还是考古，琅邪王氏留下的材料都比其他家族更丰富，观察渡江后王氏成员终制安排，可以看到家族内部的连接与分化。

6　唐长孺：《士族的形成和升降》，《唐长孺文存》，上海：上海古籍出版社，2006年，第134页。
7　以华南学派近年对明清宗族建设的研究为参照，中古宗族是观念性的，没有实体性运作。参见游自勇：《观念的宗族还是实体化的宗族》，《史学月刊》2019年第3期，第23—27页。笔者借用这一观察，但所指更多基于世家大族迁徙处境，与房支建设对比而言。
8　陈其南：《房与中国传统家族制度：兼论西方人类学的中国家族研究》，《汉学研究》1985年第3卷第1期，第127—184页。

琅邪王氏在何种意义上构成"族"？学界关于"宗族""家族"的定义比较不一致，二者常常互换，笔者赞同以下观察：宗族内部亲疏分明，五服（五世）是重要的分界点；[9] 宗族往往与地方势力结合，即"乡与族"的结合。[10] 既然侨置了临沂县安置"王导群宗并其县人"，可知王导是率宗渡江。南渡首先失去的是地缘。王氏主要成员依靠新政权争取发展空间，居住地和埋葬地又与宗族聚居地无关，故与乡党宗族疏远是必然结果。咸和九年（334年）王导曾修订过王氏族谱，[11] 刘孝标注《世说新语》引用的《王氏谱》说明之后仍有再修撰，但从王导自序看，"以历世绵远，虑乖次序，予总机务之暇，考阅谱图之详，乃命区分，别为卷轴"，修谱似乎也算不上有组织的宗族活动。

史书记载中，王氏成员提到"宗族"频率不高，没有提到"家族"，使用较多的字眼是"门"，这个词有时指"房"，有时指"宗族"且多指五世以内，视乎语境。[12] 渡江第一代都是王览之孙，相互间有同一"门户"概念，如王彬责备王敦："兄抗旌犯顺，杀戮忠良，谋图不轨，祸及门户。"[13] 王棱谏诤王敦，"宜自抑损，推崇

---

9 李卿：《秦汉魏晋南北朝时期家族、宗族关系研究》，上海：上海人民出版社，2005年，第15—27页；阎爱民：《汉晋家族研究》，上海：上海人民出版社，2005年，第251页。

10 冯尔康等：《中国宗族史》，上海：上海人民出版社，2009年，第108页。

11 王导：《琅邪王氏宗图序》，（明）王轼修订：《琅邪王氏宗谱》；王元春：《琅邪王氏族谱的修撰》，《青岛大学师范学院学报》2007年第24卷第1期，第20—23页。

12 魏晋论"族"称"门"、以"房"称"族"，词意连接，参见阎爱民：《汉晋家族研究》，第317—322页。

13 《晋书》卷七十六，第2005页。

盟主，且群从一门，并相与服事，应务相崇高，以隆勋业"。[14] 王导给王含的信："……兄立身率素，见信明于门宗，年逾耳顺，位极人臣，仲玉、安期亦不足作佳少年，本来门户，良可惜也!"[15] 王含兵败，王敦怒曰："我兄老婢耳，门户衰矣! 兄弟才兼文武者，世将、处季皆早死，今世事去矣。"[16] 第一代的"门户"观并不局限于自己房支，尤其王敦、王导，都有刻意培养家族子弟的行为，如王敦将王允之带在身边教导，勉励王羲之"汝是吾家佳子弟，当不减阮主簿"，[17] 王导给王允之信感慨"子弟零落"。王敦反时"导率群从昆弟子侄二十余人，每旦诣台待罪"，[18] 值周颛将入，导呼颛谓曰："伯仁，以百口累卿!"[19] "百口"即五服内亲属。总之，渡江之初，家族意识主要来自五服内的政治联盟，王氏主要成员各司要职，官场上守望相助，深谙一荣俱荣、一损俱损的道理。

但在政见摩擦、局势突变时，房支意识就会自然浮现。如王棱死于王敦之手，王舒父子告发王敦，又杀死王含父子；王敦兵败之际，自知嗣子王应难成大事，留言"我死之后，莫若解众放兵，归身朝廷，保全门户，此计之上也"。[20] 这里"门户"指房支。五服内政治联盟在王导死后犹有余势，王允之为王恬任职鸣不平即是一

---

14 《晋书》卷七十六，第2012页。
15 《晋书》卷九十八，第2563页。
16 《晋书》卷九十八，第2565页。
17 《晋书》卷八十，第2093页。
18 《晋书》卷六十五，第1749页。
19 《晋书》卷六十九，第1853页。
20 《晋书》卷九十八，第2560页。

例。但到了王羲之誓墓辞官时，所告唯父母之灵，曰："每仰咏老氏、周任之诫，常恐死亡无日，忧及宗祀，岂在微身而已！"[21] "宗祀"应指其父王旷一支的祭祀。此时各房支已经各有独立的祭祀活动，王氏子弟以房支为归，可从王彬子孙归葬彬墓旁得到印证。南朝提到"门"，也多指房支。如僧虔谓兄子俭曰："汝任重于朝，行当有八命之礼，我若复此授，一门有二台司，实所畏惧。"乃固辞，上优而许之。[22] 又，宋武帝问王弘曰："卿弟（王昙首）何如卿？"答曰："若但如下官，门户何寄？"[23]

安然认为王羲之不可能葬在浙江，理由是浙江迄今没有发现大的家族墓葬群，没有发现与象山王氏墓同类型的墓志铭和墓葬形制、奢侈陪葬品。[24] 这其实也反证了各房支各自聚葬的家族墓特性。固然象山墓有相似的特制青灰砖墓志，棺外安放同器型的青瓷盘口壶，说明营葬事务可能有专门规划和管理，有专门作坊提供随葬品，但这只是王彬一支墓地，不能代表其他房支，地方墓葬也未必具备建康墓地的瞩目性、政治含义和物质条件。大量史料证明，渡江后，琅邪王氏中只有核心人物才恋栈朝廷中枢，大多数人不断深入地方，获得土地，营建新的地缘。

渡江第一代与第二代，王舒选溧阳，王导子王荟选吴郡，王羲之选会稽，都是为房支计划。家族内的房支地位由各房支子孙

21《晋书》卷八十，第2101页。
22《南史》卷二十二，第603页。
23《南史》卷二十二，第587页。
24 Annette Kieser, "'Laid to rest there among the mountains he loved so well ？' In search of Wang Xizhi's tomb".

仕宦高度而非血缘来决定。[25] 房支独立加深了家族内部分裂，到南朝就有了马蕃王与乌衣王的分别。[26] 房支的政治分歧与对抗非常明显，如王导后代王弘、王昙首、王华在合谋诛徐羡之时，王廙后代王韶之则投靠徐羡之；韶之为《晋史》，对王珣货殖、王廞作乱全不避讳，与王弘结怨很深。[27] 贫富差距也很大，王僧祐赠王俭的诗曰："汝家在市门，我家在南郭；汝家饶宾侣，我家多鸟雀。"[28] 王镇之贫不自给，只好归葬母亲于上虞，很难想象这样的墓葬可以讲究建康墓形制与陪葬。

渡江初王氏更关注五服内的连接，结成血缘政治联盟，这是形势使然，等到在江东扎根，共享高门郡望、回归房支发展才是常态。这时期丧服制度的变化也符合这一趋势——从强调宗族、国家回归到家族，更注重血缘连接。从家族墓的物质表现看，现代人所想象的昭穆启穴、统一墓葬形制彰显郡望的"琅邪王氏家族墓"并不存在，"家族墓"其实是在历史发展中形成的许多房支墓群，从考古发现看，迄今还没有超过四代人。

不光琅邪王氏如此，其他世家大族情况也相类。南京司家山发现的陈郡谢氏家族墓，也仅是谢攸一支，地位崇高如谢安、谢玄，也都是各自营葬。梁宗室在建康的墓地选择也是从萧顺之、萧崇之兄弟共有的家族墓地，扩散到以各支为中心，自营陵园。

---

25 毛汉光：《中古家族之变动》，《中国中古社会史论》，第66页。
26 《南齐书》卷三十三，第592页："甲族向来多不居宪台，王氏以分枝居乌衣者，位官微减，僧虔为此官，乃曰：'此是乌衣诸郎坐处，我亦可试为耳。'"
27 《宋书》卷六十，第1626页。
28 《南史》卷二十一，第580页。

三、"晋制"再思考

考古学归结"晋制"的重要特征是"薄葬减省"，从墓葬形制、地面建筑、祭祀、物质陪葬，较之"汉制"都大幅削减，推动这种转变的原因包括几代帝王自上而下的薄葬改革、战乱、经济萧条、盗墓、生死观变化，等等。以归葬为目的的假葬会不会也是晋制减省特征的动因之一呢？这个假设之前研究有所触及，但始终没有明确讨论。因为除非墓志写明假葬，假葬与永葬无法从物质遗存上区分。若将南京所发现的南渡世族家族墓都当作北归前的临时性聚葬，则陷入了将"归葬"习俗刻板化倾向，忽视了每个家族的不同处境、终制安置的不同考虑；但缺乏安全感、"无所归"的假葬心态的确是东晋南朝社会主要潮流，影响到晋制的物质表现。

不可否认，经历离乱的人更加思归，晋制中的"归葬"不同于汉制，归处不一定非得是故乡或祖先身旁，而更强调"归"的象征意义。不单士族仪式化话语化的归葬如此，整个社会从上至下的氛围大致相类。元嘉十六年（439年）莆谦买地券、元嘉十九年（442年）妳女买地券、元嘉二十七年（450年）龚韬买地券、梁天监十五年（516年）熊薇买地券、梁普通四年（523年）熊悦买地券，都出现同样一句话："承玄都鬼律，地下女青诏书：从军乱以来，普天下之死人，听得随生人所在郡县乡里亭邑买地葬埋"（表3）。这五个墓主人都葬在自己生前活动区域，虽未必都是移民，但券文是当时流行于武昌、广东、广西地区买地券上的格式化书写，说明以上区域生活着大量战乱流寓的移民及其后代，出于实际需要，死归"先茔""旧墓"被"就地葬埋"替代，道教的"鬼律"和买地券，就是为这种丧葬观念提供宗教支持。这里的"军乱"可能指晋宋之际孙恩、卢循之乱，而非泛指汉晋以来的离乱，[29] 晋末宋初也是佛道兴起度亡服务的重要时期，二者之间并非巧合，这时期道教的丧葬服务深入到民间。

表3 出现"承玄都鬼律，地下女青诏书：从军乱以来，普天下之死人，听得随生人所在郡县乡里亭邑买地葬埋"券文的五块买地券

埋葬年代	墓主人	生前居地	死后葬地	备注
元嘉十六年（439）	萠谦	武昌郡武昌平东乡新平里	武昌郡武昌县都乡石龟环里（今湖北鄂州司徒村郭家细湾），距武昌城遗址约1 500米	
元嘉十九年（442）	妳女	始兴郡始兴县东乡新城里	始兴郡始兴县东乡新城里（今广东始兴县都圹村）	434年殁故，8年后才葬埋
元嘉二十七年（450）	龚韬	南海郡番禺县都乡宜贵里	南海郡番禺县都乡宜贵里（今广州）	墓主生前为广州从事史
梁天监十五年（516）	熊薇	始安郡始安县都乡牛马王历里	始安县都乡牛马九乩里（今广西灵川县大圩镇上桥村）	亡于513年，停葬三年有余
梁普通四年（523）	熊悦	始安郡始安县都乡牛马杨田里	始安郡始安县都乡覃乩里（今广西灵川县大圩镇上桥村）	

（资料来源：鲁西奇，《中国古代买地券研究》，第98—136页）

---

29 刘昭瑞：《妳女地券与早期道教的南传》，《考古发现与早期道教研究》，北京：文物出版社，2007年，第320—335页；鲁西奇：《中国古代买地券研究》，厦门：厦门大学出版社，2014年，第115页。

　　南朝齐永明三年（485年）刘岂买地券还显示，刘氏家族原籍在南阳郡涅阳县都乡上支里，刘岂祖父时已经南徙荆州为官，刘岂祖父和父亲的墓都在荆州照心里。到了刘岂，又另于江夏营造新墓，将父祖迁葬江夏。鲁西奇推测，刘岂父亲刘元山很可能死于刘宋义宣事变，故其"墓茔草草"，其子刘岂方另立茔墓。[30] 这种"就子不就父"的家族墓地营造方式，说明"祖坟"未必要以故乡为归宿，官宦人家"祖坟"往往以"家族荣誉"为指向。文献中因为亡人身后的褒或贬引发迁葬例子非常多，不赘多引。

　　可见，晋制中的"有所归"与其说是继承传统的祖先崇拜，毋宁说，是漂泊时代活人急于重建的身份认同。对流寓世家大族而言，这种身份认同不靠财富彰显，更需要通过葬礼过程的士族圈互动、墓志显露的家传与姻亲关系，这些从考古遗存上自然无法尽数表现。

　　另一方面，假葬还是永葬，当时人恐怕也不一定清楚。人们既留不住昨日传统，也不知道未来在哪里，这种彷徨心态直接影响生死观与丧葬活动，造成了"晋制"比之"汉制"的根本转变，即"墓"与"家"都不安全了，现世靠不住亦不值得留恋，墓室不必再模仿生人居所，丧葬仅是隔绝生死、保护生人安全、超度亡魂的活动。"晋制"不再像"汉制"一样事死如事生：第一，墓内祭祀空间发生实质性缩减，如果说汉墓出于孝道或礼仪的目的，在建成前后有"显"的需求，那么在晋墓中，"藏"重新成为墓葬

---

30 鲁西奇：《中国古代买地券研究》，第121—124页。

的主要功能。除了朝廷监制下、有等级意义的大墓，大多墓葬这一空间只是封闭在地下献给死者，墓室的礼制作用弱化了。第二，删繁就简，埋入墓中的东西就不应视为日常生活再现，甚至不反映死者个人爱好需求，而可能是活人世界对抗死后世界的一套程序。尤其世家大族家族墓，操持丧葬活动应该是熟习丧仪的专门人士，丧葬大概仅代表时代或家族的集体意志、习俗，与个人无关。

此外，以威财陪葬来判断墓主身份高低的传统方法在晋制中也不完全实用。东晋偏安江东之初，礼制未振，家族墓各自发展族葬特色，新出门户急于提升地位，其中违礼僭越很难被追究。在这种情况下，太原温氏、广陵高氏的家族墓可能比琅邪王氏更奢侈更讲究身份，而琅邪王氏不必通过物质厚葬彰显地位，反而重视宗教与文化；以简为归，恰恰是一个文化世家对时代文化追求的呼应，也是身份的象征。这与六朝品评人物以"清贵""简""素"为上品的道理是一致的。

四、士与"归"

毛汉光认为，汉末一部分地方豪族演变成士族，是因为兼具了学业品德、官僚资格，更重要的是思想上从区域性变为全国性，东汉党锢事件加剧了士大夫思想上的一体化，形成"登车揽辔，澄清天下"的视野与价值取向。[31] 这也是余英时所谓的"士风"。

---

31 毛汉光：《中古士族性质之演变》，《中国中古社会史论》，第70—108页。

这种视野在门阀政治时代，进一步得到用人制度保证，形成了士族圈子的潜在默契，比如按次序出仕是正常的，不仕才是特殊的，被视为破坏贵族共同体的秩序与平衡。[32] 有了以上渊源与积淀，世族成员生来就站在天下面前，王羲之与谢安、谢万兄弟的交流，无不显示世族子弟心怀天下的自觉，王羲之听到刘惔、许询贪恋舒适、全身避祸的言论，直言"令巢、许遇稷、契，当无此言"，刘惔、许询闻言惭愧。同时，仕宦又是保证世家大族地位延绵的重要途径。"家族""天下"和政治权力，在世族文化里一体共生，这套语言中，"公私""群己"没有成为亟须分辨的问题。但一旦战乱离散来临，保家全身就变成大多数人的首要目标，永嘉南渡实际上开辟了士族精神的另一条路径：追求个人生活安稳、寻找宗教艺术上的自足。温峤与郭文对答代表了这两种思想的交锋——

> 温问："苟世不宁，身不得安。今将用先生以济时，若何？"
> 文曰："山草之人，安能佐世！"[33]

这番对答实际上包含了"我是谁？我与世界（人群）关系为何？我能做些什么？如何安顿此生？"等诸般问题。与故土解绑后，流寓士族发现了溢出家族之外的"个体"。如何安置有欲望的个体？

---

32 ［日］宫崎市定：《六朝时期江南的贵族》，宫崎市定著，张学锋、马云超等译：《宫崎市定亚洲史论考》中卷，上海：上海古籍出版社，2017年。张学锋对谢安前隐后仕所引发的士族圈舆论解读，也指出这一氛围。张学锋：《释"安石不肯出，将如苍生何！"》，《南京晓庄学院学报》2018年第5期，第17—21页。
33 《晋书》卷九十四，第2441页。

西方社会在基督教思想土壤上，将自由、平等、责任赋予个体，逐渐令它取代家庭、部落与种姓成为一种社会组织的基础，从而催生了现代人熟知的西方自由主义（liberalism），[34] 而六朝虽被认为是中国历史上少有的个性解放时代，个体却没有进一步发展成为一种社会组织基础，它仍然依附于家族，或者说更加依附血缘，脱离土地负累反而有机会将"归家"内化为一种文化自觉。个体自由没有获得思想上和制度上的公开保障，而是发展出不同于西方的"自由"观——在对待个体欲望上，以"忘我""不自我"为实现自由的途径。归葬故事显示，个体要么回归家族，建功立业，传承子孙，要么远离名利场，修佛修道，在田园山水中物我两忘，两种取向其实都将渺小的"我"寄托于宏大、永恒，前者常以济世为人生志业，后者刻意远遁旁观，回归自然，最好把个人欲望都融化在山水中。

当然，这样高远的视野只能来自上层士族，实现目标更需要政治、经济、文化等资源的丰厚积累，普通人望尘莫及，但贵族阶层的文化示范作用巨大，只要政治权力仍是社会主流价值观，群己不分、家国天下一体化的语言与思维模式便会得到模仿与继承，一旦求之不得、渴望脱离世俗权力束缚的，便从自然中寻求慰藉。这套进退模式滋养了后来中国的官僚士人，浙东山水留下的无数唐诗便是证据。以山水为归的名士为方志传说津津乐道，成为中国官僚士人仰慕的人生退路和世外桃源。对人生宇宙辽远抽象的

---

34 ［英］拉里·西登托普（Larry Siedentop）著，贺晴川译：《发明个体：人在古典时代与中世纪的地位》，桂林：广西师范大学出版社，2021年。

215

意念，与早期佛道互动，进而凝练成山水诗、山水画以"远意"为审美的范式。如唐代贾岛："分首芳草时，远意青天外。"元末明初诗人、书画家杨维桢："幽草有远意，仙禽无俗音。"明末清初八大山人："春山无近远，远意一为林。未少云飞处，何来人世心？"

强调"归"的中国文化，偏偏以"远"为最高审美，谁说这不是一种心理补偿呢？在"归"的意义变迁中，六朝士族重新安顿了个体、家国、宇宙，从而将离乱带来的偏离锻造成为中国文化的一项基因。

附　录

附表1：琅邪王氏部分成员葬地以及卒年

葬　地	卒　年	人　物	身　份
建康	319年	夏侯氏	王廙之母
建康	322年，47岁	王廙	王览孙子、王彬兄长
建康	324年，59岁	王敦	王览孙子
建康白石	336年，59岁	王彬	王览孙子、王廙弟弟
溧阳（建康附近）	未知	王舒	王览孙子
建康幕府山西	339年，64岁	王导	王览孙子
建康（今南京燕子矶一带）	377年，73岁	王彪之	王彬第二子
建康	晋末	王珣	王导孙子
江乘（建康北部，属丹阳）	430年	王昙首	王导曾孙
江乘（建康北部，属丹阳）	432年	王弘	王导曾孙

葬　地	卒年	人物	身　份
建康（今南京燕子矶一带）	488年	王珪之	王彪之孙子
丹阳（建康北部）	489年	王俭	王导五世孙
今南京炼油厂	唐代	侯罗娘	其夫王导之后
会稽（今浙江）	361年，59岁	王羲之	王览曾孙，王彬侄子
会稽（今浙江）	未详	王徽之、王献之等	王羲之儿子
会稽（今浙江）	未知	王随之	王廙孙子
会稽（今浙江）	427年	王弘之	王廙曾孙，王随之次子
吴郡	未知	王荟	王导之子
吴郡（无锡？）	427年，43岁	王华	王导后代，王荟孙子
吴郡（无锡？）	458年，36岁	王僧达	王导后代，王弘之子
吴郡（无锡？）	482年，84岁	王琨	王导后代，王荟孙子

附表2：象山王氏墓相关资讯
（参考考古报告）

备注：此表按照下葬时间排列，将墓葬遗存分为棺内与棺外，以显示琅邪王氏随葬的基本规律。

墓主	规格	墓志	陪葬（棺内）	陪葬（棺外）	身份
M7/王廙?（276—322）一男（中）二女（左右）	穹窿顶砖墓，室内长3.90米，高3.42米，宽3.22米，有直棂假窗，甬道中原壁龛，甬道设木门（左右），保存完整	无	1. 中棺：玻璃杯、青石板、铜镜、瓷羊、瓷碗、铜唾壶、铜弩机、金牌、刚石指环、玉带钩、铜刀、滑石猪。2. 左棺：铜镜、瓷罐、陶拍、瓷盘口壶、银钗、簪。3. 右棺：铜熨斗（下压玻璃杯）、玛瑙珠、铜钱、漆盒饰件、瓷唾壶、小釉陶壶、瓷碗（碗内一蚌壳）、铜镜、金簪及钗）、玛瑙珠、绿松石珠、水晶珠、金铃、金环等	1. 甬道：陶俑（12）陶马、陶牛、陶牛车（内凭几、车下一件陶盘和二件陶耳杯）。2. 墓室入口：瓷洗、铜方熏、陶案几（上有陶砚）、砚、瓷唾壶、陶凭几、陶香盘及耳杯。3. 墓室中：瓷盘口壶、瓷盘口壶（带盖）。4. 墓室左：陶灯、瓷灯、瓷盆、瓷盘口壶、瓷唾壶、瓷盘口壶及壶盖（紧靠棺木）。5. 墓室右：铜熨斗、博山式铜熏、瓷盘口壶、瓷盖盘、瓷唾壶、瓷盘、瓷盆、瓷碗、瓷盘（2）、瓷洗、陶灯、瓷灯。6. 墓室后：瓷虎子、瓷盘口壶（2）、陶囷（2）、瓷洗、瓷灯（2）、陶灯（5）	未知

续表

墓主	规格	墓志	陪葬（棺内）	陪葬（棺外）	身份
M11/王兴之（310—340）	棺室内长约3.7米，宽约1.75米，高1.96米，保存完整	1	铜弩机、铜镜（下压铜削）、铜两头叉形饰件、铜蚌饰、大石板、铅人	瓷盘口壶、瓷大碗、瓷小碗、瓷碗、瓷香薰	王彬之子，征西大将军行参军、赣令
M1/宋和之（314—348）		2	铜弩机、铁镜、金簪、小石板	瓷盘口壶	宋哲之女，王兴之妻子
M11/王康之（335—356）	内长4.13米，宽1.8米，高2米，有壁龛，被盗严重				王彬之孙，王彪之之子、男子
M11/何法登（339—389）					王康之之妻、何充之女
M5/王闽之（331—358）	内长4.49米，宽1.31米，高1.06米，无甬道，有小龛，保存完整	1	铜弩机、铜镜、陶砚、墨、铜刀、镶斗、瓷唾壶	青瓷碗（2）、鸡首壶、瓷盘口壶	王彬之孙，兴之之元子、男子

221

墓主	规格	墓志	随葬（棺内）	随葬（棺外）	身份
M3/王丹虎（302—359）	长4.25米、宽1.15米、高1.34米，有壁龛，无甬道，保存完好	1	铜刀、铜弩机、镶铜边石板、铁镜、金银饰件、铜银泡、铜饰件、金环（4）、铁剪与小刀、金钗（1）、金钗（12）、金簪（4）、铁刀、铜耳杯、琥珀珠、绿松石珠、琉璃珠、丹药、贝状壳	瓷盘口壶、青瓷小碗（2）	王彬长女
M4/身份不详	内长4.54米、宽约2.08米、高2.17米，有壁龛，被盗严重	无	盘口壶（与王丹虎墓相近）、铜棺钉		东晋时期
M8/王仚之（329—367）	内长4.5米、宽1.95米、高2.1米，有壁龛，被盗	1	铁镜（2）、滑石猪（2）、滑石板（2）、三足砚、鸡首壶（3）、耳杯（2）、陶盆、盘口壶（2）、铜削、	瓷盏、唾壶	丹杨令、骑都尉，王彬与夏金虎之子
M9/王建之（317—371）	内长4.42米、宽2米、高2.2米，有壁龛，保存完整	3	铜弩机（有铭文）、玉带钩、三足炉、鎏金铜镜、石黛板、大滑石猪（2）、木碗	盘口壶、瓷盏、香薰	振威将军、鄱阳太守，王彬之孙，王彭之长子

续　表

墓主	规格	墓志	陪葬（棺内）	陪葬（棺外）	身份
M9/刘媚子（319—371）			铜弩机（错金银）、金簪、金钗、金银环、铜扣、铁镜、石黛板、小滑石猪（2）	盘口壶、瓷盏、香熏	王建之妻
M6/夏金虎（308—392）	内长4.44米、总宽1.25米、高1.88米，有壁龛、直棂假窗、长方形祭台，被盗严重	1	残陶凭几、滑石猪（2）、陶耳杯（2）、陶唾壶、青瓷碗（3） 砖祭台上：陶盘（3）、陶三足炉		王彬的继室夫人
M10/身份不详	内长4.45米、宽2米、高2.3米，有壁龛，被盗	1（无法辨认）	瓷三足砚、石砚、铁镜		不详
M2/身份不详 南朝时期	内长4.18米、宽1.24米、高1.76米，有棺床、直棂假窗、壁龛，棺床前有祭台，被盗扰	无	金银钗、金银环、陶砚、滑石猪、莲花瓣小瓷罐、铜炉、小瓷碗、陶砚、铜镜		不详

附表3：四座代表朝廷礼仪的大墓
与仙鹤观M6的比较

名称	时间	规 格	灵座	陪葬小釉陶壶
周处夫妇墓	西晋晚期周处（241—297）	双室穹窿顶，全长13.12米、宽4.36米、高5.18米。前室2.32米×2.34米×5.18米。甬道有石门，被扰动	祭台、陶座（帷帐）	
象山M7	东晋早期	凸字穹窿顶单室砖墓，全长5.30米、宽3.22米、高3.42米。室内长3.90米、宽3.22米、高3.42米，三壁中间各砌一直棂假窗和灯龛，甬道有木门，保存完整	陶榻、凭几	
温峤夫妇墓	东晋早期温峤（288—329）	凸字单室穹窿顶，总长7.49米，墓室3.96米×3.75米×3.38米，三壁均砌直棂假窗和灯龛，甬道有木门，被盗	祭台	

名称	时间	规　　格	灵座	陪葬小釉陶壶
南京大学北园大墓	东晋早期	带耳室的砖室墓，穹窿顶，全长8.04米，东西总长9.9米，甬道有两道木门。主室南北长4.4米，东西宽4米，残高仅余1米，因此未知是否有直棂假窗和灯龛	陶榻2，陶案4，龙虎座各1，羊座2，凭几3	
仙鹤观 M6	东晋中期高悝夫妇	凸字单室墓穹窿顶，全长7.44米，墓室4.9米×2.8—2.95米×3.44米，有棺床、直棂假窗、灯龛，甬道无木门	无灵座，棺床东侧前部出有瓷罐、瓷器盖等	

附表4：六朝世家大族鬼故事

家族	人物	故　　事	来　　源
孙氏	孙钟	孙坚父孙钟种瓜奇遇，定孙氏族墓	《幽明录》，第365页；《异苑》，第27页
	孙坚夫人	孙坚夫人生孙策、孙权前，梦日月入怀	《搜神记》，第154页
	孙策	以于吉蛊惑人心杀吉，为吉所考死	《搜神记》，第50页
	孙权	介琰从北来，云从其师白羊公入东海，吴主为琰架宫庙	《搜神记》，第52页
		孙权病，巫见一鬼似鲁肃	《搜神记》，第157页；《幽明录》，第367页
	孙休之妃朱妃	孙峻杀朱妃，埋于石子岗，改葬时由巫识其灵	《搜神记》，第387页
	孙休	孙休有疾，求巫觋，其术甚灵	《搜神后记附录》，第615页

家族	人物	故 事	来 源
孙氏	孙皓	得一金像为灌顶佛，阴痛不可堪，后香汤浴像，烧香忏悔，便止	《小说》，第230页；《宣验记》，第554页
陈留阮氏	阮德如（阮侃）	厕中见一鬼，笑谓鬼可憎，鬼赧而退	《小说》，第229页；《幽明录》，第371页
	阮瞻	持无鬼论，鬼谒阮自证有鬼，后年余，病卒	《小说》，第233页；《幽明录》，第371页
河内司马	司马佑	司马佑得病将死，赵公明参佐用巫术为其治病	《搜神记》，第100页
	司马隆等	东魏徐某归葬江左，棺为人所发，司马隆三兄弟取棺作车，悉见患而亡	《幽明录》，第420页
	司马师	司马师无子，巫言因为冤死了夏侯玄、曹爽	《异苑》，第52页
	晋孝武帝母李太后	出身卑役，相者言"当生贵子，有虎厄"，后以手扶虎像，手肿痛，以疾崩	《幽明录》，第388页
	司马休	潜文武千余人迎家人达南郡，见聚肉数百斤，煮之，变成虾蟆	《异苑》，第23页
	司马昱（简文帝）	求子息，濮阳令在帝前祷至三更，见黄气来，尔夜幸李太后生孝皇帝	《异苑》，第28页
	司马恬	病中梦见邓艾请他重修京口草庙，醒来后为立瓦屋	《异苑》，第68页

227

续　表

家族	人物	故　　事	来　　源
太原温氏	温序	温序原葬在洛阳城旁，长子寿梦见父亲思乡，辞官送父归葬	《搜神记》，第160页
	温峤	温峤于溢口得罪水神，得病死	《杂鬼神志怪》，第537页
		至牛渚矶，以火照水底，得罪水族，卒	《异苑》，第69页
	温湛	温湛婢遇到的异事	《异苑》，第1页
	温放之	晋兴宁中，为交趾刺史，开苍梧王士燮墓，还堕马而卒	《异苑》，第65页
琅邪王氏	与王敦之乱有关的征兆	元帝太兴元年地震	《搜神记》，第241—244页
		太兴中，王敦镇武昌，武昌火灾	
		晋中兴，着帻者以带缚项、作袴者直幅为口	
		王敦在武昌，铃下仪仗生华	
	王敦	王敦召吴猛，猛显神通，约敕水神	《幽明录》，第373页
		王敦近吴猛，恶之于坐，郏然失去，船一宿行千里	《幽明录》，第373页
		王敦屯姑熟，晋明帝往视，敦昼梦日环其城	《异苑》，第28页
	王导	王导请郭璞筮吉凶，郭璞以"镜耗"厌之	《搜神后记》，第479页
		王导梦人欲以百万钱买大儿，后得一窖钱，数目相符。大儿亡	《幽明录》，第374页

家族	人物	故　　　事	来　　源
琅邪王氏	王导	王悦病笃，蒋侯现身求食，食毕表示王悦命数已尽，救不得	《幽明录》，第 374 页
		请郭璞为一卦，有震厄，命以柏树置寝处，果验	《幽明录》，第 374 页
	王戎	王戎赴人家殡敛，见注鬼，鬼告以禳解之法	《搜神后记》，第 574 页；《杂鬼神志怪》，第 539 页
	王凝之	安开乃俗巫，有异术。凝之为江州，出门，安开为他梳头，以荷叶为帽，王不觉异	《幽明录》，第 382 页
	凝之夫人谢道韫	见二亡儿还，着械，自言有罪谪，劝母为作福，于是勤为求请	《幽明录》，第 382 页；《冥祥记》，第 591—592 页；《异苑》，第 58 页
	王徽之（子猷）	王献之临终，徽之请以余年代之，师曰"君算亦当尽，复何所代"	《幽明录》，第 391 页
	王彪之	年少未官，独坐斋中，已逝的母亲现身，告以未来，后应验	《幽明录》，第 383 页
	王辑	仕梁为南康王记室，亡后数年，妻子困于衣食，现形安慰	《集灵记》，第 447 页
	王袭之	宋吴兴太守，爱老庄，不信佛，梦所养鹅衔一卷佛经，后笃信过人，更富贵也	《宣验记》，第 557 页
	王珉、王练	一沙门慕王珉风采，愿为珉子，沙门死后岁余，王练生	《冥祥记》，第 612 页

家族	人物	故　　事	来　　源
琅邪王氏	王淮之（元曾）	世以儒专，不信佛法。得病气绝，复苏相信人死神存，佛教不得不信	《冥祥记》，第632页
	王聘之	妻陈郡谢氏，死，假葬建康，既葬反虞，怨不作挽歌	《异苑》，第58页
高平郗氏	郗愔（方回）	葬妇于离山，使会稽郡吏修墓，坏一冢，构制甚伟，内闻鼓声	《幽明录》，第375页
	郗恢	有一物如蜥蜴，常来扣户，后郗恢与殷仲堪谋议不同，下奔京师，遇害	《幽明录》，第394页
	郗超	郗超二十余得重病，请杜不愆卜，后皆应验	《搜神后记》，第481页
	郗鉴	镇丹徒，二月出猎，蕨生，手下甲士折一茎食，得了心腹疾，吐出一赤蛇	《搜神后记》，第490页
太原王氏	王坦之（文度）	镇广陵时，鬼召为天官，寻病薨	《幽明录》，第398页
		竺法度与王坦之共论生死，先死者报信	《搜神后记》，第580页
	王愉	家有异象，凶兆	《异苑》，第35页
琅邪颜氏	颜世都、颜含	颜世都得病死，迎丧时旐绕树木不可解，复活后十余年不能自理，全靠弟弟照料	《搜神记》，第359页
	颜含	含嫂因疾失明，需要蛇胆，含得青鸟赠蛇胆，嫂病愈	《晋书·颜含传》

续　表

家族	人物	故　　　事	来　　　源
颍川庾氏	庾亮	庾亮驻江州时，曾寻猛问疾	《晋书·吴猛传》
		庾亮病，术士戴洋说是昔年在白石祠中祈福，未解，为鬼所考，翌年亮果亡	《搜神后记》，第483页
		领荆州，登厕，忽见一物如方相。寝疾、遂亡	《甄异传》，第270页
		镇武昌，出石头，百姓歌"庾公还扬州，白马牵旒车"，后应验	《荀氏灵鬼志》，第311页
谯国桓氏	桓温	谢允从武当山回，在桓温处，以朱符投水中，得鲤鱼	《搜神后记》，第475页
		桓温拜简文帝陵，见到殷涓(殷浩之子)的亡灵，回来就病死	《搜神后记》，第526页
		北征姚襄前，许逊为之预言，应验	《幽明录》，第384页
		镇赭圻时，帐下何参军晨出便溺，得罪野鬼	《幽明录》，第384页
		窃窥比丘尼沐浴，见尼破腹断头手，喻"公作天子，亦当如是"	《幽明录》，第384页；《冥祥记》，第586页
		荆州主簿习凿齿从桓温出猎，射一臂带香囊的老雄狐	《幽明录》，第384页
		府上参军夜坐，斫兔反伤己	《幽明录》，第385页
		在南州时，禁杀牛，一人窃买牛皮致富	《幽明录》，第387页

231

续　表

家族	人物	故　　事	来　　源
谯国桓氏	桓玄	陈郡袁真送三妓与桓温，一夜流星入盆水，一妓取水饮，遂生桓玄	《搜神后记》，第509页；《幽明录》，第384页
		桓玄生而有光照室，占者云，此儿生而奇曜，取名灵宝	《异苑》，第33页
		童谣"平固城"，乃桓玄篡位之征	《述异记》，第284页
		桓玄时，牛大疫，人食疫死牛肉亡，死后得贵人赦，此后食牛肉者无复有患	《幽明录》，第386页
		桓玄害司马道子后，蒋侯现身斥责	《幽明录》，第387页
		在南郡国，出诣殷仲堪，途中遇到怪事	《幽明录》，第387页
	桓修	擒刘毅妻郭美，送给桓玄。玄败，郭还，生一儿一鼠，刘毅杀儿，鼠走枯莽中	《异苑》，第81—82页
	桓冲	为江州刺史，遣人周行庐山，睹灵异	《述异记》，第284页
		镇江陵，正会夕，当烹牛，牛流泪跪拜，帐下因冲醉不得启，杀之	《幽明录》，第381页
	桓嗣（豹奴，桓冲长子）	为江州时，甘录事治下有异事	《幽明录》，第381页

232

续　表

家族	人物	故　　事	来　　源
谯国桓氏	桓豁	任荆州刺史时，梦见龙山之神	《述异记》，第285页；《异苑》，第69页
		在荆州时，有参军五月五剪鸲鹆舌，令学语	《异苑》，第15页
	桓石民	为荆州，闻歌，乃未来征兆	《荀氏灵鬼志》，第312页
	桓邈（桓伟子）	为汝南郡时，人送四乌鸭为礼，大儿梦四乌衣人请命，遂救之，还梦四人来谢	《幽明录》，第400页
	桓恭	为桓安民参军时，在丹徒所住廨，以食物祀一古墓，后见一人来告"依君籍，当为宁州刺史"	《幽明录》，第400页
	桓振（玄从父之弟）	夜闻人登床声，为凶兆	《异苑》，第35页
顺阳范氏	范启	范启前母墓在顺阳，为改葬，请巫来识灵	《搜神后记》，第485页
颍川荀氏	荀序	年幼遇险得救	《搜神后记》，第506页
	荀羡、羡子粹	荀羡门下吏病亡，复苏后自云见荀粹，告诉他"君算未尽"，推荐他人替代	《幽明录》，第388页
	荀茂远	到南康，梦一人筮曰，还都可因水为官。又梦堕水，作棺葬，醒来果然落江殒，丧仪同	《异苑》，第72页

家族	人物	故　　事	来　　源
济阳蔡氏	蔡谟	蔡谟尝获一龟,倒悬厨下,他宠爱的王蒙体若无骨,一睡就梦见被人倒悬,于是把龟放了,一切就正常	《搜神后记》,第516页
		为光禄大夫时,在家,闻新死呼魂声,疾患遂薨	《荀氏灵鬼志》,第314页
		亲睹邻左复魄,一老妪升天,三唤三顾	《幽明录》,第374页
		梦见张甲得霍乱卒,告以蜘蛛脚可治	《幽明录》,第374—375页
范阳卢氏	卢充	卢充幽婚,遇崔氏女鬼,生温休,其后为卢植、植子卢毓	《孔氏志怪》,第329页;《搜神后记》,第590页
陈郡谢氏	谢玉(或为谢琰)	谢为琅邪内史时,在京城,治下遇虎得救,与蒋侯信仰有关	《搜神后记附录》,第633页
	谢鲲	凶亭中与鹿怪角力	《幽明录》,第371页
	谢安	梦见乘桓温舆行十六里,见一白鸡而止,后果代居宰相十六年	《幽明录》,第382页
		死前一月,妇刘氏曾见狗衔安头来	《异苑》,第34—35页
	谢石(安弟)	患面疮,梦日环其城,遂自匿远山,中宵有物舔其疮,舔处悉白,故世称谢白面	《异苑》,第84页
	谢尚	夏侯弘为谢尚活马,又能算出谢尚无子的原因	《杂鬼神志怪》,第539—540页

234

续　表

家族	人物	故　　事	来　　源
陈郡谢氏	谢晦	宅南路上有古井，元嘉二年，汲者见二龙	《异苑》，第4页
		见一赤鬼，手执铜盘，满是血	《异苑》，第37页
	谢庆（灵运父）	杀了青溪小姑庙中的鸟，梦见青溪小姑斥责，卒	《异苑》，第43页
	谢灵运	元嘉五年，忽见谢晦手提其头来坐别床，血色淋漓，又所服豹皮裘血淹满箧，饭中有大虫，皆凶兆	《异苑》，第37页
		钱唐杜明师梦东南有人入其馆，是夕灵运生，旬日谢玄亡。谢家送灵运入杜养，十五还都，名为客儿	《异苑》，第72页
吴郡朱氏	施绩（朱然之子）	施绩门生持无鬼论，遇到一鬼取他性命，后以施绩帐下都督替代	《搜神记》，第385页
吴郡陆氏	陆机	有一犬名黄耳，为他在洛阳与吴之间送信	《述异记》，第283页
		在洛尝饷张华鲊，以苦酒濯之，五色光起	《异苑》，第19页
		初入洛，道遇王弼鬼	《异苑》，第53页
吴郡顾氏	顾需（？）	顾送客至升平亭，遇见一沙门食羊肉，得病死	《搜神后记》，第521页
	顾恺之	心悦邻女，画女于壁，当心钉之，女即患心痛	《搜神后记》，第599页；《幽明录》，第385页

235

续　表

家族	人物	故　　事	来　　源
吴郡顾氏	顾邵	顾邵为豫章，毁诸庙，遇庐山君共谈春秋，邵烧左传续灯火，鬼退	《小说》，第230页；《杂鬼神志怪》，第536页
	顾迈	奉法甚谨，自建康还广陵，船遇波浪，诵观世音经得安	《冥祥记》，第627页
会稽虞氏	虞定国（后汉人，曾为日南太守，卒官丧还，墓在余姚）	苏父想以女儿侍奉虞，弄巧成拙	《搜神记》，第298页
会稽贺氏	贺瑀	贺瑀死后拜见府君，得一剑，复活后可驱策社公（若取印，可策百神）	《搜神记》，第362页；《录异传》，第527页
会稽谢氏	谢家（？）沙门竺云遂	竺路过青溪庙，被青溪中姑看中，一月病卒。后年少道人诣庙，通灵，共唱呗	《搜神后记》，第503页
	谢祖	祖之妇生一蛇，母终，蛇来拜别	《幽明录》，第408页
	谢奉（弘道、号道欣）	谢奉梦见好友郭伯猷死，醒来往郭处共围棋，其梦应验	《搜神后记》，第514页
		遇防风之鬼，家有忧喜，即来报信	《杂鬼神志怪》，第541页

236

家族	人物	故　　事	来　　源
会稽谢氏	谢宗	遇一女子（龟），生俩龟儿子，名道愍、道兴	《孔氏志怪》，第 332 页；《杂鬼神志怪》，第 538 页
	谢谟	宗正卿谢谟夜独坐饮，忽见人椎发袒臂来饮，倾瓮不去，谟以为盗，援剑逐之	《殖氏志怪记》，第 443 页
	谢敷（谢輶兄子，著名隐士）	隐于东山，手写首楞严经，白马寺火灾，此经文字悉存	《冥祥记》，第 590 页
义兴周氏	周处	周处斩苍蛟	《祖台之志怪》，第 323 页
		义兴有邪足虎、苍蛟与周处，并称"三害"	《孔氏志怪》，第 332 页
	胡母班	为太山府君送信，贻其青丝履	《列异传》，第 253 页
		太山府君请胡母班送信，胡母班得遇河伯，亲历了一段"生死异路、不可相近"的死后故事	《搜神记》，第 98 页
	嵇康	嵇康夜弹琴，遇鬼调弦	《裴子语林》，第 134 页
		嵇康弹琴，鬼来，嵇康灭火，"耻与魍魉争光"	《荀氏灵鬼志》，第 312 页；《异苑》，第 52 页
		嵇康华阳亭遇鬼，教他广陵散	《荀氏灵鬼志》，第 312—313 页
		古墓白骨发露，嵇康为之葬埋，鬼以广陵散曲相报	《异苑》，第 68 页

237

材料来源：

（三国魏）曹丕原著，鲁迅辑：《列异传》，《鲁迅全集（第八卷）·古小说钩沉》

（晋）干宝原著，李剑国辑校：《搜神记》，《新辑搜神记·新辑搜神后记》

（晋）孔约原著，鲁迅辑：《孔氏志怪》，《鲁迅全集（第八卷）·古小说钩沉》

（晋）祖台之原著：《祖台之志怪》，《鲁迅全集（第八卷）·古小说钩沉》

（晋）陆氏原著，鲁迅辑：《异林》，《鲁迅全集（第八卷）·古小说钩沉》

（晋）裴启原著，鲁迅辑：《语林》，《鲁迅全集（第八卷）·古小说钩沉》

（南朝齐）王琰原著，鲁迅辑：《冥祥记》，《鲁迅全集（第八卷）·古小说钩沉》

（南朝齐）祖冲之原著，鲁迅辑：《述异记》，《鲁迅全集（第八卷）·古小说钩沉》

（南朝宋）陶潜原著，李剑国辑校：《搜神后记》，《新辑搜神记·新辑搜神后记》

（南朝宋）刘敬叔撰，范宁校点：《异苑》

（南朝宋）刘义庆原著，鲁迅辑：《幽明录》，《鲁迅全集（第八卷）·古小说钩沉》

（晋）戴祚原著，鲁迅辑：《甄异传》，《鲁迅全集（第八卷）·古小说钩沉》

（隋）颜之推编著，鲁迅辑：《集灵记》，《鲁迅全集（第八卷）·古小说钩沉》

鲁迅辑：《荀氏灵鬼志》，《鲁迅全集（第八卷）·古小说钩沉》

鲁迅辑：《录异传》，《鲁迅全集（第八卷）·古小说钩沉》

鲁迅辑：《小说》，《鲁迅全集（第八卷）·古小说钩沉》

参考文献

一、传统文献

（汉）班固撰集，（清）陈立疏证，吴则虞点校：《白虎通疏证》，北京：中华书局，1994年。

（汉）班固撰，（唐）颜师古注：《汉书》，北京：中华书局，1962年。

（晋）陈寿撰，（南朝宋）裴松之注：《三国志》，北京：中华书局，1959年。

（晋）干宝编撰，（南朝宋）陶潜编撰，李剑国辑校：《新辑搜神记 新辑搜神后记》，北京：中华书局，2007年。

（晋）葛洪：《抱朴子》，上海：上海书店，1986年。

（南朝宋）范晔撰，（唐）李贤等注：《后汉书》，北京：中华书局，1965年。

（南朝宋）刘敬叔撰，范宁校点：《异苑》，北京：中华书局，1996年。

（南朝宋）刘义庆撰，（南朝梁）刘孝标注，杨勇校笺：《世说新语校笺》，台北：正文书局，2000年。

（南朝宋）刘义庆撰，（南朝梁）刘孝标注，余嘉锡笺疏：《世说新语笺疏》，北京：中华书局，1983年。

（南朝梁）沈约：《宋书》，北京：中华书局，1974年。

（南朝梁）释慧皎撰，汤用彤校注，汤一玄整理：《高僧传》，北京：中华书局，1992年。

（南朝梁）萧统编，（唐）李善注：《文选》，上海：上海古籍出版社，1986年。

（南朝梁）萧子显：《南齐书》，北京：中华书局，1974年。

（南朝梁）宗懔撰，宋金龙校注：《荆楚岁时记》，太原：山西人民出版社，1987年。

（南朝陈）顾野王著，顾恒一、顾德明、顾久雄辑注：《舆地志辑注》，上海：上海古籍出版社，2011年。

（北齐）魏收：《魏书》，北京：中华书局，1974年。

（唐）杜佑：《通典》，北京：中华书局，1992年。

（唐）李吉甫撰，贺次君点校：《元和郡县图志》，北京：中华书局，1983年。

（唐）李延寿：《南史》，北京：中华书局，1975年。

（唐）房玄龄等：《晋书》，北京：中华书局，1974年。

（唐）魏征等：《隋书》，北京：中华书局，1973年。

（唐）许嵩撰，张忱石点校：《建康实录》，北京：中华书局，1986年。

（唐）姚思廉：《陈书》，北京：中华书局，1972年。

（唐）姚思廉：《梁书》，北京：中华书局，1973年。

（唐）张彦远著，俞剑华注释：《历代名画记》，上海：上海人民美术出版社，1964年。

（宋）高似孙：《剡录》，《中国方志丛书·华中地方（第六四号）》，台北：成文出版社，1970年。

（宋）李昉等编：《太平广记》，北京：中华书局，1961年。

（宋）马光祖修，（宋）周应合纂：《景定建康志》，南京：南京出版社，2010年。

（宋）司马光编著，（元）胡三省音注：《资治通鉴》，北京：中华书局，1956年，2005年重印。

（宋）王象之：《舆地纪胜》，北京：中华书局，1992年。

（宋）徐天麟：《东汉会要》，北京：中华书局，1955年。

（宋）徐天麟：《西汉会要》，北京：中华书局，1955年。

（宋）乐史撰，王文楚等点校：《太平寰宇记》，北京：中华书局，2007年。

（宋）张敦颐：《六朝事迹编类》，上海：商务印书馆，1937年。

（明）王轼修订：《琅邪王氏宗谱》，藏于北京国家图书馆。

（明）张宇初、邵以正、张国祥编纂：《正统道藏》，上海涵芬楼影印本，台北：新文丰出版公司，1985年。

（清）顾祖禹撰，贺次君、施和金点校：《读史方舆纪要》，北京：中华书局，2005年。

（清）李亨特总裁，（清）平恕等修：《绍兴府志》，《中国方志丛书·华中地方（第二二一号）》，1792年；重刊，台北：成文出版社，1966年。

（清）阮元校刻：《十三经注疏》，北京：中华书局，1980年。

（清）王启光修订：《琅邪王氏族谱》，藏于北京国家图书馆。

（清）严可均校辑：《全上古三代秦汉三国六朝文》，北京：中华书局，1958年。

（清）《（光绪）丹阳县志》，《中国地方志集成·江苏府县志辑（31）》，南京：江苏古籍出版社，1991年。

《道藏》，北京：文物出版社，上海：上海书店，天津：天津古籍出版社，1988年。

顾学颉校点：《白居易集》，北京：中华书局，1999年。

鲁迅辑：《古小说钩沉》，《鲁迅全集（第八卷）》，北京：人民文学出版社，1973年。

王利器：《颜氏家训集解》，北京：中华书局，1996年。

张志烈、马德富、周裕锴主编：《苏轼全集校注》，石家庄：河北人民出版社，2011年。

中华书局编辑部编：《宋元方志丛刊》，北京：中华书局，1990年。

二、考古报告

杭州市文物考古所、临安市文物馆：《临安市牛上头谢氏家族墓地发掘报告》，载浙江省文物考古研究所编著：《浙江汉六朝墓报告集》，北京：科学出版社，2012年，第421—453页。

贺云翱、邵磊：《南京梁南平王萧伟墓阙发掘简报》，《文物》2002年第7期，第59—71页。

湖南省博物院、中国科学院考古研究所：《长沙马王堆二、三号墓发掘简报》，《文物》1974年第7期，第39—48、63页。

华国荣：1998《南京南郊六朝谢珫墓》，《文物》1998年第5期，第4—14页。

华国荣、张九文：《南京北郊东晋温峤墓》,《文物》2002年第7期，第19—33页。

华国荣、张九文：《南京南郊六朝谢温墓》,《文物》1998年第5期，第15—18页。

霍华：《南京尧化门南朝梁墓发掘简报》,《文物》1981年第12期，第14—23页。

姜林海、张九文《南京象山11号墓清理简报》,《文物》2002年第7期，第34—40页。

姜林海、张九文：《南京象山8号、9号、10号墓发掘简报》,《文物》2000年第7期，第4—20页。

李蔚然：《南京六朝墓葬的发现与研究》，成都：四川大学出版社，1998年。

李蔚然：《南京太平门外刘宋明昙憘墓》,《考古》1976年第1期，第49—52页。

陆建方、王根富：《梁朝桂阳王萧象墓》,《文物》1990年第8期，第33—40页。

罗宗真：《江苏宜兴晋墓发掘报告：兼论出土的青瓷器》,《考古学报》1957年第4期，第83—106页。

罗宗真：《江苏宜兴晋墓发掘报告》,《考古学报》1959年第12期，第83—106页。

罗宗真：《江苏宜兴周墓墩古墓清理简报》,《文物参考资料》1953年第8期，第90—103页。

南京博物院：《江苏溧阳果园东晋墓》,《考古》1973年第4期，第227—231页。

南京博物院、南京市文物保管委员会：《南京栖霞山甘家巷六朝墓群》,《文物》1976年第5期，第316—325、351—356页。

南京大学历史系考古组：《南京大学北园东晋墓》,《文物》1973年第4期，第36—50页。

南京市文物保管委员会：《南京戚家山东晋谢鲲墓简报》,《文物》1965年第6期，第34—36页。

南京市文物保管委员会：《南京人台山东晋兴之夫妇墓发掘报告》,《文物》1965年第6期，第26—33页。

南京文物保管委员会：《南京象山东晋王丹虎墓和二、四号墓发掘简报》,《文物》1965年第10期，第29—45页。

祈海宁等：《南京栖霞狮子冲南朝大墓发掘简报》,《东南文化》2015年第4期，第33—48、65—67页。

阮国林、李毅：《南京司家山东晋、南朝谢氏家族墓》,《文物》2000年第7期，第36—49页。

阮国林：《南京梁桂阳王肖融夫妇合葬墓》，《文物》1981年第12期，第8—13页。

王志高等：《南京江宁上坊孙吴墓发掘简报》，《文物》2008年第12期，第4—34页。

王志高、贾维勇：《江苏南京市白龙山南朝墓》，《考古》1998年第12期，第46—52页。

王志高：《江苏南京仙鹤观东晋墓》，《文物》2001年第3期，第4—40页。

袁俊乡：《南京象山5号、6号、7号墓清理简报》，《文物》1972年第11期，第23—41页。

岳涌、张九文：《南京市郭家山东晋温氏家族墓》，《考古》2008年第6期，第3—25页。

中国科学院考古研究所、湖南省博物馆：《马王堆二、三号汉墓发掘的主要收获》，《考古》1975年第1期，第47—57、61页。

周裕兴、张九文：《江苏南京北郊郭家山五号墓清理简报》，《考古》1989年第7期，第603—606页。

朱希祖：《六朝陵墓调查报告》，上海：上海书店出版社，1992年。

朱偰：《建康兰陵六朝陵墓图考》，上海：商务印书馆，1936年。

三、近人论著

（一）翻译论著

［德］阿莱达·阿斯曼（Aleida Assmann）著，潘璐译：《回忆空间：文化记忆的形式和变迁》，北京：北京大学出版社，2016年。

［德］安然（Annette Kieser）：《东晋时期北方移民对南方墓葬影响的重新评估》，巫鸿主编：《汉唐之间文化艺术的互动与交融》，北京：文物出版社，2001年，第231—272页。

［德］安然（Annette Kieser）：《魂返故土还是寄托异乡——从墓葬和墓志看东晋的流徙士族》，《东南文化》2002年第9期，第45—49页。

〔德〕安然（Annette Kieser）著，周胤等译：《从文物考古透视六朝社会》，南京：南京大学出版社，2021年。

〔法〕米歇尔·福柯（Michel Foucault）著，莫伟民译：《词与物：人文科学考古学》，上海：上海三联书店，2011年。

〔法〕米歇·傅柯（Michel Foucault）著，王德威译：《知识的考掘》，台北：麦田出版有限公司，1993年。

〔荷〕许里和（E. Zürcher）著，李四龙、裴勇等译：《佛教征服中国》，南京：江苏人民出版社，1998年。

〔美〕丁爱博（Albert E. Dien）著，李梅田译：《六朝文明》，北京：社会科学文献出版社，2013年。

〔美〕林·亨特（Lynn Hunt）主编，姜进译：《新文化史》，上海：华东师范大学出版社，2011年。

〔美〕太史文（Teiser, S. F.）著，侯旭东译：《幽灵的节日：中国中世纪的信仰与生活》，杭州：浙江人民出版社，1999年。

〔美〕伊沛霞（Patricia Buckley Ebrey）著，范兆飞译：《早期中华帝国的贵族家庭：博陵崔氏个案研究》，上海：上海古籍出版社，2011年。

〔日〕宫崎市定著，张学锋、马云超等译：《六朝时期江南的贵族》，《宫崎市定亚洲史论考》中卷，上海：上海古籍出版社，2017年。

〔日〕吉川忠夫著，王启发译：《六朝精神史研究》，南京：江苏人民出版社，2010年。

〔日〕室山留美子：《北朝时期汉族官僚在首都居住的情况：以东魏北齐官僚葬地选择为线索》，井上彻、杨振红编：《中日学者论中国古代城市社会》，西安：三秦出版社，2007年，第117—147页。

〔日〕小尾孝夫撰，杨洪俊译，陆帅校：《广陵高崧及周边：六朝南人的一个侧面》，《南京晓庄学院学报》2015年第1期，第16—41页。

〔日〕曾布川宽著，傅江译：《六朝帝陵：以石兽和砖画为中心》，南京：南京出版社，2004年。

〔日〕中村圭尔：《六朝贵族制论》，刘俊文主编：《日本学者研究中国史论著选译》第2卷，北京：中华书局，1992年，第359—391页。

［日］中村圭尔著，刘驰译：《关于南朝贵族地缘性的考察：以对侨郡县的探讨为中心》，《南京晓庄学院学报》2005年第4期，第21—34页。

［英］拉里·西登托普（Larry Siedentop）著，贺晴川译：《发明个体：人在古典时代与中世纪的地位》，桂林：广西师范大学出版社，2021年。

（二）英文论著

Bai Bin, "Religious Beliefs as reflected in the funerary record." In John Lagerwey and Lü Pengzhi ed., *Early Chinese Religion Part Two: The Period of Division（220 - 589 AD）*.（Leiden: Brill, 2009）, pp. 989 - 1074.

Burke, Peter, *What is Cultural History?*（Cambridge: Polity Press Ltd., 2014）.

Campany, Robert F., "Ghosts Matter: The Culture of Ghosts in Six Dynasties Zhiguai." *Chinese Literature: Essays, Articles, Reviews* 13（1991）, pp. 15 - 34.

Dien, Albert E., *Six Dynasties Civilization*（New Haven Connecticutt: Yale University Press, 2007）.

Foucault, Michel, *The Archaeology of Knowledge and the Discourse on Language*, translated from the French by A. M. Sheridan Smith（New York: Pantheon Books, 1972）.

Hill, Erica and Hageman, Jon B., "The Archaeology of Ancestors." In Erica Hill, and Jon B. Hageman ed., *The Archaeology of Ancestors: Death, Memory, and Veneration*（Gainesville: University Press of Florida, 2009）, pp. 42 - 80.

Kieser, Annette, "'Laid to rest there among the mountains he loved so well？' In search of Wang Xizhi's tomb." *Early Medieval China* 17（2011）, pp. 74 - 94.

Kieser, Annette, "New insight on Émigré tombs of the eastern Jin in Jiankang." In Jana S. Rošker and Nataša Vampelj Suhadolnik ed., *The*

Yieldsof Transition： Literature， Art and Philosophy in Early Medieval China（Newcastle upon Yyne：Cambridge Scholars Publishing，2011），pp. 53 - 73.

Lee，Robert G.，"Red Turbans in the Trinity Alps：Violence，Popular Religion，and Diasporic Memory in Nineteenth-Century Chinese America." Journal of Transnational American Studies，Vol. 8（1）（2017）.

Nylan，Michael，"Semi-detached Lodgings：The Pleasures of Returning Home in Tao Yuanming and Su Shi." *The Chinese Pleasure Book*（New York：Zone Books，2018），pp. 317 - 372.

Pearson，Mike Parker，*The Archaeology of Death and Burial*（College Station：Texas A & M University Press，2000）.

Poo，Mu-chou，"Images and Ritual Treatment of Dangerous Spirits." In John Lagerwey and Lü Pengzhi ed.，*Early Chinese Religion Part Two： The Period of Division（ 220 - 589 AD ）*（Leiden：Brill，2009），pp. 1075 - 1094.

Puett，Michael，"Combing the Ghosts and Spirits，Centering the Realm：Mortuary Ritual and Political Organization in the Ritual Compendia of Early China." In John Lagerwey and Marc Kalinowski ed.，*Early Chinese Religion，Part One：Shang through Han（ 1250 BC - 220 AD ）*（Leiden：Brill，2009），pp. 695 - 720.

Puett，Michael，"Critical Approaches to Religion in China." *Critical Research on Religion* 1（2013），pp. 95 - 101.

Puett，Michael，"Economies of Ghosts，Gods，and Goods：The History and Anthropology of Chinese Temple Networks." In Fischer M. M. J.，Aulino F.，Goheen M.，Tambiah S. J. ed.，*Radical Egalitarianism：Local Realities， Global Relations*（New York：Fordham University Press，2013），pp. 91 - 100.

Puett，Michael，"Ritual Disjunctions：Ghosts，Anthropology，and Philosophy." In Das V.，Jackson M.，Kleinman A.，Singh B. ed.，*The Ground Between：Anthropologists Engage Philosophy*（Durham：Duke University Press，

2014），pp. 218 – 233.

Puett，Michael，"The Haunted World of Humanity：Ritual Theory from Early China." In Molina M. J. and Swearer D. K. ed.，*Rethinking the Human* （Cambridge：Center for the Study of World Religions，2010），pp. 95 – 111.

Tian，Xiaofei，*Tao Yuanming and Manuscript Culture：The Record of a Dusty Table*（Seattle：University of Washington Press，2005）.

Tian，Xiaofei，*Visionary Journeys：Travel Writings from Early Medieval and Nineteenth-Century China*（Cambridge，Massachusetts：Harvard University Asia Center，2011）.

（三）中文论著

白彬：《江西南昌东晋永和八年雷陔墓道教因素试析》，《南方文物》2007年第 1期，第78—83页。

白彬：《南方地区吴晋墓葬出土木方研究》，《华夏考古》2010年第2期，第 72—81页。

陈华文、陈淑君：《论魏晋南北朝的薄葬理念及社会意义》，《广西民族大学学 报（哲学社会科学版）》2014年第5期，第99—104页。

陈其南：《房与中国传统家族制度：兼论西方人类学的中国家族研究》，《汉学 研究》1985年第3卷第1期，第127—184页。

陈爽：《出土墓志所见中古谱牒探迹》，《中国史研究》2013年第4期，第69— 100页。

陈爽：《近20年中国大陆地区六朝士族研究概观》，《中国史学》2001年第11 期，第15—26页。

陈爽：《世家大族与北朝政治》，北京：中国社会科学出版社，1998年。

陈寅恪：《陈寅恪集·隋唐制度渊源略论稿　唐代政治史述论稿》，北京：生 活·读书·新知三联书店，2001年。

陈寅恪：《金明馆丛稿二编》，北京：生活·读书·新知三联书店，2009年。

陈寅恪：《述东晋王导之功业》，《金明馆丛稿初编》，北京：生活·读书·新 知三联书店，2001年，第55—77页。

陈直：《长沙马王堆一号汉墓的若干问题考述》，《文物》1972年第9期，第30—35页。

仇鹿鸣：《"攀附先世"与"伪冒士籍"：以渤海高氏为中心的研究》，《历史研究》2008年第2期，第60—74页。

仇鹿鸣：《失焦：历史分期争论与中文世界的士族研究》，《文史哲》2018年第6期，第110—120、165页。

仇鹿鸣：《士族研究中的问题与主义：以〈早期中华帝国的贵族家庭：博陵崔氏个案研究〉为中心》，《中华文史论丛》2013年第4期，第287—317页。

邓晓芒：《康德与黑格尔的自由观比较》，《社会科学战线》2005年第3期，第21—29页。

邓晓芒：《什么是自由》，《哲学研究》2012年第7期，第64—71页。

范家伟：《后汉至唐代疾疫流行及其影响：以人口移动为中心的考察》，香港中文大学历史学部博士论文，1997页。

范兆飞：《北美士族研究的学术史：以姜士彬和伊沛霞的研究为线索》，范兆飞编译：《西方学者中国中古贵族制论集》，北京：生活·读书·新知三联书店，2018年，第304—348页。

冯尔康等：《中国宗族史》，上海：上海人民出版社，2008年。

高崇文：《试论先秦两汉丧葬礼俗的演变》，《考古学报》2006年第4期，第447—472页。

耿朔：《层累的图像：拼砌砖画与南朝艺术》，北京：人民美术出版社，2020年。

耿朔：《从双室到单室：魏晋墓葬形制转变过程中的一个关键问题》，王煜主编：《文物、文献与文化：历史考古青年论集（第一辑）》，上海：上海古籍出版社，2017年，第28—43页。

耿朔：《最后归宿还是暂时居所？—南京地区东晋中期墓葬观察》，《南方文物》2010年第4期，第80—87页。

郭沫若：《由王谢墓志的出土论到兰亭序的真伪》，《文物》1965年第6期，第1—25页。

韩国河：《论秦汉魏晋时期的厚葬与薄葬》，《郑州大学学报（哲学社会科学版）》1998年第5期，第94—102页。

韩国河：《秦汉魏晋丧葬制度研究》，西安：陕西人民出版社，1999年。

韩国河、朱津：《三国时期墓葬特征述论》，《中原文物》2010年第6期，第53—61页。

何志国、李凡：1995《〈早期佛教初传中国南方之路〉京都中日学术讨论会综述》，《四川文物》1995年第1期，第75—80页。

洪石：《东周至晋代墓所出物疏简牍及其相关问题研究》，《考古》2001年第9期，第59—69页。

侯旭东：《五、六世纪北方民众佛教信仰：以造像记为中心的考察》，北京：中国社会科学出版社，1998年。

胡阿祥：《东晋南朝侨州郡县与侨流人口研究》，南京：江苏教育出版社，2008年。

胡宝国：《汉唐间史学的发展》，北京：商务印书馆，2003年。

胡新生：《中国古代巫术》，济南：山东人民出版社，1998年。

胡振东：《云南省昭通后海子东晋壁画墓清理简报》，《文物》1963年第12期，第1—5页。

华人德：《论东晋墓志兼及兰亭论辨》，《故宫学术季刊》1995年第13卷第1期，第27—62页。

黄金明：《汉魏晋南北朝诔碑文研究》，北京：人民文学出版社，2005年。

黄景春：《早期买地券、镇墓文整理与研究》，华东师范大学博士论文，2004年。

黄晓芬：《汉墓形制的变革：试析竖穴式椁墓向横穴式室墓的演变过程》，《考古与文物》1996年第1期，第49—69页。

黄应贵：《空间、力与社会》，《广西民族学院学报（哲学社会科学版）》2002年第3期，第9—21页。

黄应贵主编：《空间与文化场域：空间之意象、实践与社会的生产》，台北：汉学研究中心，2009年。

黄应贵总主编，王瑷玲主编：《空间与文化场域：空间移动之文化诠释》，台北：汉学研究中心，2009年。

蒋宜芳记录：《地域关怀与时空想象：以魏晋南北朝为中心》，《中国文哲研究通讯》1998年第12期，第37—43页。

蒋赞初：《南京东晋帝陵考》，《东南文化》1992年第4期，第98—106页。

黎志添: 《〈女青鬼律〉与早期天师地道下世界的官僚化问题》, 黎志添主编: 《道教研究与中国宗教文化》, 香港: 中华书局 (香港) 有限公司, 2003年。

李丰楙、刘苑如主编: 《空间、地域与文化: 中国文化空间的书写与阐释》, 台北: "中研院" 中国文哲研究所, 2002年。

李华: 《陌上男女: 六朝鬼故事的性别诠释与文化脉络》, 香港中文大学历史学部硕士学位论文, 2016年。

李建民: 《中国古代 "掩骴" 礼俗考》, 《清华学报》1995年第3期, 第319—343年。

李梅田: 《曹魏薄葬考》, 《中原文物》2010年第4期, 第17—20页。

李梅田、李童: 《魂归于墓: 中古招魂葬略论》, 《江汉考古》2019年第4期, 第95—103页。

李梅田: 《魏晋北朝墓葬的考古学研究》, 北京: 商务印书馆, 2009年。

李卿: 《秦汉魏晋南北朝时期家族、宗族关系研究》, 上海: 上海人民出版社, 2005年。

李蔚然: 《东晋帝陵有无石刻考》, 《东南文化》1987年第3期, 第83—86页。

李蔚然: 《南京六朝墓葬的发现与研究》, 成都: 四川大学出版社, 1998年。

梁少膺: 《关于南朝沈约〈金庭馆碑〉与唐裴通〈金庭观晋右军书楼墨池〉两种资料的论考、检讨》, 《书法赏评》2009年第5期, 第62—67页。

林梅村: 《南京象山7号墓出土西方舶来品考: 兼论公元5世纪中国与东罗马帝国之间的丝绸之路》, 刘进宝主编: 《丝路文明 (第二辑)》, 上海: 上海古籍出版社, 2017年, 第75—89页。

林晓光: 《比较视域下的回顾与批判: 日本六朝贵族制研究平议》, 《文史哲》2017年第5期, 第20—42页。

刘茂辰、刘洪、刘杏编撰: 《王羲之王献之全集笺证》, 济南: 山东文艺出版社, 1999年。

刘淑芬: 《中古的佛教与社会》, 上海: 上海古籍出版社, 2008年。

刘苑如主编: 《游观: 作为身体技艺的中古文学与宗教》, 台北: "中研院" 中国文哲研究所, 2013年。

刘昭瑞: 《妳女地券与早期道教的南传》, 《考古发现与早期道教研究》, 北京:

文物出版社，2007年，第320—335页。

鲁西奇：《中国古代买地券研究》，厦门：厦门大学出版社，2014年。

陆扬：《从墓志的史料分析走向墓志的史学分析：以〈新出魏晋南北朝墓志疏证〉为中心》，《中华文史论丛》2006年第4期，第95—127页。

吕鹏志：《唐前道教仪式史纲》，北京：中华书局，2008年。

吕鹏志：《唐前道教仪式史纲（一）》，《宗教学研究》2007年第2期，第3—13页。

罗新、叶炜：《新出魏晋南北朝墓志疏证》，北京：中华书局，2005年。

罗竹风主编：《汉语大词典》，上海：汉语大词典出版社，1986—1993年。

罗宗真：《从考古资料看六朝谢氏家族的兴衰》，《东南文化》1997年第4期，第12—17页。

罗宗真：《六朝考古》，南京：南京大学出版社，1994年。

骆鹏：《南京出土南齐王珪之墓志考释》，《东南文化》2015年第3期，第77—80页。

毛汉光：《中国中古社会史论》，上海：上海书店出版社，2002年。

［美］巫鸿：《礼仪中的美术：巫鸿中国古代美术史文编》，北京：生活·读书·新知三联书店，2005年。

［美］巫鸿著，施杰译：《黄泉下的美术：宏观中国古代墓葬》，北京：生活·读书·新知三联书店，2010年。

蒲慕州：《汉代薄葬论的历史背景及其意义》，《历史与宗教之间》，香港：三联书店（香港）有限公司，2016年，第55—136页。

蒲慕州：《墓葬与生死：中国古代宗教之省思》，台北：联经出版事业公司，1993年。

齐东方：《祔葬墓与古代家庭》，《故宫博物院院刊》2006年第5期，第26—51页。

齐东方：《中国古代丧葬中的晋制》，《考古学报》2015年第3期，第345—365页。

钱穆：《略论魏晋南北朝学术文化与当时门第之关系》，《钱宾四先生全集·中国学术思想史论丛》，台北：联经出版事业公司，1998年。

秦冬梅：《论东晋北方士族与南方社会的融合》，《北京师范大学学报（社会科学版）》2003年第5期，第134—141页。

任崇岳、赫德川：《两晋时期的陈郡阳夏谢氏家族》，《中原文化研究》2014年第5期，第96—101页。

邵磊：《南京灵山梁代萧子恪墓的发现与研究》，《南京晓庄学院学报》2012年
　　第5期，第12—22页。

邵磊：《南齐王宝玉墓志考释：兼论南朝墓志的体例》，《文献》2003年第4期，
　　第85—91页。

邵磊：《冶山存稿：南京文物考古论丛》，南京：凤凰出版社，2004年。

施杰：《交通幽明：西汉诸侯王墓中的祭祀空间》，《古代墓葬美术研究》2013
　　年第8期，第73—93页。

谭其骧：《晋永嘉丧乱后之民族迁徙》，《长水集》，北京：人民出版社，1987
　　年，第199—223页。

唐长孺：《士族的形成与升降》，《魏晋南北朝史论拾遗》，北京：中华书局，
　　1983年，第53—63页。

唐长孺：《唐长孺文存》，上海：上海古籍出版社，2006年。

唐长孺：《魏晋玄学之形成及其发展》，《魏晋南北朝史论丛》，石家庄：河北教
　　育出版社，2000年。

田晓菲：《尘几录：陶渊明与手抄本文化研究》，北京：中华书局，2007年。

田余庆：《东晋门阀政治》，北京：北京大学出版社，2012年。

仝涛：《长江下游地区汉晋五联罐和魂瓶的考古学综合研究》，四川大学博士
　　论文，2006年。

万绳楠整理：《陈寅恪魏晋南北朝史讲演录》，合肥：黄山书社，2000年。

王明编：《太平经合校》，北京：中华书局，1960年。

王去非、赵超：《南京出土六朝墓志综考》，《考古》1990年第10期，第943—
　　951页。

王素：《南朝宋谢珫墓志再研究》，《故宫学刊》2016年第2期，第8—20页。

王文进：《南朝山水与长城想象》，台北：里仁书局，2008年。

王文进：《仕隐与中国文学：六朝篇》，台北：台湾书店，1999年。

王银田：《元淑墓志考释：附北魏高琨墓志小考》，《文物》1989年第8期，第
　　66—68页。

王元春：《琅邪王氏族谱的修撰》，《青岛大学师范学院学报》2007年第1期，

第20—23页。

王志邦：《东晋朝流寓会稽的北方士人研究》，谷川道雄编：《日中国际共同研究：地域社会在六朝政治文化上所起的作用》，柏崎：玄文社，1989年，第279—292页。

王志高：《丹阳三城巷（1）南朝陵墓石兽墓主身份及相关问题考订》，《东南文化》2011年第6期，第64—74页。

王志高：《江苏南京市出土的唐代琅邪王氏家族墓志》，《考古》2002年第5期，第94—95页。

王志高：《论丹阳陵口南朝石兽的制作年代》，《南京晓庄学院学报》2012年第2期，第36—41页。

王志高：《南京大学北园东晋大墓的时代及墓主身份的讨论》，《东南文化》2003年第9期，第43—52页。

王志高：《南京甘家巷"梁鄱阳王萧恢墓神道石刻"墓主身份辨正》，《中国国家博物馆馆刊》2015年第12期，第111—118页。

王志高：《南京尧化门外北家边南朝陵墓神道石刻墓主身份新证》，《南京晓庄学院学报》2016年第3期，第20—26页。

韦正、方笑天：《两汉墓葬陶礼器的变化与原因试探：两汉之变之一端》，《古代文明（辑刊）》2020年第14期，第83—92页。

韦正：《六朝墓葬的考古学研究》，北京：北京大学出版社，2011年。

韦正：《南京东晋温峤家族墓地的墓主问题》，《考古》2010年第9期，第87—96页。

韦正：《魏晋南北朝考古》，北京：北京大学出版社，2013年。

吴承仕著，秦青点校：《经典释文序录疏证》，北京：中华书局，1984年。

吴桂兵：《两晋墓葬文化因素研究》，南京：南京大学出版社，2017年。

吴桂兵：《南京大学北园东晋大墓的形制、墓主及其他：两晋偏室墓研究之一》，《东南文化》2003年第9期，第35—42页。

夏鼐：《跋江苏宜兴晋墓发掘报告》，《考古学报》1957年第4期，第106页。

徐吉军：《中国丧葬史》，南昌：江西高校出版社，1998年。

许志强、张学锋：《南京狮子冲南朝大墓墓主身份的探讨》，《东南文化》2015

年第4期，第49—58、127—128页。

阎爱民：《汉晋家族研究》，上海：上海人民出版社，2005年。

杨鸿年：《汉魏制度丛考》，武汉：武汉大学出版社，1985年。

杨儒宾：《"山水"是怎么发现的："玄化山水"析论》，《台大中文学报》2009
　　年第6期，第209—254页。

杨树达：《汉代婚丧礼俗考》，上海：上海古籍出版社，2000年。

姚迁、古兵编著：《南朝陵墓石刻》，北京：文物出版社，1981年。

殷磊：《魏晋南北朝上层社会人口平均死亡年龄考》，曲阜师范大学硕士学位
　　论文，2011年。

尹申平：《陕西旬邑发现东汉壁画墓》，《考古与文物》2002年第3期，第76页。

游自勇：《观念的宗族还是实体化的宗族》，《史学月刊》2019年第3期，第
　　23—27页。

余英时：《士与中国文化》，上海：上海人民出版社，1987年。

俞国璋：《晋王右军归隐地文献考》，《绍兴文理学院学报》2013年第5期，第
　　10—17页。

俞伟超：《中国魏晋墓制并非日本古坟之源》，《古史的考古学探索》，北京：文
　　物出版社，2002年，第359—369页。

张超然：《早期道教丧葬仪式的形成》，《辅仁宗教研究》2010年第20期，第
　　27—66页。

张焕君：《从中古时期招魂葬的废兴看儒家经典与社会的互动》，《清华大学学
　　报（哲学社会科学版）》2012年第3期，第45—52页。

张焕君：《魏晋南北朝丧服制度研究》，清华大学博士学位论文，2005年。

张学锋：《南京司家山出土谢氏墓志研究：东晋流寓政府的挽歌》，《汉唐考古与
　　历史研究》，北京：生活·读书·新知三联书店，2013年，第370—386页。

张学锋：《南京象山东晋王氏家族墓志研究》，牟发松主编：《社会与国家关
　　系视野下的汉唐历史变迁》，上海：华东师范大学出版社，2006年，第
　　319—336页。

张学锋：《释"安石不肯出，将如苍生何！"》，《南京晓庄学院学报》2018年第
　　5期，第17—21页。

张勋燎、白彬：《中国道教考古》，北京：线装书局，2006年。

赵超：《古代墓志通论》，北京：紫禁城出版社，2003年。

赵超：《汉魏南北朝墓志汇编》，天津：天津古籍出版社，1992年。

郑嘉励：《从南宋徐谓礼墓到吕祖谦家族墓地：读徐谓礼墓札记》，《东方博物》
    2013年第5期，第30—33页。

郑岩：《关于汉代丧葬画像观者问题的思考》，载朱青松主编：《中国汉画研
    究》，桂林：广西师范大学出版社，2006年。

周长山：《汉代地方政治史论：对郡县制度若干问题的考察》，北京：中国社会
    科学出版社，2006年。

周大兴：《越名教而任自然：嵇康〈释私论〉的道德超越论》，《鹅湖》1991年
    第11期，第29—35页。

朱松林：《试述中古时期的招魂葬俗》，《上海师范大学学报（哲学社会科学
    版）》2002年第2期，第64—69页。

邹厚本主编：《江苏考古五十年》，南京：南京出版社，2000年。

邹忆军：《高崧父子生平考：兼谈南方士族墓葬的特殊性问题》，《东南文化》
    2000年第7期，第54页。

后　记

　　本书由我的博士论文改编而成，这篇原是博士论文后记，回顾了中年求学种种机遇和改变，放在这里只想表达，我以为的历史研究，哪怕聚焦一千多年前，也仍然是当下生命生存的一部分。

　　今年清明，去我先生老家福建省闽东，一个叫福安的小城，给他外婆扫墓。我先生的外公当年是福安最大资本家，1969年被批斗致死，几个月后我先生出生，成为外婆最大安慰，放在身边一手带到了13岁。外婆2002年去世，安葬时把外公衣物一起放进墓室，权当合葬。

　　我细读了外婆的墓碑，发现"安厝"年份不是合葬年份，孙子都是"维"字辈，其中有个陌生人不认识，唤"维强"。问婆婆，她说，并没有"维强"这个人，只是故意添加的虚名，寓意子孙繁荣壮大。她也说不清墓碑上的安厝时间为什么这样刻写——既不是外婆去世时，也不是合葬时，更不是外公去世的时间，最后只好推断，应是买公墓的时间。

　　这令我很不安：原来一向被视为最佳证据的墓志，记录可以如此"随心所欲"。那研究者以它为史料穿缀出来的历史，又有几分

257

可靠性呢？想起博士论文引用过的六朝墓志，真是心虚。历史真相不易知，我们运用学科方法接近它，以为证据加上逻辑可以得出结论，可现实生活往往溢出逻辑之外……

于是又回到那个灵魂之问：为什么要研究历史？

我下决心辍业读书，已经工作了将近20年。本科学的是哲学，做的是媒体工作，在需要积累的历史学面前，完全是一张白纸。入学时有位教授问我，为什么不选近代史而选古代史？意思是半道向学，近代史好歹材料多，更容易消化掌握出成果。其实对我而言，选哪个时段无所谓，关键是跟对一个老师，做一个喜欢的题目，让学术"规范"一下脑袋。

当时我只是模模糊糊想做一个与死亡相关的题目。从小家庭教育一直把死亡当作忌讳，父母千方百计让我避开它、绕过它、不谈论它，导致我成年后非常怕死。迈入中年，到了不得不正视（唯如此才能克服恐惧）的时候了。

所谓中年危机，在我看来，是一个人走出懵懂青春，终于有了主动审视自己与人生的机会，而最有效的对付办法，无非找出一两件不做会终身遗憾的事，千方百计去完成。在我身上，读书是一件，怕死是另一件。导师蒲慕州教授是古代文明比较史的专家，在古埃及和古代中国墓葬、生死观、宗教方面，有过很多论著，既然他有勇气收下什么都不懂的我，我还有什么值得畏惧犹豫？从某种角度，遇见蒲慕州教授，改写了我的人生。

虽走的是中国史方向，但蒲教授没有放弃培养我的比较思维。跟着老师，我涉猎过西方上古文明史、古埃及史、西方古代性别史，为了改善我的英文能力，老师敦促我多参加西方来访学者的演讲讨论，长年累月读懂我令人头疼的英文信件，修改英文摘要、报告，安排参加柏林自由大学举办的多国学者夏令营，去美国加州大学伯克利分校访学，等等。改变一个中年人学养与视野中的固执偏狭有多难，老师就有多耐心。

同学们公认蒲门最自由，有研究古埃及的，有研究性别的，有做比较的，也有研究中国汉代、魏晋南北朝，老师纵容研究中产生的各种念头，乐于倾听。无论我思绪如何纷扰，他总能听懂并恰当找出重点。为了令故事生动，我常常把一件事叙述得曲折复杂，老师也不为所动，他有将复杂事物瞬间简单化的本领。当思维迅速穿透本质，找出问题，通晓渊源，思想便有了力量；相形之下，煽情的叙述就显得苍白无趣。

整整七年（二年硕士、五年博士），像爬一座山，我走得慢时老师等着我，走得快时仍离老师一步之遥，奋力爬上一个坡顶，发现老师早在上面。学术是一场穿越黑夜的孤独马拉松，老师的存在犹如灯火，使我不生出身处无人之境的恐慌。

许多人以为历史研究是为了得到真相，发现规律，以史鉴今，或预测未来，但历史对研究者的恒久魅力其实在于，它是通往人类心灵的学问。学习途中我很幸运遇到许多极具"同情的理解"力的师友，也许学科特性使然，他们都自觉"不做手握真理的人"。

加州大学伯克利分校汉学家、我的访学导师戴梅可教授（Michael Nylan）常说："有些学者想要立言，那是圣人的事，我只想老老实实做个工匠。"访学期间参加她的研讨课，课前除了既定阅读材料，会不断接收到她在备课阅读时的感想、再推荐，研讨课一次三小时，看似轻松，其实全程烧脑。一个问题接着另一个，学生可以学习她的提问方式，也可以以自己的所知所想回应，如果聊得高兴，课后她会写邮件，感谢大家让她"学到了东西"。这种兴致勃勃、永远好奇、终身学习的热情与"工匠"精神，也成为我心中最美好的志业所向。

林永昌教授担任我的第二导师时，刚从哈佛大学博士毕业不久，是香港中文大学历史系与人类学系的新生力量。他专研商周秦汉考古，我在论文中运用了大量墓葬考古材料，从史料的文献系统进入物质遗存系统，这个跨越主要得益于他的帮助。我选修过他的古代物质文化史、中国文化遗产保护，全是干货，所费功夫不知凡几。他正处在学者最宝贵的年华，研究、上课、家务皆繁重，可仍然抽出时间和我讨论论文细节，提出许多中肯意见。林老师谦逊诚恳、敏锐严谨，我年纪大过他，但当他的学生很踏实。

我的第三导师是专研秦汉史的黎明钊教授。黎教授有长者风范，我跟随他读过三轮汉代简牍，收获很大，在如沐春风的氛围里，愉快地填补了简牍知识空白。还有加州大学伯克利分校历史系教授齐思敏（Mark Csikszentmihalyi），他的汉代思想课没有当我是访学的外人，与一群西方学者一起读汉代原典，我就再也没有理由逃避道教经典和王充了。

我2014年正式师从蒲教授，当时"大师兄"雷仕伟第一个女儿刚出生，我贸然上门拜访，他在斗室中一边照顾小女儿，一边不厌其烦解答我极幼稚的历史学入门疑问（这些问题我都不好意思问别人）。我认为自己的本科历史教育，是在那次问答间完成的。雷仕伟翌年毕业就去香港中文大学深圳分校任教，相信做他的学生是一件特别幸福的事。

我是蒲门弟子中年龄最大、毕业最晚的，不过"大师姐"黄咨玄从硕士毕业到取得博士学位，单位时间更长，他开玩笑总结我们的求学叫"先发而后至"。这世间到处都是"后发而先至"的聪明人，"不赶着到达"的"师姐"只有这一个。他让我想起最喜欢的一部电影——《这个男人来自地球》（*The Man from Earth*），里面有个哈佛教授活了1.4万年，拿过十个博士学位，他的同事们不相信，就从各自领域找问题考他。

黄咨玄虽然没有1.4万年那么厉害，但我很庆幸有他在，可以像电影里那样聊天、永远有把求知和心灵当作正事全力以赴的态度。

我在香港中文大学度过了人生最奢侈的光阴，表面看为了完成一篇论文，实际上是一个"40+"中年人，得到了改变前半生思维方式、知识结构的机会。学术训练将泛滥无着落的文艺情绪，以问题、逻辑、考证、思辨一一收束，改变了我的价值观与审美。如果说媒体的前半生是"感时花溅泪，恨别鸟惊心"，那么今天的立足之境确如数学家丘成桐教授形容过的，"落花人独立，微雨燕双飞"。

培养一个博士，倾注了学校与社会众多资源。香港中文大学解决了读书人的后顾之忧：足够生活的奖学金，利希慎基金资助我在研究所涉城市做了三次田野考察，熊秉真教授领导的人文学科研究所提供了去柏林自由大学夏令营的机会。而与费用、学业相关的一切事务，又有历史系秘书张慧雯（Jennifer Cheung）、陈丽贤

（Fiona Chan）提供全面帮助。学校分给我一间宿舍，屋子虽小，放得下一张大书桌，看得见海。优美的校园环境固然可陶冶人心，但真正令内心平静、专注于学术的，还是校园洋溢的宽容、自由、中西合璧的气氛，这是由"人"与"传统"累积而成的。在写这篇后记时，因为疫情已经近一年未返校园，想起深夜海面星火、晨晖里的粼光、大学图书馆前的雕塑、那些快乐面壁的日子，内心仍然感受到沉静的力量。

要感谢的人与事太多了，因此这不是一封感谢信。我只是想，要怎样做才不辜负这一切？或许只有余生努力成为别人的灯火，像那些帮助过、引领过我的人那样吧。

论文写到尾声，老父因病住进ICU，一个月后逝世，终年91岁。他陷入昏迷前，第一次与我谈论生死，亲历那一刻，方才读懂中国人的时间与牵绊。最想看我戴上博士帽的人提前走了，我觉得自己不再惧怕死亡，从此往后，应该成为母亲面对无常的拐杖。

今年也是我和先生李烽结婚25周年。他作为经济系毕业的学生，信奉"经世济邦"，常常嘲笑我"自由而无用"，但支持老婆去香港读书7年才毕业，并不是一件很经济的事。一程风景一程路，许多人走着走着就岔了道，我们还在一起，要感谢命运赐予的共同成长——我们看到了风景，我们把看到的带回家，放在一起，献给了对方。

李　华

2021年5月

致　谢

　　小小研究，于作者很重要，放在求知海洋，却如恒河沙数，不值一哂。不过本书有幸出繁简二版，其中机缘与所受恩惠，却不可埋没。

　　繁体字版在香港三联出版，要感谢资深出版人梁伟基先生的策划，编辑许正旺先生及其同事的精彩编排。繁体字版面世后，得到学界同道、师友的诸多关心和指正，有前辈转来高清墓志图，有同道纠错或互赠书籍以示激励。就像太阳升起，谬误会无所遁形，相继暴露，虽心怀忐忑，但学术有味，正在看见光的这一刻。又承蒙东方出版中心副总经理朱宝元先生赏识并策划审稿，编辑沈旖婷女士悉心编校（逐字逐句，仔细到每条脚注的原文，纠正许多错误），竟可以很快推出简体字版，让我有机会更正错误，实在令人感激。

　　以上诸君皆素昧平生，因书结缘。而这本书更远久的渊源，来自我的大学室友、香港联合新零售有限公司总经理孙海玉女士。她读完我的样章后说"有哲学味"，将书稿推荐给了香港三联。有没有哲学味，对历史研究并不重要，然而对两个曾经的复旦哲学系女生来说，是不知不觉藏在基因里的向往，也只有彼此才能识

263

别。付梓前，我不忍麻烦老师作序，也是海玉一语提醒，以一席问答来代序。这篇代序得到很多好评，一个主意能看出一个人在某个领域深耕多年的功力。相识从青年到中年，本书出版，也可列入"有生之年那些朋友教我的事"之系列。

李 华

2023年5月